基于能力范式的教学改革理论创新和实践

林松柏　著

科学出版社

北　京

内 容 简 介

　　本书主要基于能力范式的师范类专业认证"学生中心、产出导向、持续改进"的基本理念，立足师范院校、师范类专业和创新型、复合型、应用型人才培养的应然属性，根据人才需求的调研结果确定人才培养的定位和能力标准，明确相关专业人才的核心素养，阐明人才培养方案的定位和能力标准，是一本兼有理论阐发和实践探索意义的教学学术著作。

　　本书既可作为高校教师从事基于 OBE 理念的教育教学改革、课程教学改革的指导用书，又可作为高校教师从事教育评价改革的参考书。

图书在版编目（CIP）数据

　　基于能力范式的教学改革理论创新和实践/林松柏著. —北京：科学出版社，2023.2
　　ISBN 978-7-03-071134-2

　　Ⅰ.①基…　Ⅱ.①林…　Ⅲ.①高等学校-教学改革-研究-中国
Ⅳ.①G642.0

　　中国版本图书馆 CIP 数据核字（2021）第 271803 号

责任编辑：都　岚 / 责任校对：马英菊
责任印制：吕春珉 / 封面设计：东方人华平面设计部

科 学 出 版 社 出版
北京东黄城根北街 16 号
邮政编码：100717
http://www.sciencep.com

北京中科印刷有限公司印刷
科学出版社发行　各地新华书店经销
*
2023 年 2 月第 一 版　开本：787×1092　1/16
2024 年 11 月第五次印刷　印张：15
字数：356 000

定价：90.00 元
（如有印装质量问题，我社负责调换）
销售部电话 010-62136230　编辑部电话 010-62135927-2036

P 前 言
PREFACE ■■■■■■■

百年大计，教育为本；教育大计，教师为本。教师教育是教育事业的工作母机，是提升教育质量的动力源泉。当前，世界正处在大发展、大变革、大调整之中，新一轮科技和工业革命正在孕育，新的增长动能不断积聚。中国特色社会主义进入新时代，开启了全面建设社会主义现代化国家的新征程。我们应当全面贯彻习近平新时代中国特色社会主义思想，深刻领悟"两个确立"的决定性意义，增强"四个意识"，坚定"四个自信"，做到"两个维护"，弘扬伟大建党精神，加快推进教育现代化、建设教育强国、办好人民满意的教育，为全面建设社会主义现代化国家、全面推进中华民族伟大复兴作出新的更大贡献。同时我们还应当注意到，当前的教师队伍建设在某种程度上还存在着教师素质能力难以匹配人才培养需要的现象。特别是师范类本科院校，广泛存在传统的以学科知识的系统性为元点而派生的师范生培养模式，师范类本科院校迫切需要解答如何创新教师培养形态、突出教师教育特色的时代命题。

走进新时代，师范类本科院校怎样才能培养让党和人民满意的高素质专业化创新型教师队伍？在遵循教育规律和教师成长发展规律的前提下，师范类本科院校应当怎样创新教师培养形态、突出教师教育特色？以"厚基础、宽口径、高素质"为培养目标，师范类本科专业如何实现培养创新型、复合型、应用型人才的教育愿景？

在这样的历史背景、时代诉求和问题意识的反思之下，齐鲁师范学院立足解决"知识范式"视域下人才培养模式的系统性问题，深化育人关键环节和重点领域改革的目标追求，立足长期以来的教学改革探索和教育实践反思，从教育哲学的角度，提出以"能力范式"为引领，深入推进师范院校教师教育能力建设的教学改革理念和教育实践。

简而言之，所谓高等教育阶段人才培养的能力范式，与传统的以学科知识的系统性为元点而派生的固化、静态、单向度的育人模式在育人理念方面有显著区别。特别是以能力范式为引领的师范类本科人才培养，其核心要义是既强调师范生培养的内在要求，又强调当前师范类专业认证"学生中心、产出导向、持续改进"的基本理念。例如，在培养机制方面，立足师范院校、师范类专业和创新型、复合型、应用型人才培养的应然属性，根据人才需求的调研结果确定人才培养方案的定位和能力标准，明确相关专业人才的核心素养。以此为前提，教育主体要解放思想、实事求是地转换教育理念，既要汲取传统教育模式的精髓，又要融入现代教育理念、教育方法、教育技术等，还要按照新的培养标准和课程体系制订培养方案、优化教学方法和培养机制，调整考核评价方法和质量监督方法，最终培养出德智体美劳全面发展的社会主义建设者和接班人，真正造就综合素质、专业化水平和创新能力大幅提升的骨干教师、卓越教师、教育家型教师。

本书向广大读者呈现的内容是基于能力范式的教育理念、教学改革和实践反思，齐鲁师范学院从转变人才培养观念、修订人才培养方案、重构课程体系、优化教学设计、提升评价质量等方面抓住关键环节，优化顶层设计，推动实践探索。同时，本书也尝试从教育哲学的高度，对能力范式视域下师范院校教学改革的基本理论、教育改革的影响因素，以及教学设计、教学评价、教学质量监控体系等全过程的运行机制进行系统回顾和实践反思。

本书在撰写过程中，齐鲁师范学院教学管理和教学一线的骨干教师也投入了大量时间和精力，在此向他们表示衷心的感谢。另外，本书借鉴和参考了一些学者的相关理论与著作，也向他们表示深深的谢意。

本书是作者多年教育教学工作的理论探索与实践总结。由于作者水平有限，书中难免存在疏漏和不足之处，敬请广大读者批评指正。

林松柏

2022 年 10 月

目录
C ONTENTS

第一章

师范院校教学改革的背景

第一节　教育政策对师范院校教学改革的影响

21 世纪，我们党提出了一系列新理念、新思想、新战略，出台了一系列重大方针政策，坚持以人民为中心的理念，加快建设高质量教育体系，发展素质教育，促进教育公平，推动了党和国家教育事业的发展。高质量的教育需要具有中国特色，体现中国要求，展现中国思想。全面贯彻党的教育方针，落实立德树人根本任务，发展素质教育，推进教育公平，培养一代又一代拥护中国共产党领导和我国社会主义制度、立志为中国特色社会主义奋斗终身的有用人才，是教育工作的根本任务，也是教育现代化的方向目标。在这一历史时期，因应政治、经济、社会发展对人才培养的需求和人的发展要求，我国教育政策发生了深刻变化，我国高等教育范式转型应运而生，推动师范院校教学改革向纵深发展。

一、从教育政策看师范院校教学改革的必要性

1999 年，中共中央、国务院颁布《关于深化教育改革全面推进素质教育的决定》，引领中国教育改革的核心理念和实践追求，推动我国高等教育育人模式的重大变革。由此带来的扩大高校招生规模，使我国高等教育开始由精英化阶段向大众化阶段转变。全面实施素质教育推动了具有中国特色的师范教育教学改革的发展。2001 年 2 月，国务院批准《基础教育课程改革纲要（试行）》，正式启动了新中国成立以来的第八次基础教育课程改革，使素质教育由理论层面转向实践层面，进而引发、催生了师范教育新一轮改革。

2005 年，教育部颁布的《关于进一步加强高等学校本科教学工作的若干意见》中强调，牢固确立质量是高等学校的生命线的理念，重点解决人才培养模式、课程体系和教学方法改革的问题，着力建设国家精品课程。2007 年，经国务院批准，教育部、财政部联合颁布《关于实施高等学校本科教学质量与教学改革工程的意见》。同时，教育部下发了《关于进一步深化本科教学改革全面提高教学质量的若干意见》。在这种背景下，师范院校的教学改革进入了实施阶段。

2010 年 7 月，国务院印发《国家中长期教育改革和发展规划纲要（2010—2020 年）》（以下简称《教育规划纲要》），该文件在既往政策的基础上，提出了以基本实现教育现

代化为旨归的改革规划，使全国师范院校的教学改革进入了新阶段。

纵观这一时期的各项政策，尤其是《教育规划纲要》，可以发现我国教育发展模式和价值体系发生了三大转变：①培养创新人才成为深化教育体制改革的重点；②全面提高办学质量和效益成为教育创新发展的主题；③推进教育公平成为教育改革发展的重点领域。

2012 年，党的十八大提出把立德树人作为教育的根本任务后，为切实保障落实立德树人根本任务，2013 年 12 月，中共中央办公厅印发《关于培育和践行社会主义核心价值观的意见》。2019 年 2 月，中共中央、国务院印发《中国教育现代化 2035》。2019 年 11 月，中共中央、国务院印发《新时代爱国主义教育实施纲要》。2020 年 3 月，中共中央、国务院印发《关于全面加强新时代大中小学劳动教育的意见》。2020 年 1 月，教育部印发《关于在部分高校开展基础学科招生改革试点工作的意见》。2020 年 10 月，中共中央办公厅、国务院办公厅印发《关于全面加强和改进新时代学校体育工作的意见》和《关于全面加强和改进新时代学校美育工作的意见》。2020 年 10 月，中共中央、国务院印发《深化新时代教育评价改革总体方案》。一系列政策文件的颁布和实施，确保了教育质量的提升，也保证了师范院校教学改革的顺利实施。

要深入实施科教兴国战略、人才强国战略、创新驱动发展战略，开辟发展新领域新赛道，不断塑造发展新动能新优势。师范院校教学改革，就是推动师范生人才培养质量提升，塑造基础教育发展新动能的"先手棋"。2022 年 5 月，教育部等八部门印发《新时代基础教育强师计划》，提出要重点支持建设一批国家师范教育基地，基地建设重在加强师范生专业能力发展中心建设和师范专业建设，深化教师教育改革，推进教师教育信息化建设与应用。加大在教育硕士、教育博士授予单位及授权点方面对师范院校的引导支持力度，支持高水平综合大学开展教师教育，推动师范人才培养质量提升。

二、从教育政策看师范院校教学改革的方向性

（一）指向教师教育体系建设和提高师范院校办学水平

2018 年 1 月 20 日，中共中央、国务院发布《关于全面深化新时代教师队伍建设改革的意见》，明确要求加大对师范院校的支持力度，实施教师教育振兴行动计划，建立以师范院校为主体、高水平非师范院校参与的中国特色师范教育体系，推进地方政府、高等学校、中小学"三位一体"协同育人，研究制定师范院校建设标准和师范类专业办学标准，重点建设一批师范教育基地，整体提升师范院校和师范专业办学水平。《新时代基础教育强师计划》根据新时代新要求，提出到 2035 年，适应教育现代化和建成教育强国要求，构建开放、协同、联动的高水平教师教育体系，建立完善的教师专业发展机制，形成招生、培养、就业、发展一体化的教师人才造就模式，教师数量和质量基本满足基础教育发展需求，教师队伍区域分布、学段分布、学历水平、学缘结构、年龄结构趋于合理，教师思想政治素质、师德修养、教育教学能力和信息技术应用能力建设显著加强，教师队伍整体素质和教育教学水平明显提升，尊师重教蔚然成风。

（二）指向加强师范院校学生师德教育

2018 年 3 月 28 日，教育部等五部门印发《教师教育振兴行动计划（2018—2022 年）》的通知，提出研制出台在教师培养培训中加强师德教育的文件和师德修养教师培训课程指导标准，将师德教育贯穿教师教育全过程，作为师范生培养和教师培训课程的必修模块；引导教师培育和践行社会主义核心价值观，制订教师法治培训大纲，开展法治教育，提升教师法治素养和依法执教能力。在师范生和在职教师中广泛开展中华优秀传统文化教育，注重通过中华优秀传统文化涵养师德，通过经典诵读、开设专门课程、组织专题培训等形式，汲取中华优秀传统文化精髓，传承中华师道。将教书育人楷模、一线优秀教师校长请进课堂，采取组织公益支教、志愿服务等方式，着力培育师范生的教师职业认同和社会责任感。借助新闻媒体平台，组织开展师范生"师德第一课"系列活动。每年利用教师节后一周时间开展"师德活动周"活动。发掘师德先进典型，弘扬当代教师风采，大力宣传阳光美丽、爱岗敬业、默默奉献的新时代优秀教师形象。

（三）指向提高师范院校实践教学质量

2018 年 9 月 30 日，教育部出台《关于实施卓越教师培养计划 2.0 的意见》，强调着力提高实践教学质量，要求设置数量充足、内容丰富的实践课程，建立健全贯穿培养全程的实践教学体系，确保实践教学前后衔接、阶梯递进，使实践教学与理论教学有机结合、相互促进。全面落实高校教师与优秀中小学教师共同指导教育实践的"双导师制"，为师范生提供全方位、及时有效的实践指导。推进师范专业教学实验室、师范生教育教学技能实训教室和师范生自主研训与考核数字化平台建设，强化师范生教学基本功和教学技能训练及考核。建设教育实践管理信息系统平台，推进教育实践全过程管理，做到实习前有明确要求、实习中有监督指导、实习后有考核评价。遴选建设一批优质教育实践和企业实践基地，在师范生教育实践和专业实践、教师教育师资兼职任教等方面建立合作共赢长效机制。

（四）指向加强师范院校思政课教学

2019 年 8 月 14 日，中共中央办公厅、国务院办公厅印发的《关于深化新时代学校思想政治理论课改革创新的若干意见》指出：加大思政课教研工作力度，建立健全大中小学思政课教师一体化备课机制，普遍实行思政课教师集体备课制度，全面提升教研水平。遴选学科带头人担任各门课集体备课牵头人，建立思政课教师"手拉手"备课机制，发挥思政课建设强校和高水平思政课专家示范带动作用。加强"全国高校思想政治理论课教师网络集体备课平台"建设，完善思政课教师网络备课服务支撑系统。建立纵向跨学段、横向跨学科的交流研修机制，深入开展相邻学段思政课教师教学交流研讨。推动建立思政课教师与其他学科专业教师交流机制。大力推进思政课教学方法改革，提升思政课教师信息化能力素养，推动人工智能等现代信息技术在思政课教学中应用，建设一批国家级虚拟仿真思政课体验教学中心。整体规划思政课课程目标，在大中小学循序渐进、螺旋上升地开设思政课，引导学生立德成人、立志成才，树立正确世界观、人生观、价值观，坚定对马克思主义的信仰，坚定对社会主义和共产主义的信念，增强中国特色社会主义道路自信、理论自信、制度自信、文化自信，厚植爱国主义情怀，把爱国情、强国志、报国行自觉融入坚持和发展中国特色社会主义事业、建成社会主义现代化强国、实现中华民族伟大复兴的奋斗之中。大学阶段重在增强使命担当，引导学生矢志不渝听党话跟党走，争做社会主义合格建设者和可靠接班人。

（五）指向加强师范生劳动教育

2020年3月20日，《中共中央 国务院关于全面加强新时代大中小学劳动教育的意见》指出：全面构建体现时代特征的劳动教育体系，把握劳动教育基本内涵。劳动教育是国民教育体系的重要内容，是学生成长的必要途径，具有树德、增智、强体、育美的综合育人价值。实施劳动教育的重点是在系统的文化知识学习之外，有目的、有计划地组织学生参加日常生活劳动、生产劳动和服务性劳动，让学生动手实践、出力流汗、接受锻炼、磨炼意志，培养学生正确的劳动价值观和良好的劳动品质。明确劳动教育总体目标，通过劳动教育，使学生能够理解和形成马克思主义劳动观，牢固树立劳动最光荣、劳动最崇高、劳动最伟大、劳动最美丽的观念；体会劳动创造美好生活，体认劳动不分贵贱，热爱劳动，尊重普通劳动者，培养勤俭、奋斗、创新、奉献的劳动精神；具备满足生存发展需要的基本劳动能力，形成良好的劳动习惯。设置劳动教育课程，整体优化学校课程设置，将劳动教育纳入中小学国家课程方案和职业院校、普通高等学校人才培养方案，形成具有综合性、实践性、开放性、针对性的劳动教育课程体系。确定劳动教育内容要求，根据教育目标，针对不同学段、类型学生的特点，以日常生活劳动、生产劳动和服务性劳动为主要内容开展劳动教育。结合产业新业态、劳动新形态，注重选择新型服务性劳动的内容。健全劳动素养评价制度，将劳动素养纳入学生综合素质评价体系，制定评价标准，建立激励机制，组织开展劳动技能和劳动成果展示、劳动竞赛等活动，全面客观记录课内外劳动过程和结果，加强实际劳动技能和价值体认情况的考核。建立公示、审核制度，确保记录真实可靠，把劳动素养评价结果作为衡量学生全面发展情况的重要内容，作为评优评先的重要参考和毕业依据，作为高一级学校录取的重要参考或依据。

（六）指向加强师范生信息化素养和推进教师教育信息化

随着以人工智能、大数据为代表的新一代信息技术的迅猛发展，党中央提出加快建设制造强国、质量强国、航天强国、交通强国、网络强国、数字中国。推进教育数字化，建设全民终身学习的学习型社会、学习型大国，是实现这一目标的重要保障。推进教育数字化转型，教师的信息化素养是关键。

《新时代基础教育强师计划》提出要推进教师队伍建设信息化。建设师范生管理信息系统,加快完善教师管理信息系统和教师资格管理信息系统,提升管理服务支撑功能。完善国家教师管理服务信息化平台,精准到人,为教师队伍建设提供信息化决策和便捷化服务支撑。加强信息系统安全防护,确保教师信息安全。深入实施人工智能助推教师队伍建设试点行动,探索人工智能助推教师管理优化、教师教育改革、教育教学方法创新、教育精准帮扶的新路径和新模式,总结试点经验,提炼创新模式,逐步在全国推广使用,进一步挖掘和发挥教师在人工智能与教育融合中的作用。

三、从教育政策看师范院校教学改革的针对性

1)《教育规划纲要》推动了国家教育战略主题的确定,该纲要提出坚持以人为本、全面实施素质教育是教育改革发展的战略主题,其核心是解决好培养什么人、怎样培养人的问题,其目标是培养德智体美劳全面发展的社会主义建设者和接班人,其重点是提高学生的社会责任感、创新精神和实践能力,其推进思路是坚持德育为先、能力为重、全面发展。

2)普通高校本科专业《普通高等学校本科专业目录》(以下简称《目录》)和《普通高等学校本科专业设置管理规定》(以下简称《规定》)推动了师范院校教学改革。《目录》和《规定》的修订工作自2010年3月开始,历时两年多。《目录》和《规定》的修订对提高高等教育质量具有全局性、基础性和战略性意义。专业是高等学校人才培养的基本单位,关系到人才培养的目标与规格,关系到教育教学资源的配置和协调,关系到教育质量和效益的提升,也关系到高等教育与社会发展的协调与适应。因此,科学合理的专业设置是高等教育优化结构、提高质量、适应经济社会发展需求和人的全面发展需要的基本保证。根据《目录》,国家制定了各专业质量标准,相关行业部门制定了有关的专业建设标准。各高校要根据上述标准和学校办学定位,修订专业人才培养方案和教学计划,深入推进教育教学改革。

3)《高等学校创新能力提升计划》(以下简称"2011计划")促进了师范院校的教学改革。2011年12月27日,国家教育体制改革领导小组第四次会议对"2011计划(送审稿)"进行审议并原则通过,建议尽快按照相关程序报批后启动实施。2012年3月22日,在全面提高高等教育质量工作会议上,教育部、财政部联合印发《关于实施高等学校创新能力提升计划的意见》。该政策规定以科学研究和实践创新为主导,通过学科交叉与融合、产学研紧密合作等途径,推动人才培养机制改革,以高水平科学研究支撑高质量人才培养。

4)《教育部等部门关于进一步加强高校实践育人工作的若干意见》(2012)推动了师范院校教学实践育人工作的开展。该政策规定,各高校一方面要把加强实践教学方法和人才培养模式改革作为专业建设的重要内容,重点推行基于问题、基于项目、基于案例的教学方法和学习方法,加强综合性实践科目设计和应用;另一方面,要加强大学生创新创业教育,支持学生开展研究性学习、创新性实验、创业计划和创业模拟活动。

5)《深化教育督导改革转变教育管理方式的意见》保证了师范院校教学改革的深入实施。2014 年，国务院教育督导委员会办公室印发的《深化教育督导改革转变教育管理方式的意见》指出，在督学方面，完善督学队伍管理，实行督学责任制，监督指导各级各类学校规范办学行为，全面提高教育质量。在教育质量评估监测方面，建立教育督导部门归口管理、专业机构提供服务、社会组织多方参与的专业化教育质量评估监测体系，对各级各类教育进行科学、系统、权威的评估监测，为改进教育教学、管理、决策提供依据和支撑。

6)《关于全面深化课程改革 落实立德树人根本任务的意见》为教学改革指明了方向。2014 年，教育部印发的《关于全面深化课程改革 落实立德树人根本任务的意见》提出，构建学生发展核心素养体系，对提升人才培养质量、增强国家核心竞争力至关重要，是国际教育发展和变革的趋势。研究制订学生发展核心素养体系，需要明确学生应具备的适应终身发展和社会发展需要的必备品格和关键能力，突出强调个人修养、社会关爱、家国情怀，更加注重自主发展、合作参与、创新实践。通过构建这一体系，使学生发展的素养要求更加系统、更加连贯。教学改革应重点解决两个问题：一是把对学生德智体美劳全面发展总体要求和社会主义核心价值观的有关内容具体化、细化，转化为具体的品格和能力要求，进而贯穿各学段，融合到各学科，最终体现在学生身上，深入回答"培养什么人、怎样培养人"的问题；二是为衡量学生全面发展状况提供评判依据，引导教育教学评价从单纯考查学生的基本知识和基本技能转向考查学生的综合素质。

7)《关于加强师范生教育实践的意见》为师范院校教学改革提出了新的挑战。2014 年，教育部印发《关于加强师范生教育实践的意见》，旨在通过系统设计和有效指导下的教育实践，促使师范生深入体验教育教学工作，逐步形成良好的师德素养和职业认同，更好地理解教育教学专业知识，掌握必要的教育教学设计与实施、班级管理与学生指导等能力，为从事中小学教育教学工作和持续的专业发展奠定扎实的基础。

8) 2016 年，教育部印发的《关于深化高校教师考核评价制度改革的指导意见》调动了教师投身教育教学改革的积极性，切实扭转了教师对所从事的教育教学工作重视不够的现象，加强对教学工作的激励和约束，提高教师教学业绩在校内绩效分配、职称（职务）评聘、岗位晋级考核中的比重，充分调动教师从事教育教学工作的积极性。该政策要求高校明确教授、副教授承担本专科生课程、研究生基础公共课程的教学课时要求，加强教学质量评价，切实将人才培养的中心任务落到实处。

9)《普通高等学校师范类专业认证实施办法（暂行）》（以下简称《认证办法》）（2017）为师范专业教学改革提供了方向。为贯彻落实党的十九大精神，培养高素质教师队伍，按照国家教育事业发展"十三五"规划工作要求，推进教师教育质量保障体系建设，提高师范类专业人才培养质量，教育部决定开展普通高等学校师范类专业认证工作。师范类专业认证是指专门性教育评估认证机构依照认证标准对师范类专业人才培养质量状况实施的一种外部评价过程，旨在证明当前和可预见的一段时间内，师范类专业学生的专业能力能否达到既定的人才培养质量标准。该认证以"学生中心、产出导向、持续改进"为基本理念。学生中心，强调遵循师范生成长成才规律，以师范生为中心配置教育资源、组织课程和实施教学；产出导向，强调以师范生的学习效果为导向，对照师范毕业生核心能力素质要求，评价师范类专业人才培养质量；持续改进，强调对师范类专业教学进行全方位、全过程评价，并将评价结果应用于教学改进，推动师范类专业人才培养质量的持续提升。该认证的核心是保证师范生在毕业时的知识能力素质达到标准要求，目的是使师范类专业注重内涵建设，聚焦师范生能力培养，改革培养体制机制，建立基于产出的持续改进质量保障机制，不断提高学校的专业人才培养能力和培养质量。

10）《关于加快建设高水平本科教育 全面提高人才培养能力的意见》（2018）提升了师范院校教师教学水平。该政策围绕加强师德师风建设和提高教书育人能力，明确把师德师风作为教师素质评价的第一标准，推行师德考核负面清单制度，建立教师个人信用记录，加强高校教师教学发展中心建设，全面开展高校教师教学能力培训。

在习近平新时代中国特色社会主义思想的指导下，我国高等教育领域综合改革向纵深推进，高等教育体系更趋完备，人才培养质量和科学研究水平稳步提升，对国家发展的贡献度不断提高，国际影响力不断增强。我国高等教育已经站在新的起点，正在从高等教育大国向高等教育强国迈进。

在这个过程中，实施"新师范"理念下的师范院校"能力范式"教学改革呼声越来越高。所谓"能力范式"，是指按照产出导向理念、以能力培养为主线反向建构的一种新的教育范式。"能力范式"的教学改革是新时代我国教育发展的必然要求，更是贯彻落实党的教育方针和政策的重要途径。

第二节　基础教育的发展对师范院校教学改革的影响

21世纪以来，我国经济社会快速发展，进入新的发展阶段，制约基础教育发展的一系列难题逐步得到解决，如适龄儿童入学问题、高素质教师短缺问题、大班额问题、教育经费投入不足问题等。尤其是党的十八大以来，教育优先发展的战略地位得到进一步加强，教育保障机制逐步健全，教育经费投入稳定增加，基础教育特别是农村教育的办学条件得到显著改善，基础教育公平跃上新台阶，特殊教育群体的受教育权益保障得到加强。基础教育工作者立德树人、为党育人、为国育才的意识越来越强，初步形成教育共识。普通高中育人方式改革、义务教育课程改革等稳步实施。基础教育的这些改革和发展表现出鲜明的时代特征，既对教师队伍建设提出新的挑战，又对师范教育改革提出了新的要求。

一、基础教育发展的时代特征影响了师范院校的发展方向

（一）追求教育公平

教育公平是社会公平的重要基础。让更多的落后地区、薄弱学校、弱势群体享受到教育发展的成果，是教育公平的重要内容。为此，我国大力促进中西部地区基础教育的发展，优先发展农村教育事业，确保进城务工人员随迁子女平等接受义务教育，建立健全政府主导、社会参与的农村留守儿童关爱服务体系和动态监测机制；进一步优化"国家学生资助政策体系"，为教育阶段需要帮助的学生提供资助，确保适龄儿童、青少年不因家庭经济困难、就学困难、学习困难等原因而失学，努力消除辍学现象，不断巩固提高九年义务教育水平，推进义务教育均衡发展。在此基础上，全面提高人才自主培养质量，在基础学科人才、卓越工程师和哲学社会科学人才培养上取得突破，为加快建设世界重要人才中心和创新高地贡献力量。

（二）加强党对教育事业的全面领导

依据我国教育必须为社会主义现代化建设服务、为人民服务，必须与生产劳动和社会实践相结合，培养德智体美劳全面发展的社会主义建设者和接班人的教育方针，坚持党对教育事业的全面领导，掌握"培养什么人、怎样培养人、为谁培养人"的主动权，各地各校应进一步健全、完善党的领导组织体系、制度体系、工作机制，普遍成立思想政治理论课教研室（组），定期开展集体备课和教学交流，不断提高教师思想政治理论课教学和育人水平。国家成立教育部教材局，对大中小学教材进行了思想政治、道德情感及价值观的全面梳理，加强了大学思想政治理论课程、中小学思想品德课程及所有人文学科课程的建设。我国教育应把立德树人作为教育的根本任务，加强学生的道德教育，将立德树人融入思想道德教育、文化知识教育、社会实践教育各环节，使其贯穿于基础教育、职业教育、高等教育各领域。

（三）变革育人方式，全面提高办学质量

1）落实全面发展的素质教育目标。人的全面发展是马克思主义人学理论的基本论点，促进人的全面发展是构建新时代教育格局的应然使命。按照中共中央、国务院、教育部等有关文件精神，为提高基础教育质量，应坚持"五育"并举，实施素质教育，探索德育一体化，开展"阳光体育"运动，增强学生体质，强化美育、劳动教育的育人功能，将其纳入各级各类学校人才培养全过程，使其贯穿于学校教育各学段，培养德智体美劳全面发展的社会主义建设者和接班人。

2）深化基础教育课程改革。在基础教育中应坚持育人为本，采取有力措施，推进基础教育课程改革，注重提高学生的社会责任感、创新精神和实践能力，培养学生独立解决问题的能力，实现学生知行的统一，注重人的潜能开发和个性发展，重视学生的个

性化和多样化发展，关注学生的心灵成长和幸福感。

3）提高课堂教学效率。在基础教育中应贯彻以人为本的理念，倡导课堂教学以学生发展为中心，创新教学方法，倡导启发式、探究式、讨论式、参与式教学，帮助学生学会学习，激发学生的好奇心，培养学生的兴趣爱好，营造独立思考、自由探索、勇于创新的良好环境。目前，各地涌现出很多课堂教学改革的典型学校或典型模式。

4）推进教育信息化。把教育信息化纳入国家信息化发展整体战略，基本建成覆盖城乡各级各类学校的教育信息化体系，促进教育内容、教学手段和方法的现代化。建立开放灵活的教育资源公共服务平台，促进优质教育资源的普及，共享信息技术应用，提高教师应用信息技术的能力和水平，更新教学观念，改进教学方法，提高教学效果。

5）减轻中小学生课业负担。过重的课业负担会损害儿童、青少年的身心健康。因此，减轻学生课业负担是全社会的共同责任，政府、学校、家庭、社会必须共同努力、标本兼治、综合治理，把减负落实到中小学教育全过程，使学生生动、活泼地学习，健康、快乐地成长。

6）深化新时代教育评价改革。以考试招生制度改革为突破口，克服一考定终身的弊端，推进素质教育和创新人才培养，以"综合评价"基本原则确保新时代"五育"并举育人方式变革的方向，改革考试评价制度和学校考核办法，规范办学行为，建立学生课业负担监测和公告制度。

（四）坚持扎根中国大地办教育

扎根中国大地办教育是指立足时代，面向未来，融通中外，创新性地继承和发展中华优秀传统文化，开展社会主义核心价值观教育和中华优秀传统文化教育。中国特色要求探索高等教育改革发展的中国标准、中国道路与中国模式。习近平总书记强调："我国有独特的历史、独特的文化、独特的国情，建设中国特色、世界一流大学不能跟在别人后面依样画葫芦，简单以国外大学作为标准和模式，而是要扎根中国大地，走出一条建设中国特色、世界一流大学的新路。"建设新时代中国特色社会主义标杆大学，首先要坚持党的领导，坚持扎根中国大地，坚持社会主义办学方向，坚持中国特色社会主义道路。坚持立德树人根本任务，牢记为党育人、为国育才的初心使命，回答好"为谁培养人、培养什么人、怎样培养人"这一教育的根本问题。遵循高等教育改革发展的根本属性、根本前提和根本方向，想国家之所想、急国家之所急、应国家之所需、尽高校之所能，构建并不断完善具有中国底蕴、中国特色、中国气象的高等教育发展模式。

具体到师范类高校的育人机制上，我们应当把社会主义核心价值观融入国民教育全过程，把中华优秀传统文化教育系统融入现代课程和教材体系，引导青年更加全面准确地认识中华民族的历史传统、文化积淀、基本国情，认清中国特色社会主义的历史必然性；继承长期滋养中国人精神、构建国家与社会秩序的"家文化"，高度重视家庭教育，加强家庭、学校、社会共同育人体制机制建设，构建覆盖城乡的家庭教育服务指导体系，引导家长树立正确的教育观念，使家长掌握科学的教育方法，尊重子女的健康情趣，培养子女的良好习惯。

二、基础教育发展的新要求对师范院校人才培养的目标提出了新的要求

当前，我国教育改革发展的主要矛盾已发生历史性转变，"有学上"正在被"上好学"所取代，基础教育改革进入深水区，教育发展进入关键期。教育的内涵发展和高质量发展成为新时代教育改革的主旋律。建设德智体美劳全面培养的教育体系，形成更高质量的人才培养体系，推进育人方式变革，深化中小学课程教学改革，落实核心素养，正在成为中小学教育改革的主题。

教师是教育发展的第一资源，是教育事业发展最重要的基础。党和国家高度重视教师队伍建设，使教师队伍整体素质和水平得到显著提高。然而，基础教育的持续发展和综合改革的不断深入，对教师的专业素养特别是专业能力提出了新的要求。

（一）全面育人的能力

新时代的基础教育要求教师树立正确的价值观念，具备全面育人的能力，能够整体规划育人各环节的改革进程，整合利用各种资源，实现全科育人、全程育人和全员育人。首先，教师要有正确的教育价值观念。对于教师而言，正确的教育价值观念是育人的前提和基础。教师应正确理解党的教育方针，把握培养社会主义建设者和接班人的教育方向，并以此作为教书育人的出发点。其次，教师要善于将育人贯穿于教育教学的各环节中。在新时代的基础教育背景下，教师不仅要关注教学内容，还要掌握将育人贯彻于教育教学全过程的本领。最后，教师要善于发挥教师之间的育人合力。全体教职工应该充分结合各自岗位的工作特点，将言传与身教相结合，共同推进学校的全员育人工作。

（二）教育教学的能力

教育教学能力是育人能力在学科教学领域的具体表现。在新时代，教育教学能力有了新的内涵：统筹道德与法治、语文、历史、体育和艺术等学科，充分发挥人文学科的独特育人优势，进一步提升数学、科学、技术等课程的育人价值，同时加强学科间的相互配合，发挥综合育人功能，不断提高学生综合运用知识和解决问题的能力。这要求新时代教师在教学中既要发挥学科教学的育人价值，又要促进学生思维品质的提升，使价值陶冶与能力发展相互促进、相得益彰。首先，教师要有深入挖掘学科本身育人价值的能力。教师要善于将学科育人价值与其他领域的育人工作相结合，发挥活动课程、校园文化等隐性教育的育人功能。其次，教师要有开展思维教学的能力。教师应有意识地提升课堂教学中学生思维活动的品质，以学科内容为载体，将思维训练融入学科教学中。最后，教师还要有情境教学的能力。教师在教学过程中要善于创设问题情境，在了解学生知识基础与原有观念的前提下，将系统的书本知识还原为实际问题情境并组织教学。

（三）实践育人的能力

实践育人能力要求教师在具备教学技能的基础上，妥善处理实践教学与学科教学的关系，整合各种实践教学活动形式，充分发挥实践育人的价值。首先，教师应具备开展实践教学的基本技能。在开展实践教学前，教师应确立教学目标，科学规划教学流程，确保在教学过程中给予学生有针对性的引导。在实施过程中，教师要具备实践教学的智慧，能够及时平衡教学过程中学生活动与教师引导的关系。此外，教师还须善于在不同实践情境中寻找教育契机，因势利导，把育人要素融入实践教学中。其次，教师应具备辩证处理实践育人与学科知识关系的能力。在设计实践教学时，教师要能正确处理知识、实践与育人三者的关系，通过实践过程，设计、引导学生体验知识的发现与应用过程，达成育人目标。最后，教师还应具备整合各种形式实践活动的能力。教师要能根据学生的知识基础和认知水平，结合当下社会生活热点，精选实践活动主题。同时，教师还应避免实践活动流于形式、简单重复，要将不同活动形式整合起来，在贴近社会与学生生活的情境中发挥实践育人的综合价值。

（四）统筹规划的能力

教师需要有一定的统筹规划能力，这是新时代"坚持系统设计与整体规划"要求的集中体现。具体而言，教师的统筹规划能力应包括以下两个方面。从横向看，教师应具备学科整合能力，发挥学科的综合育人功能。教师应立足于学生的学科知识基础，从学习对象的现实性出发，以问题为导向，培养学生综合运用知识的能力。在学科整合的过程中，教师应统筹不同学科的育人价值，在任教学科中能以各自的方式传递相同的价值取向。从纵向看，教师应具备促进学生学习进阶的能力，以保证不同阶段教学的有序衔接。新时代的教师要加强对教学内容的深度理解，从学科核心素养的角度，明确本学科在不同学段的地位与教学任务。

（五）学业评价的能力

教师要有多元的学业评价观，提高自身命题能力，发挥学业评价对学生发展的促进作用。首先，教师要树立正确的学业评价观。教师要与时俱进，以立德树人为导向，树立多元评价的考试评价观。其次，教师要具备依据课程标准和学业质量标准进行评价的能力。根据《中共中央 国务院关于深化教育教学改革全面提高义务教育质量的意见》和《国务院办公厅关于新时代推进普通高中育人方式改革的指导意见》中的要求，教师要熟悉课程标准和学业质量标准中的内容和要求，使授课范围与之对应；教师应根据学业质量标准划分的等级水平要求和授课学段，确定教学难度；在日常作业、练习和阶段性测试中，教师应依据课程标准进行命题与评价。最后，教师要有命制开放性题目与综合性题目的能力。教师命题能力的提升，不仅有助于教师对日常教学的诊断，还有助于教师早日突破"应试主义"教学窠臼。

三、基础教育的发展影响了师范院校教学改革的路径

我国基础教育发展呈现新特点，对基础教育的教师专业能力提出了新的要求，给师范院校教学改革带来深远影响。

（一）重新厘定师范院校的培养目标

基础教育的发展对教师的专业素质提出了新的要求，要求教师具有先进的教育理念并能指导教育教学实践；具有多元化的知识结构并能综合有效地运用；拥有精湛的教学技能并能不断进行反思；具有较强的科研能力，善于开展教育科学研究等。因此，师范院校有必要根据这些新的要求，反思原有的培养目标，着眼于 21 世纪世界教育发展的趋势和我国基础教育改革与发展的实际，着眼于师范生综合素质与能力的培养，重新定位师范院校人才培养目标。

（二）优化课程内容体系

教育信息化、课程综合化等是基础教育改革的重要特点，它要求教师具有先进的教育理念和多元化的知识结构、能力结构。传统师范教育课程结构和教学内容不完全适应基础教育课程综合改革的要求，其各类课程设置比例不合理，相对于基础教育的发展缺乏适应性、前沿性和超前性。新师范教育需要明确教师适应终身发展、社会发展必备的品格和关键能力，优化课程体系，创新教师教育内容，提高教师整体素质，突出培养师范生的思想道德修养、使命担当和家国情怀，把师德教育融入师范生培养全过程。

（三）强化实践教学质量

基础教育课程改革要求改变课程过于注重知识传授的倾向，强调学生形成积极主动的学习态度，使学生获得基础知识与基本技能的过程，同时成为学生学会学习和形成正确价值观的过程；改变学生的学习方式，确立学生在课程中的主体地位，建立学生自主、探索、发现、研究及合作学习的机制。这要求教师要有精湛的教育教学技能，并能有效地指导学生的学习与成长。教师教育要回应基础教育课程改革、教师专业发展的呼唤与诉求，强化实践教学质量，设置数量充足、内容丰富的实践课程，将实践教学贯穿于培养全过程，加强对实践环节的管理与指导，强化师范生教学基本功和教学技能训练与考核。

（四）推动教学方法变革

当前基础教育以素质教育为导向，深化课程与教学方法改革，注重学思结合，知行合一，因材施教，改进教育方式和教学方法，更新教学手段，精选、整合教材内容，优化教学过程。师范院校需要从基础教育课程改革出发，结合师范生培养特点，积极调整

现阶段的教学理念，将师范生作为教学的主体，推进以"自主、合作、探究"为主要特征的研究型教学改革，着力提升师范生的学习能力、实践能力和创新能力，充分利用信息技术变革教师教学方式和师范生学习方式，提升师范生信息素养和利用信息技术促进教学的能力，形成以师范生为中心的教育教学新形态。

（五）创新育人模式

创新育人模式要求改革师范院校传统的人才培养模式，改变重学术、轻师范的倾向，积极探索政府、高校、中小学协同发展的路径，注重开发创新、开放的教师培养新模式。高等师范院校应与中小学协同开展教师培养、培训、研究和服务一体化的教师教育改革实验，着力推进培养结构、培养目标、课程设置、资源建设、教学团队、实践基地、职后培训、质量评价、管理机制等全流程协同育人。为基础教育服务，是高等师范院校的神圣职责和根本任务。如何适应基础教育改革和发展的需要，推进传统的知识范式培养模式转向能力范式培养模式，培养合格的中小学教师，是高等师范教育需要时刻关注和探索的重要课题。

第三节　师范类专业认证对师范院校教学改革的影响

一、促进教学改革，提高教师教育质量

首先，师范类专业认证对于提高教学质量具有重要意义。教师是专业化的职业，需要根据专业目标，通过专业培训，获取一定的专业技能，然后通过专业资格考试，得到行业和社会的认可。同时，教师作为学校教育的组织者和实施者，在学校教育中起着关键作用，教师的素质在一定程度上影响着教育质量[1]。对教师进行外部专业认证，建立和完善教育内部质量保证体系，提高教师的专业素养和教学实践技能，对更好地保障教师专业化水平、建立和完善高校教师教学体系、提高教师教育质量和素质有着积极的推动作用。一方面，师范类专业认证可以促进高校师范专业的全面改革。一直以来，我国师范院校教师教育存在一些问题，如培养目标不够明确、课程结构设置不够合理、课程内容有待优化、教学方法有待丰富、教育实践环节较为薄弱等[2]。近年来，高校出现的一系列"合并、兼并、转让"现象，使许多师范院校合并、升级为综合性高校，而教师教育体系的开放也促使许多综合性高校加入教师教育体系，但综合性高校参与教师教育产生了一些新的问题。例如，许多高校尚未建立合理有效的师范教育质量保障体系，在新的教育形势下，部分原有的质量保障体系难以适应新的教育要求。在此背景下，师范类专业认证秉承"学生中心、产出导向、持续改进"的理念，通过专业认证提高教师培

---

① 胡万山，2018. 师范类专业认证背景下教师教育改革的意义与路径[J]. 黑龙江高教研究，36（7）：25-28.
② 高芳，2010. 高师院校教师教育存在的问题与对策[J]. 教育探索（12）：101-102.

训质量。在人才培养过程中，要将以往以教师的"教"为中心的教学模式，转向为以学生的"学"为中心的现代教学模式，特别强调学生的主体作用，并且以师范生的学习效果为基础，安排教育教学资源；在人才培养效果方面，着重强调产出导向，以学生和用人单位需求为基础，对照师范生毕业要求检查人才培养质量；在人才质量评价方面，根据专业培养目标的实现程度，以培养师范生核心素质为目标，注重全过程、全方位的质量评价，并将评价结果应用到教学质量的持续提升中。这样，既能促进高校开展师范类专业的综合改革，又能改善教师教育的整体状况和教育质量，还能为高校教师认证提供针对性的建议，帮助高校教师专业发展突破瓶颈，建立完善的质量保证体系。另一方面，师范类专业认证可以帮助师范生增强职业认同感，提高教学信心，增强教学意愿，有助于保证师范生教育质量①。同时，师范类专业认证可以提高社会对教师教育的认可度，使教师教育获得更多的资源和发展空间。师范类专业认证可以提高高校教师教育的社会接受程度。在国家政策支持下，优化资源配置，使师范生得到社会用人单位认可，有效拓展师范专业的教育资源和发展空间，促进高校教师教育良性发展。

其次，师范类专业认证能够完善教育质量保障体系。师范类专业认证的特征主要包括以下几个方面。一是认证目标的有效性。在设定认证目标的过程中，必须遵循师范生的发展规律，将培养目标和培养结果作为质量评价的重点，使师范生满足从事中小学教育的基本要求，包括知识、素质和能力。二是认证标准的科学性。开展高等教育质量保障活动的一个重要前提是建立科学、合理的标准体系。同时，为了实现分类发展和特色发展，我们要紧紧围绕认证目标，建立一整套体系，即横向三类覆盖和纵向三级递进的认证标准体系，这样有助于对师范类专业进行科学管理和合理定位。三是认证过程的发展性。师范类专业认证的一个重要特点是通过常态化的教育教学质量监测和对师范生培养过程进行全方位、全过程的跟踪和反馈，促进师范类专业人才培养质量的持续提升。四是认证结果的自律性。师范类专业认证的最终目的是促使师范院校建立一套能够自我约束的质量文化体系，同时树立教育教学质量控制、质量改进方面的意识和责任②。由此可见，师范类专业认证是完善师范院校教育质量保障体系的重要环节。近年来，随着社会的发展，教师培训一体化占据社会市场重要位置。因此，我国先后出台了一系列政策，从不同的环节保障教师教育质量，其中包括教师资格证制度和中小学、幼儿园的《教师专业标准》。2018年，中共中央、国务院出台了《关于全面深化新时代教师队伍建设改革的意见》，教育部等五部门联合印发《教师教育振兴行动计划（2018—2022年）》，这表明国家对提升教师队伍质量与教师教育质量的重视程度上升到一个前所未有的高度。要想培养高素质教师队伍，就必须有高质量的教师教育。同样，现代化的教师教育是促进教育强国建设、实现教育现代化发展和办好人民满意的教育的根本③。

---

① 王波，2021. 专业认证背景下师范生教学研究能力培养的价值意蕴、问题与路径选择[J]. 教育探究（6）：63.
② 王勇，2019. 专业认证背景下师范院校内部质量保障体系构建研究[J]. 中国高等教育（7）：39-40.
③ 齐曙光，2020. 师范专业认证背景下高校师范生教育实践的困境和思考[J]. 邢台学院学报，35（1）：80-83.

最后，师范类专业认证是提高教师教育质量的有力抓手。我国师范类专业认证机制的巧妙设计，将保证我国教师教育良性发展的质量。专业认证的特点之一是认证结果不是终结，它关注被认证专业的现状，以被认证专业的整改和发展为目标，重视建立持续改进机制，并促进被认证专业的可持续发展[①]。从我国已经颁布的四类师范专业认证标准来看，教学科研能力是合格的师范生必须具备的素质，也是师范生培养的重要组成部分，即在师范专业认证的背景下，教研能力成为师范生教学的基本技能。教研能力不仅是教师培养学生的重要目标，还是评价师范生教育质量的指标之一。师范类专业认证主要是基于一定的认证标准，对师范生培养质量进行外部评价，通过认证来实现对人才培养质量标准的专业认可，并协助师范专业教师发现存在的问题，采取相应措施提高专业教育质量。专业认证的重点在于制定培养目标的合理性，即是否满足实施条件，实施过程是否有效，人才培养的结果是否与培养目标一致。各专业教育工作者根据自身实际制定合理有效的人才培养目标，在用人单位和师范生之间开展调查，研究相关行业和领域的发展趋势和人才需求，结合行业实际及未来的专业人才需求，修订专业人才培养目标和规范、培养计划。在我国，师范类专业认证实行三级认证，包含监测、合格、评优。"监测"是第一级认证，旨在借助动态数据库监测高校师范类专业是否符合办学条件和要求。"合格"是第二级认证，旨在通过师范类专业教学质量认证，建立教育质量的持续改进机制。"评优"是第三级认证，旨在推动高校形成优质的教师教育人才培养模式及质量持续改进机制，进而推动我国教师教育发展。除第一级认证的"监测"外，"合格"和"评优"要依次认证，不得越级。此外，师范类专业认证的结果直接关系到教师资格考试的组织。不同等级认证的高校在组织教师资格考试方面享有不同的权利。只通过第一级认证的高校没有独立组织笔试和面试的权利，通过第二级认证的高校可以组织面试，通过第三级认证的高校可以组织笔试和面试[②]。此外，认证的有效期一般为 6 年。在这种精心设计的师范类专业认证机制下，通过师范类专业认证、获得师范专业资格证书与完善高校师范办学有着内在联系。为了获得"优秀"级别，高校会采取各类措施提升办学质量。综上所述，师范类专业认证是提升教师教育质量的重要举措。

二、优化教师教育结构，提高人才培养质量

师范类专业认证能够通过政策引导，优化我国教师教育结构，促进高校师范类专业走上特色发展之路，提高人才培养质量。2017 年，教育部印发《普通高等学校师范类专业认证实施办法（暂行）》（以下简称《办法》）[③]。《办法》指出，对普通高校师范类专

---

① 鲍洁, 2013. 专业认证：促进高校人才培养质量提升的重要途径[J]. 北京联合大学学报（自然科学版）, 27 (2)：19-23.
② 李森，刘梅珍，崔友兴, 2019. 专业认证背景下高校师范类专业建设理路[J]. 重庆高教研究, 7 (6)：12-24.
③ 中华人民共和国教育部, 2017. 教育部关于印发《普通高等学校师范类专业认证实施办法（暂行）》的通知[EB/OL]. (2017-10-26) [2021-07-06]. http://www.moe.gov.cn/srcsite/A10/s7011/201711/t20171106_318535.html.

业实行三级监测认证。《办法》由指导思想、认证理念、认证原则、认证体系、认证标准等 12 项构成。教育部教师工作司、高等教育教学评估中心负责人表示，近年来我国教师教育改革取得了积极进展，为基础教育和职业教育发展提供了强有力的师资保障。与此同时，教师教育综合改革也面临着在开放化背景下亟待建立教师教育质量保障制度、在综合化背景下亟待强化教师教育特色、亟待引导教师教育内涵式发展等新情况和新问题。

首先，师范类专业认证通过监测、合格、评优三级认证，在保证基本办学条件的基础上，引导不同高校的师范类专业分层分类发展。第一级认证定位于师范类专业办学基本要求监测，依托教师教育质量监测平台，建立基于大数据的师范类专业办学监测机制，对各地各校师范类专业办学基本状况实施动态监测，为学校出具年度监测诊断报告，为教育行政主管部门提供监管依据，为社会提供质量信息服务。第二级认证定位于师范类专业教学质量合格标准认证，以教师专业标准和教师教育课程标准为引领，推动教师教育内涵式发展，强化教师教学责任和课程目标，建立教师教育持续改进机制，保证师范类专业教学质量达到国家合格标准。第三级认证定位于师范类专业教学质量卓越标准认证，建立健全基于产出的人才培养体系和运行有效的质量持续改进机制，以赶超教师教育国际先进水平为目标，以评促强，追求卓越，打造一流质量标杆，提升教师教育的国际影响力和竞争力。通过三级认证标准对高校师范专业的基本办学条件和专业教学质量进行标准划分，鼓励高校师范类专业从满足基本办学条件、实现专业建设合格标准，到最终实现师范专业卓越发展。

其次，师范类专业认证在高校教学评估的基础上，更加精准地针对师范类专业，突出师范类专业认证的特色。师范类专业认证具有产出导向，聚焦师范生受教育后"学到了什么"和"能做什么"[1]，强调明确学习产出标准，使师范生更好地将学习效果与社会需求对接。根据师范生最终学习效果和需要达到的核心能力素质要求，高校可以反向设计课程体系与教学环节，根据学生上课实际情况配置相应师资队伍和资源，根据认证标准调整教学评价。不同高校可以根据自身办学特色制定人才培养目标。师范类专业认证强调目标定位与国家战略、社会对师范生的素质要求和学校办学定位相一致。师范生通过大学四年的教育理论和教育实践学习，可以掌握师范生核心素养，达到师范类专业认证要求，更好地践行师德教育，把教学、育人、发展的理念贯彻到今后的教育工作中，具有教育情怀，更深入地学习教学方法、班级指导、综合育人、反思和沟通合作等师范生核心素养。同时，在师范类专业认证中，结合高校办学实际情况和存在的问题，引导高校师范类专业根据实际状况确定目标定位与办学定位。例如，在以化学专业为主的师范学院，化学专业的师范生除了掌握共性师范生核心素养外，还需要掌握无机化学、有机化学、物理化学、分析化学，仪器分析，物理化学、有机化学实验、无机化学实

① 周志艳，陈新文，2021. 专业认证视域下高职院校师范类专业发展思考[J]. 黑龙江高教研究，39（1）：115-119.

验等学科素养①。此外，以学前教育或者以初中教育等为主的师范学校，其学生培养侧重点有所不同，应根据师范类专业认证标准为学生提供不同的考核标准。这能有效避免高校之间出现盲目模仿等问题②，引导高校师范类专业走特色发展之路。

最后，师范类专业认证能够优化高校师范类专业人才培养模式。师范类专业认证对高校师范类专业的培养目标、毕业要求、课程与教学、合作与实践、师资队伍和学生发展等方面提出了明确要求，要求保障师范生教育实践，要求师范生教育实践经费大于或等于学校平均水平。教育实践经费包括以下内容：教育实践基地建设经费、校内外实习指导教师经费、教师培训经费、师范生教育实习补贴等③。师范类专业认证对学校实践经费的保障，有利于提高学生教育实习的积极性。一方面，在足够教育经费支持下，教师愿意付出更多精力指导师范生进行教育实习，可以为师范生创设更完善的教育实践条件。另一方面，教育经费的支持给予师范生参加教育实习的动力，能够有效避免教育实习的形式化，使学生在教育实习中得到真实的教学体验，得到更多实际收获。教育实践是培养师范生的主要途径，因此在师范类专业认证标准中格外重视教育实践。高校按照"整体规划，分段实施"的原则，针对不同学段的师范生进行教育实践内容的分层安排。师范类专业认证有助于落实把社会主义核心价值观融入教育实践全过程的目标，有助于通过师范生教育见习、实习和研习过程，强化"三字两画（话）"基本功训练，让师范生在教育阶段形成直观性的班级管理、教学研究等全方位的教育实践观念④，并且促进其师德与师能水平的提高。师范类专业认证要求学校建立完整的实践教学体系，既要有教育见习、教育实习等独立的实践活动，也要在其他专业课程中加入实践性教学环节。学科教学法课程既可以为师范生开展具体学科的教学打下理论基础和技能基础，又可以培养师范生的职业情感和专业精神。教育实践可以提高师范生教育教学专业技能，丰富师范生对教育生活的感性认识，增强师范生对于教师职业的情感体验。师范类专业认证要求对课程与教学做出重新调整，通过重新制定师范生课程目标，全方位培养师范生能力。依据《教师教育课程标准（试行）》，师范生教育围绕"专业理念与师德、专业知识、专业能力"等展开，对师范生必备教育学科知识进行规范。除了各学科开设的教学法、课标解读、教材分析等课程，各师范类专业开设的教师教育课程还包括师德修养、教育学、教育心理学、普通话与教师语言技能、书写技能、信息化教学技术等必修课程；同时，还可以增加相关选修课比重，增加学科类相关师范技能的课程训练，如让师范生根据具体教学案例设计综合活动、选取教育名著让学生写读后感、分析中小学学生突发紧

① 李万梅，霍杰，王民，等，2021. 师范专业认证背景下化学类专业特色建设与实践：以杭州师范大学为例[J]. 大学化学，36（11）：82-90.
② 胡万山，2018. 师范类专业认证背景下教师教育改革的意义与路径[J]. 黑龙江高教研究，36（7）：25-28.
③ 齐曙光，2020. 师范专业认证背景下高校师范生教育实践的困境和思考[J]. 邢台学院学报，35（1）：80-83.
④ 胡小萍，2020. 专业认证背景下的教师教育课程改革实践[J]. 南昌师范学院学报，41（3）：110-114.

急情况案例、举办基础教育改革动态系列讲座等。开设个性化选修课程有利于师范生个性、特长的发展，形成由感性到理性、由认识到实践到再认识、由低阶学习到高阶学习的螺旋上升的教学体系。根据师范类专业认证要求，高校可以对课程进行系统安排，把学科教学法、教学艺术、教材解析、课标解读、课件制作、教具制作等内容加入课程考核中，不仅可以增加师范生对教育理论的学习，还可使师范生针对不同课程形成全方位的能力。师范生通过教育学、教育心理学、教师教学技能、班主任工作与班级管理、教育科研方法等内容的学习，可以系统学习成为一名教师的必备知识和技能，进而满足社会对相应专业师范生的任教要求，推动师范生培养的社会化。总体来看，师范类专业认证能够促使高校调整和优化师范类专业人才培养模式，提高人才培养质量。

三、教育培养体系的建构

教师教育是教育事业的工作母机[①]，自提出教师专业化问题以来，教师教育发展对师范教育不断提出新要求。2012 年，教育部、国家发展改革委、财政部印发《关于深化教师教育改革的意见》提出，要构建开放灵活的教师教育体系，发挥师范院校在教师教育中的主体作用，建立教师培训体系；健全教师教育标准体系，落实教师教育课程标准，制定师范类专业认证标准和教师培训质量评估体系；深化教师教育课程改革，优化课程结构，强化教师教育课程，加强师德教育和养成教育，着力培养师范生的社会责任感、创新精神和实践能力[②]。新时代教师队伍建设有了更高的要求，但师范院校的培养质量和办学质量与各级学校对于教师的实际需求之间的矛盾愈加凸显。师范生立德树人和实践教学能力在教师职前教育过程中存在不足，教师教育培养体系不能满足人民对教师培养的需求。师范类专业认证由长期的争论与商讨走向现实发展需要。教育工作者的职业复杂性在其接受专业培养之始便伴随其整个发展阶段。从个体的角度来说，师范生作为学生的一类，在高等教育学习阶段的目标是为人的终身发展而不断学习。在其作为师范生阶段，通过专业学习和培养，获得科学的、理论性的和实践性的知识，以达到教师这一职业的"入门"条件；在其完成专业学习之后，进行实践性训练，以达到教师的标准；在其职业发展过程中，通过各种形式的培训和评价不断提升专业化程度，不断结合自身需求和现实需要调整理想和目标，实现复杂的角色需求[③]。

师范类专业认证对于教师的培养提出了 3 点要求：一是教师教育要求培养什么样的教师，这是从专业发展内涵的角度解决课程教学目标的问题；二是应该怎样培养师范生，

---

① 中华人民共和国教育部，2018. 培养好老师 从师范类专业认证开始[EB/OL]. (2018-01-06) [2021-07-10]. http://www.moe.gov.cn/jyb_xwfb/s5148/201801/t20180108_323952.html.

② 中华人民共和国教育部，2012. 教育部国家发展改革委财政部关于深化教师教育改革的意见[EB/OL]. (2012-11-08) [2021-07-10]. http://www.moe.gov.cn/srcsite/A10/s7011/201211/t20121108_145544.html.

③ 李·S. 舒尔曼，王幼真，刘捷，1999. 理论、实践与教育的专业化[J]. 比较教育研究（3）：37-41.

即如何培养未来的教师，这是从教育实践的角度思考新时代教师队伍的建设和发展；三是在教师教育长期发展过程中，对于为谁培养教师这一根本性问题提出要求，即明确新时代下师范院校教育教学要以学生为中心，坚持从师范生的角度出发，思考师范类专业人才培养的目标、方法和具体内容。师范类专业人才通过接受专业培养，具有专业化知识和能力，在实践过程中能够综合运用所学知识和经验来具体解决实际问题。同时，师范类专业人才要具备创新意识和科学研究的素养，在教师教育改革过程中形成倒逼机制，推动教师专业化培养的完善和发展，加强改革成效。

在教师教育改革的发展潮流下，师范院校应根据新时代的诉求及师范类专业认证的标准和规则，不断更新自身发展目标定位，立足自身实际，构建更加科学规范、更有实效、更具有自身特色的培养体系，从而切实落实师范类专业人才培养改革措施，从根本上提升教师队伍的整体素质，建设高水平教师教育体系，全面振兴教师教育，加快实现教育现代化、建设教育强国的目标。

（一）围绕专业发展内涵，深化师范院校课程教学目标

从理论上来说，教师的专业发展内涵是对教师发展提出的要求，即教师应该具备的素养、应该掌握的知识与技能。师范类专业认证具有教育评价的作用，能够评价师范类专业人才培养的专业性。"学生中心、产出导向、持续改进"作为师范类专业认证的基本理念，明确了师范生教育教学培养过程中的目标体系。我们要在师范生立德树人和教育教学实践过程中提高对"学生中心"的认识，要坚持以学生为本、关注学生，只有做到这一点，师者才可以为师，这是教师这一职业与其他职业的区别所在。师范院校教学因其培养对象的特殊性而具有可持续的、动态的发展特点。师范生的学习阶段仅是其职业生涯的开始阶段。在终身教育的观念下，教师的专业化要求其学习阶段伴随职业生涯的始终。"万事开头难"，师范院校的培养是教师职业发展中极为关键的一环，因此师范院校要坚持以产出导向为重要思路，依据师范生学习目标和实践需要建设课程教学体系[①]，综合各方面资源，以促进教育实践发展。

（二）对标教育实践需要，优化师范院校教育发展规划

师范院校的培养目标是在满足基础教育对教师需求的基础上，提升师范生教育教学、专业素养、学术研究等方面的综合素质。小学教师面对处于基础教育初始阶段的儿童，应从容应对小学生学习中活泼且富有想象力的身心特点及其对庞大知识面的需求；初中教师面对刚进入青春期的少年，不仅要具有教育教学的智慧，还要应对这一年龄阶段的学生因处于身心发展的特殊阶段而带来的种种变化，引导并规范其世界观、人生观、价值观；高中教师面对花季雨季的青年，应具备较高的知识水平和研究素养。因此，在

---

① 梅雪，曹如军，2019. 高校师范专业认证省思[J]. 高教探索（12）：36-41.

师范类专业的培养过程中，要依据培养对象的实际情况规划其培养路径。以师范生培养为主的师范院校应更加注重对学生进行创新教育。

（三）把握未来发展趋势，创新师范院校教学改革路径

目前，教师专业化发展趋势迅猛，因此培养高质量教师队伍是当前教师教育改革亟待解决的问题。严格规范并不断创新教育教学的培养路径，是当前师范类专业认证背景下师范院校推进自身发展、扩大影响力的重要举措，是加快教师教育培养体系构建的重要方法。具体包括：一是通过自身特色优势，开展教师教育课程教学的创新性与发展性相结合的研究工作；二是充分把握"双师型"教师培养模式在教学过程中的应用[①]，以师范生为中心配置教育资源，组织教育教学环节的实施和课程安排，将师范生核心能力素质要求及师范类专业人才目标评价贯穿于培养环节的始终，提升师范类专业人才培养质量；三是加大课程资源开发力度，创新教师教育课程内容，有针对性地建设各级各类学科课程的必修、选修科目的结构体系；四是加强教师职业能力培养，通过项目化、模块化的教师专业能力培养促进师范生的专业化发展，从教师专业技能、教师专业知识和教育教学能力等方面提升师范生实践技能。同时，将理论与实际相结合，优化教育实习模式，让师范生在实践中验证学校学习的效果并通过实践完善知识结构，为教师专业发展打好基础。

---

① 李森，刘梅珍，崔友兴，2019. 专业认证背景下高校师范类专业建设理路[J]. 重庆高教研究，7（6）：12-24.

第二章

能力范式下师范院校教学改革概述

第一节　能力范式下教学改革的内涵

一、高质量师范教育人才培养模式的转型

2018 年 1 月,《中共中央 国务院关于全面深化新时代教师队伍建设改革的意见》中明确指出:"当今世界正处在大发展大变革大调整之中,新一轮科技和工业革命正在孕育,新的增长动能不断积聚。中国特色社会主义进入了新时代,开启了全面建设社会主义现代化国家的新征程。我国社会主要矛盾已经转化为人民日益增长的美好生活需要和不平衡不充分的发展之间的矛盾,人民对公平而有质量的教育的向往更加迫切。面对新方位、新征程、新使命,教师队伍建设还不能完全适应。"[①]

事实上,在我国师范教育体系有所削弱、教师特别是中小学教师职业吸引力不足、教师城乡结构和学科结构分布不尽合理、管理体制机制亟须理顺等一系列问题中,教师素质能力难以适应新时代人才培养需要是其中的关键问题、核心问题。在某种程度上,这也是新时代教师队伍建设改革的"牛鼻子"问题。林建华在研究中指出:"长期以来,大学专业设置过窄、教育模式陈旧等问题一直没有得到有效改善,重科研轻教学、重知识体系轻综合能力、重技能培养轻人格养成、重专业轻通识等现象还普遍存在。大学的培养模式单一,千校一面,很难满足国家未来发展要求和社会公众对多样化和创新型人才的需要。"[②]毋庸置疑,当今世界经济社会的发展转型和产业升级,对高等院校的人才培养提出了转型升级的时代要求,即要求高等院校在人才培养方面从传统的以学术型、研究型人才培养为主转变为以应用型、创新型人才培养为主。

因此,如何实现高校转型对人才培养提出的新要求,是高等院校面临的现实问题,是值得高等院校特别是新建本科院校教育工作者深入探讨、有效应对的现实问题。

实际上,人才培养归根结底围绕两个基本问题:一是培养什么样的人才;二是如何培养人才。走进新时代,基础教育改革发展对师范院校教师教育能力提出了新要求。事

---

① 中华人民共和国中央人民政府,2018. 中共中央 国务院关于全面深化新时代教师队伍建设改革的意见[EB/OL].
(2018-01-31) [2021-07-10]. http://www.gov.cn/zhengce/2018-01/31/content_5262659.htm.
② 林建华,2019. 面向未来的中国高等教育[J]. 教育研究 (12):4-8.

实证明，传统的以学科知识的系统性为元点派生的教育范式——"知识范式"，已不能完全适应这种新要求。在新时代背景下，怎样真正构建高质量的师范教育培养体系？面对社会变迁对人才需求的变化，师范类本科专业应当怎样科学设计培养方案，如何将人才培养、服务社会和社会诉求有机结合起来？在此基础上，根据"厚基础、宽口径、高素质"的多样化培养目标，如何实现培养创新型、复合型、应用型人才的教育愿景？进一步来说，如何构建一种新的教育教学范式以引领师范类专业人才培养的变革，以满足新时代基础教育发展变化的新要求？在这样一种历史背景、时代诉求和问题意识的反思下，基于知识范式视域下人才培养存在的客观问题，齐鲁师范学院从教育哲学的角度，提出并呈现了以"能力范式"为引领，深入推进师范院校教师教育能力建设的教学改革理念及教育实践的系列案例。

二、能力范式教学改革的概念

从词源学上，"能力"一般是指"成功地完成某种活动所必需的个性心理特征，分为一般能力和特殊能力。前者是指进行各种活动必须具备的基本能力，如观察力、记忆力、抽象概括力等。后者是指从事某些专业性活动所必需的能力，如数学能力、音乐绘画能力或飞行能力等。人的各种能力是在素质的基础上，在后天的学习、生活和社会实践中形成和发展起来的"[①]。我们认为，从更广泛意义上来说，"能力"是人的综合素质、知识基础、经验累积所锻炼出来的可以判断、抉择、正确驾驭某种活动的实际本领、能量和实现人的价值的一种有效方式，包括德能、体能、技能、智能、潜能等。教育教学领域所强调的"能力"，则主要是指学生应具备的能够适应终身发展和社会发展需要的必备素养和关键能力。

本书中所说的"能力范式"，是相对于传统的知识范式而言的一种高等教育范式，是以能力培养为主线建立的、关于高等教育的理论模式与方法的信念系统。能力范式的基本内容是：首先按照应用型人才的应然属性，即实践性、创新性、综合性和社会性进行社会调研，确定人才培养的定位和能力标准；然后按照人才培养标准反推课程体系，制定课程标准，重构教学内容，设计教学方法，改革考核评价方式，从而构建能力范式的人才培养模式，真正突出对学生的应用与创新能力的培养[②]。

三、"能力范式"理念与我国基础教育的发展状况和时代需求息息相关

基础教育是指中小学（含学前）各学段的教育。20 世纪 90 年代末，我国明确提出推进素质教育。2010 年公布的《教育规划纲要》中明确指出"素质教育推进困难"，但是中央推进素质教育的决心和决策一直未曾动摇，强大的行政推力依然存在，且由于《教育规划纲要》的制定，这一推力已逐步下沉到省、市一级，因此在 21 世纪的第二个十年

---

① 辞海编辑委员会，1999. 辞海[M]. 上海：上海辞书出版社.
② 林松柏，2017. 转换高等教育范式，构建应用型人才培养体系[J]. 齐鲁师范学院学报（3）：5.

中，以素质教育为导向的基础教育改革得到持续推进。特别是2015年1月，我国对普通高中课程方案和各科课程标准进行系统修订，确立了"核心素养"这一观念，并将其作为课程改革的出发点和归宿。这标志着我国基础教育课程改革进入新的发展阶段，以核心素养为培养旨归的新的课程观进一步推进了基础教育的课程教学改革，问题化、项目化、情景化、生活化的教学和学科"大概念"教学等新的教学方式方法呈现"百花齐放"之势，使基础教育从以知识的传授和记忆为主转向以"素质"和"能力"的培养和提高为主。如果说基础教育阶段的学生培养侧重"素质"，那么高等教育阶段的师范教育则更加强调"能力"。

高水平的基础教育呼唤高质量的教师队伍。高质量的师资力量从何而来？毫无疑问，建设高质量的师资队伍必须依靠高质量的师范教育。高等师范教育是专门为基础教育培养师资的教育——既包括职前教师的培养，也包括职后教师的培养。一方面，师范教育为普通教育的发展做出了历史性的贡献。截至1996年，颇具规模的"大师范教育"体系已经比较成熟，……师范教育不但培养了大批新师资，而且培训了大批在职教师。另一方面，师范教育被教师教育取代后，师范类院校的师范属性不断被弱化。20世纪90年代，为解决我国教师培养过程中出现的问题，适应国际化教师培养模式，"教师教育"取代"师范教育"逐渐成为国内教师培养的主导政策。1999年，教育部印发《关于师范院校布局结构调整的几点意见》提出："师范教育层次结构中心逐步升高……由三级师范（高师本科、高师专科、中等师范）向二级师范（高师本科、高师专科）过渡"，"通过实施教师资格制度逐步实现中小学教师补充与人才市场接轨，中小学教师来源多样化，优化师资队伍结构"[①]。该政策的颁布，标志着我国师范教育逐步向以高等教育为导向的学历化，以及师资来源的市场化、非专业化方向发展。2001年，《国务院关于基础教育改革与发展的决定》提出："完善以现有师范院校为主体、其他高等学校共同参与、培养培训相衔接的开放的教师教育体系。"[②]这标志着在顶层设计层面，我国教育主管部门正式以"教师教育"取代了"师范教育"。有学者认为，这些政策、规定实现了我国从"培养教师的教育"向"教师教育"的转变，同时在无形中弱化了师范教育在我国教育体系中的话语权，进而在教育改革实践中出现了师范教育的泛化、唯学历化等现象。师范教育自身的特色和发展规律不再是师范院校和师范教育专业的唯一追求基础[③]。

需要特别指出的是，2000年前后开始实行的教师资格证"国考"，不仅撼动了师范院校（专业），同时也对基础教育产生了巨大影响。在教师资格证制度改革中，凸显了对师范教育专属性的"否定"，使师范院校（专业）面临困境[④]。2018年1月颁布的《中

① 中华人民共和国教育部，1999. 关于印发《关于师范院校布局结构调整的几点意见》的通知[EB/OL].（1999-03-16）[2021-07-10]. http://www.moe.gov.cn/srcsite/A10/s7058/199903/t19990316_162694.html.

② 中华人民共和国中央人民政府，2001. 国务院关于基础教育改革与发展的决定[EB/OL].（2001-05-29）[2021-07-10]. http://www.gov.cn/gongbao/content/2001/content_60920.htm.

③ 田晓苗，石连海，2019. 教师培养：从去师范化到新师范教育[J]. 国家教育行政学院学报（3）：53-59.

④ 霍东娇，2018. 中国百年师范教育制度变迁研究[D]. 长春：东北师范大学.

共中央 国务院关于全面深化新时代教师队伍建设改革的意见》中明确指出，师范教育体系有所削弱，对师范院校支持不够。该文件中强调"百年大计，教育为本；教育大计，教师为本"，并明确提出加强教师队伍建设的新要求。2019 年 6 月，中共中央、国务院印发的《关于深化教育教学改革全面提高义务教育质量的意见》中继续要求坚持"五育"并举，全面发展素质教育，提出改革和加强师范教育，提高教师培养培训质量，建设高素质专业化教师队伍。

走进新时代，我们应当深刻认识到，习近平总书记高度重视教育教学改革，作出一系列重要指示，系统回答了新时代教育教学改革的一系列重大理论和实践问题，为深化新时代教育教学改革工作提供了根本遵循，指明了前进方向。以习近平新时代中国特色社会主义思想为行动指南，我们应当进一步增强信念信心、坚定底气锐气，跳出教育看教育、立足全局看教育、放眼长远看教育，始终坚定发展自信、着力增强发展动能、系统提高发展效能，健全完善教育高质量发展体系，在高质量发展中开辟新领域新赛道，主动应变、求变，做人无我有的开创者、人有我优的领跑者，加快推进教育现代化、建设教育强国、办好人民满意的教育。

四、师范类专业认证的理念与能力范式下的教学改革一脉相承

为了推动师范教育改革、提升师范教育的人才培养质量，教育部于 2018 年启动了高等院校师范类专业认证工作。截至 2020 年年末，已有 221 个专业通过了第二级或第三级认证。从认证工作开展的实际情况来看，师范类专业认证有效推动了师范类专业人才培养理念、培养方式、评价方式等的变革，但也出现为了认证而认证，以及"新瓶装旧酒"等现象。这其中的原因很多，除了对专业认证认识不到位、认证工作本身缺乏有效的保证机制等外，最根本的原因在于专业人才培养过程依然受传统的以知识传授为主的教育范式的影响，没有实现教育教学范式的转变。

那么，传统教育模式的存在形态又是怎样的呢？从高等教育的人才培养特点来看，传统的人才培养方案主要以系统的学科知识为主线来设置课程体系，其教学的组织实施和考试考核评价也是以知识为主线进行的，这种传统的教育教学理念称为"知识范式[①]"。在这种范式的指引下，人才培养虽然取得了成绩。但从总体来看，在教育理念上，培养的学生缺乏独立见解、创新意识和独立人格；在课程设置上，理论课偏多而实践课、讨论课偏少，学科前沿的课程设置较少，专业课的教材内容相对陈旧；在教学方法上，以教师为主导的灌输式、讲授式形式占据主导地位，学生参与感普遍较差。

在这里，需要特别强调两点。第一，关于范式的概念。范式不是单纯的范例、规范

---

① "范式"（paradigm）一词是托马斯·库恩（Thomas Kuhn）在《科学革命的结构》一书中论述的概念。一般来说，它是指一个科学共同体在某一专业或学科中所具有的，由共同的基本观点、基本理论和基本方法构成的，能够提供共同理论模式和解决问题方向的信念系统。托马斯·库恩证明了范式是一种关于价值、信念和方法论的共识，其实质是一种世界观和方法论。本书中对范式概念的理解，主要是从哲学的角度出发。在深层次意义上，本书认为知识范式与能力范式之间，后者既是对前者的一种"革命"，又是对前者的继承、发展和扬弃。因此，在教育哲学层面上二者是对立统一的关系。

或模式,而是教学学术共同体所形成的有关价值、信念和方法论的共识,其实质是世界观与方法论的集合。范式理论是从科学哲学领域发展起来的理论,最初是托马斯·库恩在《科学革命的结构》一书中提出并论证了的理论,现在已被广泛应用到各领域。我们在理解范式概念的时候,要从教育观和教育方法论的高度来理解,不能单纯地将其当成一个范例或模式。范式是指导我们改变教育理念和教育教学方法的核心概念。第二,关于范式转换。倡导知识范式向能力范式的转换,不是简单地否定知识范式,更不是忽视知识传授的重要性,而是对知识范式的扬弃,是一种否定之否定。知识的积累是能力和素质提高的前提,没有知识的积累就不可能提高能力和素质。倡导以能力范式为引领,要求我们转变教育目标和教育理念,改革教学方法,把能力培养作为组织实施教学的目标和主线,而不是单纯地把教师对知识的传授、学生对知识的理解和掌握当成目的①。

与知识范式语境下的育人模式不同。能力范式的核心要义是强调践行师范生培养的"学生中心、产出导向、持续改进"的基本理念。在培养机制方面,要求立足师范院校、师范类专业和创新型、复合型、应用型人才培养的应然属性,根据人才需求的调研结果确定人才培养的定位和能力标准,明确相关专业人才的核心素养,确定人才培养方案的定位和能力标准。以此为前提,要求教师队伍解放思想、实事求是地转换教育理念,既要汲取本土传统教育模式的精髓,又要融入现代教育理念、教育方法、教育技术等,按照新的培养标准和课程体系制订培养方案,优化教学方法和培养机制,调整考核评价方法和质量监督方法,最终培养出德智体美劳全面发展的社会主义建设者和接班人。

第二节　能力范式下教学改革的可行性

一、能力范式为师范院校教学改革提供了可行路径

进入新时代,随着经济发展进入新常态,人才供给与需求关系深刻变化,面对经济结构深刻调整、产业升级加快步伐,高等教育的结构性矛盾更加突出,其同质化倾向愈趋严重。有研究指出,经济社会发展转型和产业升级,对高等院校的人才培养提出了转型要求②。当前,有相当数量的本科专业面临报考人数递减、招生计划压缩、培养方案落后、教学模式单一、就业情况严峻的问题,其中部分师范院校及相关专业表现得尤为典型和突出。与此同时,面临高校改革浪潮,有相当数量的地方本科院校特别是师范院校面临的困惑是:师范类本科专业是否适用于"创新型、复合型、应用型"人才培养,能否实现应用型人才培养的愿景呢?换言之,如果将"立德树人,着重培养创新型、复合型、应用型人才"作为能力范式引领下人才培训的核心目标,那么师范类院校就此开展的教学改革的价值理念和实践追求有没有可行性呢?

---

① 林松柏,2017. 转换高等教育范式,构建应用型人才培养体系[J]. 齐鲁师范学院学报(3):5.
② 同①。

有学者认为，按照联合国教育、科学及文化组织（以下简称"联合国教科文组织"）批准的"国际教育标准分类法"（1997 年修订稿），高等学校大致可分为 3 类：①综合性研究型大学，主要培养自然科学、社会科学和人文科学的研究型人才；②专业性应用型的多科性或单科性大学或学院，培养理论基础扎实的不同层次的高级专门人才和管理人员，如律师、教师、工程师、医师等人才；③职业技能性高等院校，培养在生产、管理、服务等第一线从事具体工作的技术人才[①]。以本书个案研究的对象——齐鲁师范学院为例，尽管该校注意拓展侧重技术知识、技术应用的非师范类专业，但培养中小学师资的教师教育类专业及以其为基础而衍生的人文社科专业仍然在学校本科专业建设中占据主要地位。换言之，该校可以归属为上述"专业性应用型的多科性或单科性大学或学院"，符合教育主管部门提出的学科建设向"应用型人才培养"转变的目标要求。那么，"应用型"的本质属性是什么？在传统上侧重"以学科知识为中心，以学术价值为追求"的师范类本科专业，是否具备向应用型人才培养转变的潜质呢？

一般认为，与传统高等教育轻视职业教育，侧重知识性、学术性、人文性的扁平化、均质化人才培养导向不同，应用型本科教育更多强调"职业性、专业性和基础性的统一"[②]。简而言之，以解决生产生活的实际问题为导向，着眼于社会与职业市场的需要，以学生的就业需求为导向，凸显职业属性是应用型人才培养的核心特征。

通常认为，应用型人才与学术型人才是两种不同的人才培养类型。二者的概念、内涵、特征和实践具有明显的差异性。如果说学术型人才侧重揭示规律、创新知识、更新理论，那么应用型人才则偏重于将发现、发明、创造转变为可以实践或接近实践的活动，以直接服务社会、创造财富为核心特征。时至今日，高等教育已迈入大众化阶段，"社会对应用型人才的大量需求与传统精英大学固守传统之间形成了尖锐的矛盾，在此情况下，高等教育多样化成为共识，应用型人才开始成为一种独立的人才培养类型，即应用型人才，并发展成为高等教育大众化阶段居于主导地位的人才培养类型"[③]。因此，不以素质能力为着眼点、不以能力培养为核心的人才培养模式，必将在高等教育和人才市场上丧失立足之地。

值得注意的是，普通高等院校与高等职业院校的应用型人才培养在理念和实践上存在争论。有学者指出，如果从培养"出口"方面看待这一问题，则较容易甄别，即"高等职业院校培养的人才大多直接对应岗位或职业，普通高等院校培养的人才则对应职业群和行业方向"[④]。那么，确立了应用型人才培养导向地位，地方师范本科院校的师范类专业应当"培养什么样的人"呢？[⑤]对于师范类专业而言，本科阶段应用型、创新型

① 潘懋元，吴玫，2003. 高等学校分类与定位问题[J]. 复旦教育论坛，1（3）：5-9.
② 邵波，2014. 论应用型本科教育的本质属性[J]. 职教论坛（13）：9-13.
③ 邵波，2014. 论应用型本科人才[J]. 中国大学教学（5）：30-33.
④ 钱国英，王刚，徐立清，2005. 本科应用型人才的特点及其培养体系的构建[J]. 中国大学教学（9）：54-56.
⑤ 根据 2015 年 12 月 27 日第十二届全国人民代表大会常务委员会第十八次会议修订的《中华人民共和国高等教育法》第十六条第二款规定：本科教育应当使学生比较系统地掌握本学科、专业必需的基础理论、基本知识，掌握本专业必要的基本技能、方法和相关知识，具有从事本专业实际工作和研究工作的初步能力。

人才培养的核心素养与目标是什么？换言之，以能力范式为引领的师范类本科专业的教学目标将走向何处？

实践证明，能力范式是破解地方本科院校，特别是师范院校人才培养痼疾的重要路径。从教育哲学的角度来看：首先，能力范式的高等教育理念对知识观提出了新要求，强调实践知识（实践经验、实践诀窍、实践技能、实践案例、实践尝试与错误等）的重要性，主要用于回答"怎么办"和"如何做得更好"的问题，要求实现理论知识观向实践知识观的转型。对于师范教育而言，这种转型可以培养出具有适应素质教育和核心素养发展要求的教育教学能力的师资。其次，能力范式要求采用集分析、综合、发散、求异、多元与创新于一体的新思维，培养能解决现实世界真问题的高素质专门人才。再次，能力范式对课程论提出了新要求，要求从学科课程论转向活动课程论，即从由理论到实践的知识获取方式向由实践到理论的知识获取方式转变，这与基础教育的课程改革方向基本一致。最后，能力范式对教育方法论也提出了新的要求，强调主体间性，要求突破传统的教师与学生"主客二分"的思维定式。主体间性是指复数主体间的交互形式，要求在教学过程中不再单方面强调教师的主体地位，更尊重学生的主体地位，从现实的、具体的学生成长成才规律出发实施教育教学行为，使教师在教学过程中加强与学生的互动，充分尊重学生的主体性，强调学生的参与，改变"静默课堂"，倡导"探究式讨论课堂"，充分发挥学生学习的自主性、能动性，从教师主体与学生主体两个主体间的相互关系上组织教学[①]。

因此，由知识范式向能力范式的转换，不仅仅是培养模式、培养体系的变化，更重要的是教育哲学的变化，是高等教育观念、思维方式的变化。由知识范式向能力范式的转换，是建立和完善高等教育应用型人才培养体系的根本性转变。需要特别指出的是，能力范式的理念和课程体系生成的技术路线与当前我国师范类专业认证的理念和认证主线基本吻合。师范类专业认证的基本理念是"学生中心、产出导向、持续改进"，这与能力范式的主体间性、能力导向相互对应；师范类专业认证要求按照"培养目标—毕业要求—课程体系—课程目标"的主线进行反向设计，与上述能力范式的技术路线基本相同。2017年以来，齐鲁师范学院以能力范式为引领，推动教育教学改革，这一点得到了师范类专业认证专家的高度认可。学校申请参加认证的多个批次的本科专业都顺利通过。

二、能力范式下教学改革的价值取向

能力范式下教学改革的价值取向主要体现在以下几个方面。

1）在宏观价值层面，能力范式下的教学改革聚焦人才培养的创新模式，顺应时代要求，着力于在创新精神、实践能力、社会责任感等方面显著提升人才培养效果，通过教学改革，在国内、国际人才需求变化的大趋势下，体现时代发展对人才培养的具体诉求，适应社会发展和技术进步对人才培养的诉求。同时，教学改革将师范生的全面发展和终身发

---

① 林松柏，2020. 以能力范式为引领，推进师范院校教师教育能力建设[J]. 中国教师（11）：38-41.

展作为根本宗旨，将能力范式作为抓手，要求注意培养学生全面发展和终身发展所需要的知识、技能、态度和价值观等。具体来说，在教学改革中体现学生的深度学习能力、语言交往能力、独立思考能力、问题解决能力、合作协同能力、科学素养和自我反思能力等。

2）在人本价值层面，能力范式下的教学改革强调人才培养的归宿是"全面发展的人"，包括自主发展能力、社会参与能力、人文素养能力3个方面。自主发展能力，是指通过能力范式培养，学生可以理性把握人的主观能动性，自主判断和协调身体、心理等多元因素，最终实现终身发展。社会参与能力，是指学生通过人才培养模式的转换，学会处理好个人与群体、个人与社会、个人与国家之间的关系，确立正确的世界观、人生观、价值观。人文素养能力，是指学生在掌握科学素养的基础上，破除学科界限，基本掌握并学会运用人文社科领域的智慧成果。其中，人文素养能力是学生形成自主发展能力和社会参与能力的必要基础，自主发展能力和社会参与能力是促使个体实现人生价值的重要前提和根本保证。

3）在实践追求层面，能力范式下的教学改革坚持以"学生中心、产出导向、持续改进"为基本理念。学生中心，强调遵循师范生成长成才规律，以师范生为中心配置教育资源、组织课程和实施教学；产出导向，强调以师范生的学习效果为导向，对照师范生核心能力素质要求，评价师范类专业人才培养质量；持续改进，强调对师范类专业教学进行全方位、全过程评价，并将评价结果应用于教学改进过程中，推动师范类专业人才培养质量的持续提升。与此同时，在人才培养目标上，将能力具体分解为人文底蕴、科学精神、学会学习、自主发展、责任担当、实践创新等具体指标。在总体设计、统筹管理的基础上，系统开展基础理论研究、政策比较研究、实证调查研究，全方位、多维度、多层次征求意见建议，最终形成系统化的教学改革模式和综合育人体系。

综上所述，培养创新型、复合型、应用型人才不仅是现代大学转型的必然要求，还是地方本科院校人才培养的题中之义。地方本科院校要实现大学和人才培养模式的转型，最根本的是实现由传统的教材知识课堂灌输为主的范式，向新的以培养"能力"为取向的新范式转换。以此为前提，要求教师队伍解放思想、实事求是地转换教育理念，按照新的培养标准和课程体系制订培养方案、优化教学方法和培养机制，将课程当作自己的作品重新进行设计开发，能够按照"宽口径、强基础、重能力"的总体要求重构课程体系。需要指出的是，"重构"并非是简单地按照知识体系的系统性或完整性对课程进行分离重组，而是更加注重目标课程的应用性，以能力目标为核心，将传授知识、培育素养、塑造正确价值观等优化、整合到课程标准和教学设计中。

齐鲁师范学院近年来的一系列教学实践探索证明，能力范式引领的教学改革可以有效解决以下几个方面的问题：传统教学培养模式相对僵化、培养课程过于理论化、培养体系缺乏应用型导向、培养的学生理论与实践脱节、创新精神和时间能力薄弱等。能力范式引领的教学改革真正实现师范类本科专业人才培养从"知识育人"向"综合育人"的优化提升，有利于"创新型、复合型、应用型"人才培养目标的全面实现。

第三节　能力范式下的人才培养模式

人才培养是高等教育的本质要求和根本使命，是衡量高等教育的第一标准。许多学者认为，人才培养模式是教学改革的核心，人才培养模式主要通过课程建设和教学方法等因素落实到教学过程当中，进而影响最终的人才培养质量[①]。从本质上说，教学模式是人才培养模式的核心和集中体现。尽管20世纪90年代以后，教学模式、人才培养模式的概念已经成为教育研究领域普遍使用的词汇，但国内外学者对"人才培养模式"的界定却各有不同。有的研究学者认为，人才培养模式是一种教学方法；有的学者认为，人才培养模式是一种教学结构。还有国外的学者将人才培养模式等同于教学模式，认为它是"为完成特定的教学目标而设计的具有规定性的教学策略"。[②] 参考国内外学者针对人才培养模式的研究和相关讨论，我们认为人才培养模式是在一定的教育思想、教育哲学指导下，经过科学论证和教学经验的积累，为完成特定的人才培养目标而围绕某一主题形成的比较稳定且具有可操作性的教学结构理论框架及其具体可操作的实验活动方式。进一步说，人才培养模式是指具有典型意义的、标准化的、可操作性的教学或学习范式。

一、能力范式下教学模式的探索

近年来，我国绝大多数新建本科院校围绕人才培养模式改革开展了一系列探索工作，但由于定位不准、观念滞后，导致人才培养模式无差别化、不分层次地向学术性、研究型靠拢，多采取以学科知识为中心的课程模式。这种现象往往导致以下几方面问题：一是理论知识至上，课堂"填鸭式教学"占统治地位，实践课程缺乏或偏少，课程体系偏离了对学生应用能力的培养；二是单纯以大学科观念和传统理念构建课程群，忽视交叉学科、特色学科建设，忽视课程与岗位要求之间的联系；三是教学评价方式滞后，人才培养目标泛化，不断增加同质化课程，造成学生自主学习时间和空间逐渐被压缩等。

事实上，从教育部门颁布的若干具有标志性、历史性转折意义的政策文件来看，我国高等教育的人才培养整体呈现以下几个走向：第一，强调转变教育思想、教育观念；第二，强调改革人才培养模式，改革教育内容、教学方法；第三，注重拓宽专业口径；第四，强调提高大学生人文素养、综合素质[③]。其中，最直接、最有效、最紧迫的变革是人才培养模式的改革。

---

① 马凤岐，王伟廉，2009. 教学方法改革在人才培养模式改革中的地位[J]. 中国大学教学（3）：11-13.

② 保罗·D.埃金，唐纳德·P.考切克，罗伯特·J.哈德，1990. 课堂教学策略[M]. 王维城，刘廷宇，徐仲林，等译. 北京：教育科学出版社.

③ 陈乐，2018. 构建"中国模式"：我国研究型大学通识教育理念与实践——以六所"双一流"高校为例[J]. 现代教育管理（8）：112-118.

例如，1985 年《中共中央关于教育体制改革的决定》提出，要改革同社会主义现代化不相适应的教育思想、教育内容、教育方法，改变专业过于狭窄的状况，改革教学内容、教学方法、教学制度，减少必修课，增加选修课；1993 年《中国教育改革和发展纲要》提出，进一步转变教育思想，改革教学内容和教学方法，更新教学内容，调整课程结构，进一步改变专业设置偏窄的状况，拓宽专业业务范围；1998 年《关于加强大学生文化素质教育的若干意见》指出，我国高等教育存在专业设置过窄、单一的专业教育思想和教育观念突出、功利导向过重、忽视文化素质教育等问题，应促进教育思想和教育观念的转变，推动高等学校人才培养模式、课程体系和教学内容的改革，培养适应 21 世纪需要的高质量人才；1999 年《关于深化教育改革全面推进素质教育的决定》指出，智育工作要转变教育观念，改革人才培养模式。

2012 年，《教育部关于全面提高高等教育质量的若干意见》特别强调："创新教育教学方法，倡导启发式、探究式、讨论式、参与式教学。促进科研与教学互动，及时把科研成果转化为教学内容，重点实验室、研究基地等向学生开放。支持本科生参与科研活动，早进课题、早进实验室、早进团队。改革考试方法，注重学习过程考查和学生能力评价"；2017 年，中共中央办公厅、国务院办公厅印发的《关于深化教育体制机制改革的意见》进一步指出："要注重培养支撑终身发展、适应时代要求的关键能力。在培养学生基础知识和基本技能的过程中，强化学生关键能力培养"等。近年来，为深入贯彻落实党的十九大精神和《中共中央 国务院关于全面深化新时代教师队伍建设改革的意见》，我国大力推进师范生免试认定中小学教师资格改革，建立师范生教育教学能力考核制度。2021 年上半年，教育部又明确以"能力"为标准，研究制定了《中学教育专业师范生教师职业能力标准（试行）》《小学教育专业师范生教师职业能力标准（试行）》《学前教育专业师范生教师职业能力标准（试行）》《中等职业教育专业师范生教师职业能力标准（试行）》《特殊教育专业师范生教师职业能力标准（试行）》5 个文件。可以说，"能力"标准在国家顶层设计层面已成为本科师范院校衡量教育质量，促进教育评价改革的重要依据。

自确立"基于能力范式的教学改革理论创新和实践"育人目标体系以来，齐鲁师范学院教师队伍、教学管理队伍践行"立德树人、以生为本"的育人理念，通过建设紧密稳定、协同创新的教学团队，抓住关键环节，优化顶层设计，推动实践探索，以落实立德树人根本任务，遵循教育规律和教师成长发展规律，搭建了覆盖全校人文社科、理工科等各领域的能力范式教学团队。

经过近 5 年的持续探索和实践，学校已形成了"以能力范式为引领，依托创新型教学学术团队，构建多元融合的育人平台"的新模式。近年来，以能力范式为引领，齐鲁师范学院在教育教学领域取得的标志性成果有：一支紧密稳定的教学团队，一套系统规范的管理制度，一种多元融合的育人模式，一套以生为本的育人体系，一批教学科研的突出成果和一群全面发展的优秀人才。以能力范式为引领，在齐鲁师范学院的青年骨干教师中涌现出一批人才培养模式创新团队和教学学术成果[①]。

二、能力范式下教学模式的实践

我们分别以齐鲁师范学院国家一流本科专业"生物科学"专业和人文社科专业领域的特色学科"历史学"专业为例，通过典型案例分析，向读者呈现在能力范式引领下，齐鲁师范学院人才培养模式教学改革的经验做法和应用效果。

（一）"高教基教深度融合"：生物科学专业创新型师范生培养模式的探索与实践

齐鲁师范学院生物科学专业的定位是培养服务于山东省基础教育的高素质中学生物学教师。在能力范式的引领下，教师不断革新观念，解放思想，不再单纯追求知识的全面性，而是更加强调人才培养的实践性、创新性、综合性和社会性，更突出学生实践与创新能力的培养。

以此为前提，教学团队在微山县夏镇一中西校实地调研，制订了面向现代中学生物教育专业的专业基础扎实、职业能力过硬、富有创新意识与创新教育能力、沟通合作能力强的"一专三能"创新型师范生的培养方案与课程体系。

教学团队通过查阅文献，一线调研山东省部分中学，访谈齐鲁名校长、齐鲁名师等多种方法，确定了生物科学本科师范生的培养规格，即培养具有扎实的生物科学专业知识、富有创新意识与创新教育能力、有高超的教师职业能力与良好的合作沟通能力的师范人才。在人才培养模式的具体实施方面，教学团队最终确定了五大范畴的改革思路。

1. 与基础教育部门开展深度合作，修订人才培养方案

聘请基础教育管理部门与中学优秀教师参与研究制订人才培养方案，共同制定与培养规格相适应的课程体系。该方案包括教师教育基本理论课程、专业教学技能课程，实现了教学理论教育与教学技能培养相结合的创新型生物科学师范生培养模式。在此基础上，该方案突出强化了师范生创新能力的培养，增设了创新课程与单独计算学分的大学生创新项目，以培养学生的创新意识、创新能力与创新教育能力。

2. 与基础教育部分深度融合，联合开发学科教学课程

中学优秀教师不但参与制定生物专业类教师教育课程标准，而且同大学教师联合开

[①] 例如：孙洪兆，2019. 基于能力范式的 PBL 教学法在动物生理学教学中的探索与实践[J]. 齐鲁师范学院学报（2）：26-31；张海龙，2018. 基于创新创业能力培养的生物专业人才培养模式研究与实践[J]. 山东农业工程学院学报（11）：70-74.；孟祥英，2021. 能力范式下现代汉语教学改革策略探析[J]. 齐鲁师范学院学报（3）：50-55；魏红，姜文清，2020. 基于能力范式的混合式教学方法在分析化学教学中的探讨[J]. 山东化工（24）：195-197；朱振华，2020. 应用型人才培养与历史学本科教育范式的转换：以齐鲁师范学院"田野调查"实践教学探索为例[J]. 齐鲁师范学院学报（5）：31-39；焦培福，2018. 问题导向式学习在能力范式人才培养中的实践与反思：以齐鲁师范学院制药工程专业大学生自主构建氨基肟类化合物库为例[J]. 齐鲁师范学院学报（4）：38-43。以及一批厅局级、省部级教学研究课题。

发课程，形成校地联合培养创新人才机制。根据中学生物学教师能力标准，教学团队确定"生物课程教学论"课程标准，与中学优秀教师联合开发"中学生物实验教学""中学生物优质课赏析"等课程，给学生创造条件到中学生物实验教学和优质课现场观摩学习，强化学生专业能力的培养。

3. 创新项目驱动专业学习与创新能力培养

在修订的人才培养方案中，生物学专业突出强调培养学生的创新能力，积极引导师范生参加创新研究。人才培养方案规定创新项目与创新成果单独计算学分，并将学生参与的教师科研项目计入综合测评成绩。齐鲁师范学院利用专业建设经费设置创新基金，督促学生创新小组根据前期调研提出项目方案，并允许学生自主邀请相关教师作为顾问，经学院评审后立项。大学生创新团队的创新研究贯穿于学生培养全过程，既促进了师范生的专业学习与合作精神的发展，又培养了师范生的创新意识与科学研究思维，有利于师范生走上教师岗位后指导中学生进行科技创新，引导中学生进行探究实验。本成果实施后，齐鲁师范学院生命科学学院投入创新基金 60 余万元，支持了 37 项本科生创新项目，并根据项目进展确定后期滚动支持，其中，学生申请获得教育部大学生创新创业项目 3 项、校级创新项目 6 项。

4. "三明治"培养模式实现专业理论与职业能力同步提升

经过 3 个学期教师教育基本理论和基本技能训练后，学校安排师范生到新泰市和高唐县的中学顶岗实习，在实践中培养师范生的教师职业能力与教师职业素养。顶岗实习实行双导师制，校内导师利用学校远程研修平台对师范生进行全程指导，校外导师负责现场指导。顶岗实习结束后，师范生在毕业上岗之前再通过"中学生物教学技能实训"，进一步强化教师教育技能，实现"大学基础理论与技能教育—中学教学实践提高—大学专业与职业技能升华提高"的三段培养模式（"三明治"培养模式）。该模式使师范本科生教师职业素养水平显著提升，建立并增强了师范生从事基础教育的责任感、使命感及对教学事业和学生的热爱，使其专业素养与教师职业能力得到同步提升。

5. 利用远程研修平台，实现师范生职前职后一体化贯通培养

齐鲁师范学院的远程研修平台是面向全省中小学教师假期培训的在线研修平台。教学团队利用该平台对在校生物科学专业师范生进行教学理论与教学技能培训。师范生在假期和校外实习期间利用该平台选修教学理论课程，观摩"国培"项目优质课，与校内学科教学教师进行在线讨论。在师范生顶岗实习期间，校内指导教师通过该平台对师范生进行远程指导，组织师范生进行在线讨论，共同讨论基础教育中的各种教育教学问题，让师范生之间进行经验分享。师范生可以加入生源地或目标就业地区的生物教师讨论组，了解中学生物教学中的实际问题，与中学教学一线教师进行在线切磋与学习，更好更快地完成入职后的适应过程，快速融入教师群体。

以能力范式为引领的人才培养模式变革，有效促进了生物科学本科专业培养质量的提高[①]。2011年，齐鲁师范学院生物科学本科专业首次招生，经过本研究成果的实施，该专业在教师职业能力培养方面已经进入山东省属本科高校前列。在山东省教育厅等单位组织的省级以上师范生技能大赛中，齐鲁师范学院生物科学本科师范生取得全省前两名的优异成绩。2017年，齐鲁师范学院生命科学学院获批山东省高等学校重点实验室，形成了一系列耐盐绿化品种，并推广应用；2018年，齐鲁师范学院生物科学专业人才培养模式获得山东省高等教育教学成果奖一等奖；2019年，生物科学专业入选山东省一流本科专业；2021年3月，教育部公布2020年度国家级和省级一流本科专业建设点名单，齐鲁师范学院生物科学（师范）专业被评为国家级一流本科专业建设点。

（二）"走进田野，实践育人"：应用型人才培养与历史学本科教育范式的转换[②]

党和国家历来高度重视实践育人工作。习近平总书记指出："回顾历史，支撑我们这个古老民族走到今天的，支撑5000多年中华文明延绵至今的，是植根于中华民族血脉深处的文化基因。"中国人民创造了璀璨夺目的中华文明，为人类文明进步事业作出了重大贡献。坚持教育与生产劳动和社会实践相结合，是党的教育方针的重要内容。坚持理论学习、创新思维与社会实践相统一，坚持向实践学习、向人民群众学习，是大学生成长成才的必由之路。[③]坚持育人为本、实践取向、终身学习的理念，创新人才培养模式，强化实践环节，加强师德修养和教育教学能力训练，着力培养师范生的社会责任感、创新精神、协作能力和实践能力，是人文社科类本科专业改革人才培养模式的重要方向。

齐鲁师范学院历史文化学院结合学校实际，在制订一系列实践育人工作办法的基础上，结合专业特点和能力范式的人才培养要求，分类制定实践教学标准，在突出各类专业实践教学的同时，以历史学等师范类本科专业为代表，将社会调查（田野调查）融入实践育人的教学改革中，取得了引人瞩目的成效。

改革开放以来，面对快速转型的中国社会，在应用型人才培养背景下，地方本科高校在历史学本科专业设置、人才培养、学科建设等维度面临的问题尤为突出。随着经济发展进入新常态，人才供给与需求关系深刻变化，面对经济结构的深刻调整、产业升级加快步伐，高等教育结构性矛盾更加突出。

---

① 李师鹏，孙洪兆，刘静，等，2018. 高教基教深度融合：生物科学专业创新型师范生培养模式的探索与实践[J]. 齐鲁师范学院学报（2）：1-7.

② 朱振华，2020. 应用型人才培养与历史学本科教育范式的转换：以齐鲁师范学院"田野调查"实践教学探索为例[J]. 齐鲁师范学院学报（5）：31-39.

③ 教育部高等教育司，2012. 教育部等部门关于进一步加强高校实践育人工作的若干意见[EB/OL]．（2012-01-10）[2021-11-11]. http://www.moe.gov.cn/srcsite/A12/moe_1407/s6870/201201/t20120110_142870.html.

1) 在人才培养理念的实践层面，齐鲁师范学院历史学本科专业在明确人才培养定位之后，依托自身办学条件和地域文化资源优势，以"田野调查"为应用型人才培育的着力点，尝试探索一套以"能力范式"为引领，以教师为主体，以学生为中心，以课程改革为重点，创新人才培养模式，构建以"田野调查"为取向的历史学应用型人才培养体系。

具体来说，所谓"田野调查"，或称"社会调查""田野作业""走向田野"，作为一种历史学专业的教学或研究范式，已在厦门大学、中山大学、山东大学获得一批优秀成果，其部分联系紧密的学术共同体被学界称为"历史人类学"或"华南学派"①。就历史学本科专业教学而言，"田野调查"的培养理念主要体现为教学团队围绕新教改方案，科学、合理地安排学生到富有历史感、现实感的村落、城区，以搜集记录、参与观察、口述历史等方法获取民间文献，进而锻炼学生课堂内外互动、文献考证、史料整理、独立思考的能力。相对于笼统意义上的"社会调查"，将"田野调查"方法引入教学改革，实际上是将传统历史学本科教学内容的人文属性向社会属性发展的活化和深化。

近年来，齐鲁师范学院历史学专业立足地方历史文化资源，在章丘、莱芜、淄博等地区有计划、分步骤地开展以"文化人类学""中国社会史""民俗学概论""中国近现代史"等课程群改革为重点的田野教学试点工作。同时，齐鲁师范学院通过与山东大学相关专业跨校际联合培养，让历史学专业本科生与历史学、民俗学等专业的硕、博士研究生采用联合田野调查的方式，对鲁中地区的文物古迹、地名沿革、家族宗族、故事传说、岁时节日、劳作模式等开展持续性、跟踪式的实践教学改革探索。

2) 在人才培养机制方面，齐鲁师范学院历史学本科专业开展教学改革的主要思路和做法包括以下几方面。首先，结合历史学专业的办学基础，按照应用型人才的应然属性（实践性、创新性、综合性和社会性）进行社会调研。在调研成果的基础上，确定人才培养的定位和能力标准，明确历史学本科专业人才的核心素养，确定人才培养方案的定位和能力标准。其次，教学改革应当以教师为主体，以学生为中心，以课程改革为重点。例如，在课程改革层面，强化教师的课程"作品观"（教案、讲义、评价方案），构建基于能力标准关系矩阵的课程体系，践行"新教案工程"；依托中国社会史、民俗学、近现代史等专业课程和在硕、博士学习阶段经过田野调查训练的青年教师队伍，按照人才培养标准反推课程体系，制定课程标准，重构教学内容，设计教学方法，并多方争取对教学改革政策和经费的支持。最后，在学校层面，教学团队争取教务部门的支持，先后立项了校级人才培养工程项目"基于能力范式的历史学专业人才培养模式实验区"，教学改革研究项目"'走向田野'——能力范式视域下历史学专业教学模式创新研究"。

---

① 王传，2018. 华南学派史学理论溯源[J]. 文史哲（5）：23-37. 该学派的学术指向主要表现为：一是提倡历史学、人类学等人文社会科学多学科博采众长的方法路径；二是提倡眼光向下，倡导田野调查，要求将民间文献与官方文献资料、历时性研究与结构性分析、上层精英研究与基层社会研究有机结合起来；三是强调中国文化本位和人文传统出发，理解传统中国社会各阶段发展的经济社会现象，倡导建构中国历史学本土研究的学科体系、学术体系和话语体系。

与此同时，教学团队将线上与线下教学改革结合起来，设立了基于混合式教学方法的"网络在线开放课程"等。

3）在教学改革的实践层面，基于"问题导向学习（problem-based learning，PBL）"的教学设计成为教改团队优先采用的主要理念和教学方法。简而言之，在教师根据培养方案和课程标准分析教学目标、教学内容及学生学习特点后，教学团队根据学生的兴趣开展教学设计，并根据学生实践过程中积累的经验、遇到的问题，优化和调整内容。在学习实践过程中，教学团队强调学生完成学习目标主要由问题和任务驱动，强调合作学习、小组学习，强调问题意识和团队协作精神，强调学生的家国情怀、语言表达和沟通能力，促使学生的角色由被动学习者全面转向主动学习者。近年来，在以"田野调查"为特色的人才培养模式的带动下，齐鲁师范学院先后组织 35 支社会实践服务队，有 70余名师范生参与其中，拓宽了学生深入社会、了解社会、服务社会的途径，取得不错效果，被多家权威媒体宣传报道。其中，省级优秀服务队 2 支，省级优秀指导教师 1 人，省级优秀学生 5 人，校级优秀学生 5 人。同时，学生学习历史学、继续攻读历史学及相关专业的兴趣大幅提升，相关专业学生整体考研录取率突破 50%。此外，一批学生在各类师范生技能竞赛中取得优异成绩。

实践证明，以"能力范式"为引领、以"田野调查"为特色的师范类历史学本科专业人才培养模式，可以有效解决传统教学培养模式相对僵化，培养课程过于理论化，培养体系缺乏应用型导向，培养的学生理论与实践脱节、创新精神和时间意识薄弱等问题，真正实现历史学本科专业人才培养从培养"以文化人"向培养"实践化人"的提升，体现出理实合一、知行合一、自主学习等教育理念的合理性和优越性。

第四节 能力范式下教学改革的策略

党的十八大以来，党和国家事业取得历史性成就、发生历史性变革，其中一条很重要的经验就是坚持问题导向，把解决实际问题作为打开工作局面的突破口。高等学校培养创新型、复合型、应用型本科人才，关键是以问题为导向，因校制宜，探索科学基础、实践能力和人文素养融合发展的新模式。

许多学者指出，一个成熟的人才培养策略主要包括 5 种基本要素：一是有能够指导教学活动的教育理念和理论基础；二是有能够起到导向作用的教学目标；三是有规定教学活动顺序及方式的固定操作程序；四是实现条件，包含教学内容及手段等；五是教学评价。严格来说，人才培养模式主要包括 3 个关键环节：培养目标的重新厘定、课程改革和教学方法改革。以此为前提，人才培养方案和课程体系是为实现人才培养目标而设计的具体方案、操作指南。同时，成功的人才培养策略还应该具有完整性、程序性、可操作性、简明性等特点①。

因此，在明确了能力范式可以解决"培养什么样的人"的问题后，应如何将能力范式从一套理论框架，落实并推行到具体的师范生教育教学实践之中，进而真正实现其育人功能与实践价值呢？

我们认为，以能力范式为引领的教学改革，其核心要义是：打破传统的学科思维，按照应用型人才的实践性、创新性、综合性和社会性等应然属性和学校办学定位进行社会需求调研，确定具体专业的人才培养定位和能力标准；按照能力培养标准反向设计课程体系，确定课程标准，重构教学内容，改革教学方法和考核评价方式，突出培养学生的实践应用能力与创新能力②。特别需要指出的是，制定涉及人才培养模式的全局性、整体性、系统性高校教学改革策略，一般要从学校层面、专业层面、课程与教育教学实践层面3个维度展开。前两个层面具有全局性和综合性，其设计属于顶层设计。齐鲁师范学院在顶层设计层面统一思想、凝聚共识、形成合力之后，将人才培养模式改革创新的关键集中于课程与教育教学实践层面。我们认识到，教学改革是人才培养模式改革的核心。因此，基于能力范式的教学改革策略主要从以下3个方面展开。

一、将能力范式融入课程标准作为基础

课程是教育实践的基础，课程标准是指导学校教育的基本准则。能力范式引领下的教学改革，旨在通过教学理念、教学范式的转换推动传统教育教学方式的优化、升级、改造。因此，实现这一目标的关键是将能力范式融入并深化到课程改革的过程中，尤其是将其融入新修订的课程标准之中。基于齐鲁师范学院的学科基础和办学特色，在课程标准中贯彻能力范式主要涉及以下几个方面。

1）以二级学院及专业教研室为组织单元，引导教师厘清学科之间的互动关系，充分发挥课程群的纽带作用。能力范式是基于学生终身发展和适应未来社会的基本素养而提出的教育理念。培养学生解决问题的能力、创新能力、协作精神等方面的素养不是只靠某一个学科就能够独立完成的，而是要借助多学科、多知识和多种能力的综合作用来完成。因此，以能力范式为引领的课程改革、教学改革，从培养学生的跨学科能力出发，注重打破学科壁垒，促进学科融合，最终培育出全面发展的人才。

2）实施新教案工程，要求课程设置及教学设计必须体现培养学生能力的教学目标。每一门课程必须扎根于具体专业、学段，提炼教学主要内容，设计教学方法，在此基础上结合本学科的内容与特色，明确体现该课程的教学目标、教学特色等。

3）课程标准是能力范式中衡量学生学业水平尺度的具体表现。贯彻实施能力范式，强调以课程标准为着眼点，全面制定相关培养质量标准。结合教育部师范类专业认证的开展实施，齐鲁师范学院全面构建人才培养质量标准和课程标准，不仅可以有效地指导

① 马箭飞，2004．汉语教学的模式化研究初论[J]．语言教学与研究（1）：17-22．
② 林松柏，2021．师范院校如何聚焦教师教育主业[N]．中国教师报，2021-05-26：（003）．

教育教学实践，还可以指导教育教学评价，监测、评估学生能力水平，并最终促进学生综合能力的形成和发展。

二、将基于能力范式的课程实施作为根本

课程实施是指将能力范式的教学理念、课程标准转化为教师教学实践的过程。推进、落实基于能力范式的课程实施，能保证融入核心素养的课程标准落实到教师课堂教学工作中。因此，学校应以适应基础教育改革发展为目标，遵循教师成长规律，科学设置师范类专业公共基础课程、学科专业课程和教师教育课程。

同时，强调学科理论与教育实践紧密结合，严格要求教育实践课程不少于一个学期。此外，齐鲁师范学院按照能力范式的课程标准，精选对培养优秀教师有重要价值的课程内容，将学科前沿知识、教育改革和教育研究最新成果充实到教学内容中，特别是吸收学习科学、心理科学、信息技术的最新成果，及时将优秀中小学教学案例作为教师教育课程的重要内容。在学科教学中，齐鲁师范学院以相关制度、办法和奖惩机制为制度保障，引导教师强化学生对学科知识和学科思想的理解，充分利用模拟课堂、现场教学、情景教学、案例分析等多样化的教学方式，增强学生的学习兴趣，提高教学效率，提升学生的学习能力、实践能力和创新能力。

在课程实施方面，齐鲁师范学院主要从以下 3 个角度推进教学改革。

1）基于能力范式优化，改进教材选用、编写的范畴或结构。"教材是对课程标准的进一步具体化，能清楚明确地指引教师将知识传授给学生。"[①]齐鲁师范学院在推进能力范式教学改革时，注意在教材选用、编写中突出培养学生的综合能力。一方面，改变教材选用、编写"以知识为中心"的传统思想，强调在教材编写过程中体现对学生创新实践能力的培养。另一方面，要求打破"以学科为中心"的思想，尤其是在交叉学科、特色学科中，要吸收当前有关新文科、新理科、新工科的学科建设思想，打破学科壁垒，培养学生跨学科的理念和综合素养。

2）基于能力范式改革教师的传统教学方式。传统课堂教学模式的特点是以教师为中心，将知识学习作为教学目标，使学生处在被动学习的地位，教学手段相对简单刻板。传统课堂教学模式存在的问题如下：教学设计缺乏变通，教学过程过分程式化、模式化、简单化，不能与学生需求相适应；教师因注重知识的灌输而忽视学生技能、思维和个性的发展；在教学过程中，教师急于得到学生学习的结果，忽视对学生学习过程的引导；教师注重教学结果的量化、标准化，忽视了不同学生的学习差异、个体差别；教师对于课程的掌控欲过强，把学生的服从、配合作为教学条件，忽视学生的主体性和师生互动的价值；教学评价较为单一。21 世纪以来，尽管有关改革高校教育的呼声不断，但本科院校的课程教学模式仍以教师为中心，以讲授教学、直接教学模式和概念教学模式为主，

---

① 辛涛，王烨辉，李凌艳，2010. 新课程背景下的课程测量：框架与途径[J]. 北京师范大学学报（社会科学版）（2）：5-10.

其主要目标仍是指导学生掌握学科基本理论，使学生形成知识系统①。

3）基于能力范式，设计、制定教学环节质量标准和评价办法。我们认识到，提升人才培养水平必须注重整体推进，始终坚持育人为本，牢固确立人才培养在学校各项工作中的中心地位，把教育资源配置、学校工作着力点集中在强化教学环节、提高教育质量方面。为确保各环节的教学质量、做好教学环节的质量监控，齐鲁师范学院经过科学论证研究，制定了各主要教学环节质量标准及评价办法，覆盖了理论教学环节、实践教学环节、课程考核环节质量标准及教学评价标准等。

依靠教师队伍重新厘定培养目标，贯彻落实与能力范式相匹配的课程改革和教学方法改革，成为决定能力范式教学改革成败的关键。

三、将教师理解、贯彻能力范式改革理念作为落脚点

教师是教学行动的具体实践者，在能力范式教学改革的理论体系中，扮演着将教学改革从理论向实践转换的角色。在能力范式指标体系确立后，要想真正将能力范式落实到具体实践中，应充分发挥教师的转化作用。因此，能力范式在课堂教学层面的核心要义是强调传统的以教师为中心的教学模式（如讲授模式、直接教学模式、概念教学模式），向建构主义的、以学生为中心的教学模式（如合作学习模式、基于问题的学习模式、课堂讨论模式）转变。齐鲁师范学院引导教师变革教学方式的着力点，主要体现在以下3个维度：一是由"抽象知识"转向"具体情境"，注重营造学习情境的互动性、现场感、代入感；二是由"知识中心"转向"能力中心"，使学生形成高于学科知识的学科素养；三是由"教师中心"转向"学生中心"，促进学生向主动学习和合作学习转换。

简而言之，能力范式的教学改革策略可以概括为以下6个方面。

1）转变教育目标和教育理念。我们应改革教学方法，把能力培养作为组织实施教学的目标和主线，而不是单纯地把教师对知识的传授、学生对知识的理解和掌握当成目的。

2）能力标准的确定。基于社会需求和学校自身发展定位确定人才培养定位，在此基础上制定人才培养标准。联合国教科文组织颁布的《可持续发展教育全球行动计划（2015—2019年）》，强调教师专业行动能力在可持续发展教育中的重要意义。许多国家就此达成共识，将教师专业行动能力作为教师专业发展的核心，并合作建立了《以可持续发展教育为核心的教师专业行动能力框架》。该框架为能力范式的实施提供了方案，但对于具体的相关能力标准，应根据社会需求、学校自身的办学定位和培养特色来制定。

3）重构课程体系。新的课程体系不是基于学科知识的系统性和完整性而构建的，而是基于能力标准形成的。这与师范类专业认证要求的根据毕业要求设置课程体系的逻辑主线是完全一致的。

4）确定课程培养目标。根据课程培养目标重构教学内容，改革教学方法，创新人才培养模式。

---

① 段华洽，王朔柏，2009. 深化教学改革，创新教学模式：高校本科课堂教学模式创新研究[J]. 中国大学教学（4）：35-37.

5）改革课程考核评价方式。确立与能力范式培养内容、教学方法相适应的课程考核评价方式。知识范式下考核学生对知识的记忆、对问题的解答的静态评价方式无法评价课程目标是否达成，因此必须建立多元考核方式，突出能力标准，强化过程考核，增加非标准化考试，考核学生实践与创新能力。

6）健全保障措施。提高教师的实践能力和培养水平，建立闭环的教学质量监控体系和实现机制，改善教学条件。

综上所述，课程体系是构建能力范式人才培养体系的载体。制定基于能力范式的人才培养标准，客观上是按照"宽口径、强基础、重能力"的总体要求重构课程体系，不是简单地按照知识体系的系统性和完整性构建课程体系，而是更加注重课程的应用性，以能力为主线，将传授知识、培养学生能力、促进学生正确价值观形成等集成、整合到课程中去。对于教师而言，是把课程当成自己的产品去开发建设。课程产品的主要标志是课程教案。新的课程教案要重点突出能力培养，以课程标准为依据，突破课本体例与顺序，对教学内容的结构进行重新设计；教学内容既有广度（如前后知识的联系、问题的来龙去脉、不同流派观点等），又有深度（如基本的理论依据、与实践应用的结合、专业素养的培养、前沿知识和最新成果等）。

第五节　能力范式下教学评价的改革

所谓教学评价，是以教学实践为对象，利用科学的、可行的评价技术或手段对教育活动进行价值认识、评定和判断的活动及过程。在哲学意义上，评价是可以揭示客观世界机制，并能反映客观对象与主体需要的价值关系的一种认识活动。因此，合乎规律性与目的性是决定评价是否合理的两个基本尺度，反映了评价活动既具有工具意义又具有目的意义的双重特点。从教育史的发展轨迹来看，教学评价经历了一个从主观判断到考试、测量，再到评价的过程。从评价的效能来看，其经历了一个从强调评价的方法论到强调评价的目的论的过程[①]。

教学评价事关教育发展方向，有什么样的评价指挥棒，就有什么样的办学导向。作为提高人才培养质量、实现育人目标愿景的重要措施，教学评价在包括师范院校在内的全体本科院校中占有特殊地位。教学评价具有导向、激励、考核、鉴定等作用，科学的教学评价能够帮助教师树立正确的教学观念，形成正面的教学规范，促进学生更科学、更主动地学习，为实现人才培养模式的优化升级提供强有力的支持。

一般来说，高等院校对教师的教学评价主要基于以下 4 个目的：一是促进教师发展，提高教学质量；二是积累综合评价数据，为学生的学习选择（如选课、择师等）提供判断标准；三是形成奖惩机制，发挥激励效应；四是提供职称评聘、教师进修和职务晋升依据，完善教师管理制度等。为实现以上几个目的，需要将终结性评价和形成性评价有

---

① 荀振芳，2006. 大学教学评价的价值反思[M]. 青岛：中国海洋大学出版社.

机结合。终结性评价，是指对被评价对象完成工作时的表现的评价，其效能是判断项目的最终效果，为考核、晋升、奖励等提供决策依据。形成性评价，又称为过程性评价，是指对被评价对象在实施项目过程中的表现的阶段性评价，其目的是为评价者、被评价对象对项目是否达成预期效果做出判断提供依据，以保证双方都能为项目的顺利进行及时提供优化方案。

严格来说，在被评价对象的范围方面，教学评价包括学校对教师教学的评价和教师对学生学习效果的评价两大方面，二者是辩证统一的有机整体。目前，我国各高校教师教学评价虽然普遍重视终结性评价和形成性评价的有机结合，但无论是针对教师的教学评价，还是教师对学生学习效果的教学评价，都是以考核、奖惩为落脚点，其评价标准单一且侧重于结果导向和鉴定性功能，使形成性评价流于形式，使终结性评价简单粗糙，导致评价结果丧失了解释、评估、判断、导向的功能，最终造成教学评价无法为教师专业发展提供帮助，无法为学生学习优化、提高提供正面导向。

在此基础上，我们认识到实现系统、完整的人才培养理念和教学改革目标，必须在教学体系实践、落实的过程中，保持课程、教学实践与教学评价的一致性。也就是说，使它们都指向同一个目标——知识范式向能力范式的转换。因此，聚焦课堂教学评价，开发体现能力范式的多元化、多样化、多形态的测评体系，建立以能力范式为导向的评价与反馈系统，成为齐鲁师范学院成功构建能力范式人才培养体系的重要抓手[①]。

为深入贯彻落实习近平总书记关于教育的重要论述和全国教育大会精神，完善立德树人体制机制，扭转不科学的教育评价导向，具体到教师课堂教学效果的教学评价层面，齐鲁师范学院要求教师改革、优化、升级对学生的考核评价体系，形成以考核学生解决现实问题的能力为导向的考核评价体系。建立多元考核方式，突出能力标准，强化过程考核，增加非标准化考试，考核学生的实践与创新能力。换言之，知识范式的课程考核一般是通过试卷，重点考查学生对知识的理解和掌握程度；而能力范式则更多地采用过程考核、项目测试等多元考核方式，重点考查学生运用所学知识解决实际问题的实践与创新能力。

针对教师教学实践的教学评价，以能力范式为引领，齐鲁师范学院在学校层面建章立制，建立健全教师教学环节质量标准和评价体系，为真正提高人才培养质量建立制度保障、组织保障和机制保障。以《齐鲁师范学院教学质量监控与保障体系运行管理规定》《齐鲁师范学院教学质量评价方案》《齐鲁师范学院教学质量标准及评价办法》等一系列规章为制度基础，齐鲁师范学院建立健全以能力范式为引领的教学评价体系，将保障高水平教学质量贯穿于教学实践的全过程，同时建立科学、合理的教学质量监控与保障体系，对教师教学过程、学生学习过程、教学管理与保障过程进行全面系统的监控和评价。

---

① 传统的对"课堂教学"的理解是指以班级授课制为表现形式，以培养和发展学生为目的，由相对固定的教师和学生在相对稳定的时间和相对固定的空间内，围绕特定的教学内容展开的教学活动。时至今日，虽然传统的班级授课仍占重要地位，但在表现形式上已不再局限于班级授课制，而是有多种组织形式，如个别化教学、小组教学等，其空间也不再局限于教室，而是拓展到一切可以学习或教学的场所，如"第二课堂"、线上（网络）等。

在此基础上，我们尝试构建了一套由组织与保障系统、教学质量过程管理系统、教学监控与信息反馈系统、教学质量评估系统和评价激励系统构成的教学质量监控与保障体系。具体内容如下。

1）以实现能力范式标准下的人才培养体系为愿景，建立健全教学评价的组织与保障系统。以实现能力范式的人才培养目标为愿景，齐鲁师范学院建立了一套由领导机构、组织机构和工作机构统筹领导、协作分工的教学评价组织与保障系统。首先，校党委、校行政部门作为领导机构，宏观指导教学质量监控与保障体系的建设，决定有关保证和提高教学质量的重大政策和措施，监督各机构的工作。其次，学校教学指导委员会作为工作机构，负责从高等教育办学规律出发，依据学校的办学指导思想，提出学校教学改革与发展的建设性意见，审议专业建设、课程建设、教材建设、师资队伍建设、教学资源建设、校风学风建设及教学改革发展规划等，同时负责讨论、审议教学基本建设规划与各类评估方案，并对具体实施给予指导，落实、督促、检查相关部门贯彻落实教学计划和教学规章制度。最后，由教务处、教学督导委员会及各级学院和职能部门组成工作机构，针对教学质量监控和评价中发现的问题，及时制订整改措施和改革方案。

2）以实现能力范式全过程监督为原则，构建教学质量过程管理系统。教学质量过程管理系统由人才培养的各教学管理环节构成。对于能力范式下的人才培养，按照在教学过程中"全覆盖、无盲区"的工作要求，要求分管教学的校领导，以及教学质量监控与评估处、教务处、学生工作部（处）、招生与就业指导处和各学院全员参与，确保以教学评价为核心的教学管理机制实现对教学全过程的质量监控。在能力范式引领下，确保各专业培养方案制订、落实的严肃性和稳定性。在实施专业培养方案的过程中，以能力范式的人才培养目标为标准，要求各学院根据学科专业特点，科学制定各专业课程教学大纲和实践课程教学大纲。审定教学大纲后，要求任课教师严格按照大纲组织教学活动，规范教学行为，优化教学方法等。同时，齐鲁师范学院完善《齐鲁师范学院教材建设与管理办法》，按照能力范式的育人目标，规范教材选用程序，定期组织开展教材选用认证评价，对课程教材实行动态管理制度。

课堂教学是教学的核心环节，教学质量过程管理系统的关键环节是课堂教学评价。一方面，学校严格审核主讲教师的授课资格，严格规范授课教师的岗位职责。齐鲁师范学院制定了《齐鲁师范学院教师教学工作规范》《齐鲁师范学院教师岗位职责条例》，加大对任课教师资格的审核、监督力度，规范教师聘任程序和岗位职责。另一方面，贯彻落实教学检查制度，推行学生评教、同行评教、校院两级督导员评教制度。以实现能力范式的教学改革为标准，从课前准备、教学过程、课外作业与辅导、成绩考评等方面实施全过程管理。在此基础上，确保教师在备课、课堂教授、辅导答疑、作业（实验报告）批改、考核等方面，能够严格遵守能力范式下的人才培养质量标准。

3）以实现能力范式在教学实践主体层面的有效沟通为目标，构建教学监控与信息反馈系统。教学过程一般分为理论教学环节、实践教学环节、课程考核环节、评价环节等。所谓教学监控与信息反馈系统，是指在能力范式引领下，根据学校教学管理规章制度，设计各主要教学环节的质量标准，对学校教学工作各环节进行系统、有效的监督检查，同时广泛收集各种教学信息，并及时进行信息处理和反馈。从宽泛意义上来说，教师及与教学环节相关的监管者、执行者、学习者等都是教学实践的主体。该系统主要通过听课、教学督导、学生信息员信息反馈、学生评教、教师评学、教学检查、教学例会、毕业生跟踪调查等方式实现对教学过程的监督与信息反馈。同时，按照能力范式的人才培养标准和教学评价要求，落实领导干部和教师听课制度，要求主管教学的校领导、教务处处长和副处长，以及各学院的二级学院负责人每学期随堂听课不少于8节，同行听课不少于6节；鼓励教师通过相互听课、评课，探索和丰富教学经验，通过教学实践主体层面的有效沟通，促进能力范式教学改革，不断提升教学水平。此外，齐鲁师范学院注重学生的学习感受，通过组建覆盖全校各专业的学生教学信息员队伍，及时收集、汇总教学评价信息，从学生角度及时了解教师课堂教学的效果，吸收、改进学生对教师授课、教学管理、教学条件、教学改革方面的意见和建议。

4）以实现能力范式下的多元教学评价体系为方向，构建高水平的教学质量评估和评价激励系统。在能力范式教学改革的大背景下，教学质量评估和评价激励系统是教学评价体系的重中之重。齐鲁师范学院的教学质量评估系统包括教师教学工作评价、专业评价、课程评价、学生学习质量评价、毕业论文（设计）评价、各学院教学工作状态评价6个部分。

课程是构成人才培养方案的基本单元，课程教学是实现人才培养目标最主要、最基本的途径。因此，齐鲁师范学院近年来以能力范式为标准，制订课程评价实施方案，围绕能力范式的教学改革思想、师资队伍、教学条件与利用、教学组织与管理、教学研究与改革，大力推动实施《新教案工程》，通过课程评价推动课程改革，促进教师教学水平的提升。

在此基础上，引入激励竞争机制，周密设置奖励环节、惩罚环节、仲裁环节，建立教学质量评价激励系统。以制定《齐鲁师范学院教学奖励实施办法（试行）》为标志，齐鲁师范学院以能力范式为引领，以课程评价为基础，以学生评教为主，设立教学名师奖、教学质量优秀奖、教学竞赛奖、优秀教学成果奖、优秀教材奖、优秀指导教师奖和教学管理奖等。

齐鲁师范学院管理者认识到，教师的教学过程和教学评价是一个由多种因素组成的、动态多变的、系统复杂的认识与实践过程。因此应当坚持立德树人，牢记为党育人、为国育才使命，充分发挥教育评价的指挥棒作用，引导确立科学的育人目标，确保教育正确发展方向。坚持问题导向，从党中央关心、群众关切、社会关注的问题入手，破立并举，推进教育评价关键领域改革取得实质性突破。同时，坚持科学有效，改进结果评价，强化过程评价，探索增值评价，健全综合评价，充分利用信息技术，提高教育评价的科学性、专业性、客观性。坚持统筹兼顾，分类设计、稳步推进，增强改革的系统性、整体性、协同性。唯有如此，以能力范式为标准的教学评价，才能从多维度、多视角、多领域着眼，对教师教学和学生培养效应施行全面、客观、公正、科学的综合评价，最终实现评价结果对能力范式人才培养体系的反哺目标。

第三章

能力范式下的教学改革影响因素分析

第一节　师资队伍建设与能力范式下的教学改革

基于能力范式的教学改革，包括转变教育目标和教育理念、基于社会需求和学校自身发展定位确定人才培养定位、重构课程体系、确定课程培养目标、改革课程考核评价方式、健全教学保障措施等内容。以上教学改革内容，对高校教师的知识观、认识论、课程论、教育方法等提出了新的要求。组建能够真正突出学生应用、创新能力培养的师资队伍，成为应用型本科高校师资队伍建设的一个新课题。我们深刻领会到，扎根中国大地办大学，要坚定不移地学习贯彻习近平新时代中国特色社会主义思想，加强基础学科支撑作用，充分发挥优势学科引领作用和相关学科助推作用，着力健全多学科支持教师教育的体系。持续发挥教师教育优势，大力引领新时代教育改革创新，深化教育领域理论研究和应用转化，为解决中国教育问题提出有用方案；推动构建师范院校命运共同体，共同助力新时代教师教育事业高质量发展。

一、师资队伍建设存在的问题

目前，在传统教学知识范式向能力范式转换的过程中，主要存在以下几个问题。

（一）转变传统教学理念的难度较大

传统教学理念认为由教师来传递、展示和解释课程内容是课堂教学的主要任务，其重知识而轻实践；能力范式下的教学理念是实用主义教学理念在现实中的弘扬和发展，是为学生职业生涯做准备的教学方式。除了培养学生的学习能力外，能力范式下的教学理念更注重培养学生生活和生存能力，把理论教学和社会实践相结合，培养学生的综合素质和实际解决问题的能力，以提升学生素质，增强学生的实践水平、培养学生创新能力为最终目标。能力范式下的教学理念，更适应我国现阶段社会发展的需求。

目前，传统的教学理念与习惯做法，对高校教学工作有较大影响。尽管教师在课堂角色转换等维度开始打开思路、积极转变，但在具体的教学实践中，较少基于新的教学理念设计教学方法或组织教学。我们须加大改革力度，明确目标，探索科学方法，加强教师课堂组织和教学实践能力。

（二）在教学与研究方面，教师存在思想意识、方法和规划上的不足

近年来，关于高校教师在科研与教学间的"协调"问题备受关注。以往高等院校的职称评聘、考核评价"重科研、轻教学"，让教师更重视科研和自主知识产权成果，间接造成教学或多或少地被"冷落"，进而引发人们对整体教育质量下滑的担忧，关于高等院校回归教学本源的呼声越来越高。教学能力与科研能力虽然不能完全等同，但需要明确的是：教学和科研是每位高校教师都需要平衡的两端。若离开教学去搞科研，就脱离了教师的基本职责；若离开科研去搞教学，就无法实现生产创造高深知识、培养与社会需求相适应的高等人才这一高等教育的基本职能，以及培养创新型人才的根本教学目标。

进行能力范式下的教学改革，需要教师花大力气去研究教学改革的本质与目标，明确教学任务，学习、掌握、研究教学方法和理论知识，设计合理的教学规划，并将其实践于教学中，更好地提升教学效果，培养适应当今社会需求的人才。

（三）提升教学能力的主观能动性不强

有的教师认为，自学是提升教学能力的主要途径，因此其走出去与同行交流和学习的主动性不足，甚至有个别教师认为学校为青年教师开展的教学培训是走形式的、非必要的。在教学改革过程中，我们要消除这些消极想法。教师教学能力的发展和教学范式改革的效果都依赖于教师本人的积极主动性，只有教师乐于并善于改革教学范式，才有可能取得好的实践效果。如何强化教师进行教学改革的动机、激发他们的积极性，始终是教师教学发展工作的重点和难点。

（四）来自经验主义的影响

教师的工作经验、教龄、学习经历、所在学科领域、自我教学效能等因素对教师转变教学理念有不同程度的影响。青年教师对某些前沿的教学理念更为认同，但是他们的教学经验不足，对教学效果的自我评价相对较低，这直接影响他们在课堂教学过程中将前沿教学理念转化为具体教学方法和组织管理教学的效果。因此，在实际教学中，青年教师对采用新的教学理念表现出相对保守的态度。有经验的教师对一些前沿教学理念相对保守，但对自我教学效能的评价较高，他们在组织和管理课堂教学方面更有信心，对学生的了解更深入，相比于青年教师，对学生更为宽容，更容易接受前沿的教学方法和模式，特别是个性化的培养方案。这导致青年教师在实践新教学范式上弱于有经验的教师。因此，需要大力提升青年教师的课堂教学组织能力。

（五）缺乏正规、系统的教师培训课程

教学方法是能力范式的落脚点，教学理念的实现依赖于教师对教学方法的掌握和运用。转变教师教学方法要把握教师教学发展的两个时期。新教师入职的前两年是教学发展的第一个时期，也是关键时期；从第三年开始，教师进入教学发展的第二个时期。与前两年相比，从第三年开始，教师转变教学方法的能力会有所下降。原因在于：新教师

通过前两年的努力,已经熟悉了教学工作,之后会将一部分时间和精力转移至科研工作。根据教师教学能力发展在不同时期的不同特点,我们可以有针对性地制订系统的教师教学能力培训方案。在第一个时期的培训中,应侧重于使教师熟悉教学工作过程及掌握基本的教学方法;在第二个时期的培训中,可以加强教学研究方法的训练,引导新教师积极开展教学研究,也可以进行新的教学理念和教学策略的训练,帮助和支持他们进行教学创新。

教师是教学范式改革的一线实践者。哈佛大学前校长德里克·博克(Derek Bok)通过反思大学教育的目标,论证了改革本科教育的内在原因与方向。他指出,由于缺乏正规、系统的培训,许多博士生只能通过模仿自己喜爱的教授的上课方式来摸索教学方法,这种方式深深影响着一代又一代教师的行为,它根深蒂固,阻碍了教学方式和教学实践的变革。

二、能力范式下的教师培训平台

转变传统教学范式,创新现代教学范式,需要从全面构建教师教学发展体系和培训体系着手。这是一项长期系统的工作,需要全校多部门通力合作,进行科学长远的规划布局,由点及面逐步开展,分层分类稳步推进。我们可以通过构建教师教学培训的工作内涵和工作模式,提升教师分层分类的教学发展支撑体系,搭建科学合理的全方位教学发展咨询对接平台等方式进行探索。

(一)探索协同创新平台

学校可将"走出去"与"引进来"相结合,与兄弟高校及高水平院校共建、共享优质教学发展资源,积极搭建各级教师教学发展培训平台,构建提升教师教学能力和水平的新体系、新机制、新内涵,并发挥对外示范辐射作用,通过构建教师合作发展品牌带动本校及区域内其他高校的教师发展,以实现共赢。开展教师教学发展项目,构建协同创新平台的具体方法有:实施国内访学、国际访学,拓宽教师提升教学能力的渠道,逐步推动校内优质教学发展资源的共建共享;聘用专业领域内的优秀教师开发课程资源;收集、整理名师教学讲座、教学培训课程等视频、文本资料,鼓励教学效果好、教学能力强的教师录制教学资源;依托本校教师发展中心,联合相关教学单位,开展区域性高校教师教学发展培训活动,建立相关培训平台或系列项目等。

(二)丰富实践实训项目

设计顶层教学评价制度,应将教学科研和社会成果作为整体来考虑。首先,将教学与科研视为整体,作为评定教师的同类维度。其次,在同等考虑教学科研的情况下,从教学激励范围、级别、幅度方面给予重视,在稳步推进系统化教师培训的同时,不断创新培训形式,使教师教学发展和专业发展有效对接。再次,结合能力范式下的教学改革,组织和资助本校教师开发教学项目,研发教学发展所需的专题课程等,组织学生代表与教师共同参与评教研讨,深入了解教师和学生对教学评价工作的意见和建议,改革学生评教的流程,优化学生评教的指标体系。最后,进一步开发网络支持系统,搭建师生教学研讨平台，帮助教师了解学生需求，从而有效改进教学，通过多样的培训形式，努力使教师形成重视教学、研究教学、热爱教学的发展理念。

（三）完善科学评价机制

提升教学改革的有效性，不仅要对教师发展方案进行科学设计，增强教师参与发展的意愿和学习动机，还要改革考核评价方式，解决不同发展需求之间的矛盾，多元发展考核维度，将教学发展的考核纳入学校整体考核体系中，兼顾教师个人发展、专业发展与教学发展等方面，构建教学管理人员、学生和教师三方之间的对话交流平台。只有满足教师职业发展中的个人发展诉求，才能进一步有效地实现教学发展，最终使学生受益。

近年来，各学校不断探索多维立体评价机制，持续完善立体化、多层面、动态化的教学质量评价体系；不断更新教学理念，实时把握教学动态，进一步优化评估指标体系和评估过程，有效运用评估结果，以评促改，以评促建；从多重维度开展教学质量评估，将整体评估、过程评估、关键节点评估、动态评估有效结合起来，科学开展教学质量评估，构建完善的教学质量评估保障体系，有效提升教师教学能力，促进教学范式改革。

三、能力范式下师资队伍建设的范式

基于上述目标，师资队伍建设应服务于能力范式教学改革的价值原则，从根本性、长远性考虑，建立健全保障措施，构建师资队伍建设范式。

（一）建立师德建设范式

《教育部关于建立健全高校师德建设长效机制的意见》中指出："高校教师的思想政治素质和道德情操直接影响着青年学生世界观、人生观、价值观的养成，决定着人才培养的质量，关系着国家和民族的未来。加强和改进高校师德建设工作，对于全面提高高等教育质量、推进高等教育事业科学发展，培养中国特色社会主义事业的建设者和接班人、实现中华民族伟大复兴的中国梦，具有重大而深远的意义。"建立师德建设范式，应致力于实践长效机制，使教师对自己所承担的历史使命和任务有客观、理性的认识，及时调整定位、确定方向；将师德规范积极主动地融入教育教学、科学研究和服务社会的实践中，提高师德践行能力；弘扬重内省、重慎独的优良传统，在细微处见师德，在日常中守师德。

建立有效的师德建设范式，可从以下几个方面进行：一是引导教师树立崇高理想，将师德教育贯穿于教师职业生涯全过程；二是培养教师的服务精神，使他们热爱教师职业，爱护学生；三是增强教师的自律精神，促进教师提高自身修养，做到学为人师、行为世范；四是鼓励教师的创新精神，使教师以自身典范引领大学生成为创新型人才；五是严格师德惩处，发挥制度规范的约束作用。

（二）建立培训保障范式

教师职业能力培训的根本目标，在于提升教师对实践性理论的掌握和对实践性技能的掌握。建立培训保障范式，要立足教师职业能力培训的根本目标，构建科学、系统的培训体系。

在能力范式教学改革中，实践性理论培训要根植于本专业基础理论，与有关学科交叉、互动。因此，要求教师有深厚的基础理论与广博的跨学科知识。实践性技能培训主要包括功能性技能、内容性技能、适应性技能的提升。功能性技能，可以在生活实践中特别是专业学习之外得到发展；内容性技能，可以通过有意识的、特殊的培训得到发展；适应性技能，属于教师个性品质部分，能使教师在教学工作中更好地适应周围环境，更好地调整自己。

（三）建立有效的评价激励范式

最有效的激励来自每个人的内心，成就感的需求是个体与生俱来的。成就感需求反映了教师在实现个人目标方面的具体差异，这种差异取决于社会、学校、学生及教师的外部和内部评价。

外部评价主要包括社会、学校和学生对教师的工作能力、教学质量、教学内容与学生需求之间的契合度，以及教学效果、教学管理和科研水平等方面的评价。内部评价主要是教师对自我价值和自身发展的评价。教师对自身发展的内部评价是对成就需要的满足，即自我价值的实现或精神需要的满足，是一种社会需要的满足；外部评价是一种来自于现实的激励，它通过内部评价发挥作用。在自主性、自觉性与持续性上，内部评价优于外部评价。因此，师资队伍建设的评价激励范式，应当协调外部评价与内部评价，通过恰当的外部激励，激发教师追求发展的内在热情与需求，逐渐将外部评价转化为内部评价，调动教师发展的积极性。

第二节　教学研究与能力范式下的教学改革

教学研究是与教学、教学管理密切结合的科学研究，从实践中总结提炼，又在实践中检验验证，是学校教学工作的基本组成部分，是深化学校能力范式教学改革、获得优秀教学成果、不断提高教学水平和人才培养质量的重要措施。因此，我们要重视教学研究在能力范式下的教学改革中的先导作用，形成以教学研究促进教学改革，吸引广大教师研究教学、关注教学、改革教学的长效管理机制，更好地发挥教学研究在教学决策和能力范式教学改革实践中的作用。

继续深入推进能力范式教学改革，其根本在于转变教育理念。目前，齐鲁师范学院通过转换人才培养理念、制定人才培养标准、重构课程体系、改革教学方法、转变考核评价方式，有力地推动了能力范式教学改革工作。

一、深入推进能力范式教学改革

（一）转换人才培养理念

以能力范式为引领，落实应用型人才培养理念，不断优化完善人才培养方案。以立德树人为根本，立足于基础教育和人才供给侧需求，坚持以学生为中心，以价值塑造、知识传授、能力培养、个性化发展为主线，将人文素养与专业能力培养相结合、第一课堂与第二课堂相结合、显性教育与隐性教育相结合、职前教育与职后教育相结合，打造"114"（1个根本、1条主线、4个结合）应用型人才培养理念。转变人才培养模式，改革教学内容，推进教学方式、方法变革。具体包括以下3点。一是完善公共艺术课程体系，打造文化育人特色，形成"三全育人"、"五育"并举的育人工作新格局。二是制定教学大纲和考核评价标准，突出能力导向考核，与校外实习（实训）基地合作制订实践计划、开发实践（实训）课程、指导实践教学，共建实践育人机制。三是以能力范式理念为引领，推进人才培养模式改革，实施学分置换、互认制度；依据职业标准和岗位要求，推进课程体系建设和教学内容改革；创建有利于学生素质教育和创新实践能力培养的网络数字化教学资源，推进线上、线下混合式教学模式改革。

（二）确定人才培养定位

知识范式是基于学科知识的系统性来制定人才培养标准，而能力范式是基于能力来确定人才培养标准。齐鲁师范学院在能力范式理念的指导下，紧紧围绕应用型本科高校建设，立足山东省，面向经济社会发展需求，通过广泛讨论，科学论证，深入实践，明确了"培养专业基础实、实践能力强、综合素质高、社会适应快，具有社会责任感、创新精神和创业能力的基础教育师资和其他应用型高级专门人才"的人才培养定位。2019年，基于能力范式教学改革，齐鲁师范学院运用基于学习成果或者结果为导向的教育（outcomes based education，OBE）理念，参照《普通高等学校本科专业类教学质量国家标准》（以下简称《国标》）、《认证办法》等文件要求，制订应用型人才培养方案指导意见，明确人才培养目标和毕业标准、课程体系构建的标准、人才培养质量的评价标准、校企合作2.0标准等学生培养标准，构建基于能力范式的人才培养体系。

（三）重构课程体系

知识范式按照知识的逻辑演进和难易顺序设计课程体系，而能力范式则先按照能力标准进行知识解构，反推出培养既定能力标准所需要的知识范围，再确定课程体系。齐鲁师范学院立足师范类专业认证标准和职业标准，根据毕业标准反向设计课程体系，依据毕业标准的内涵制定课程目标、重构教学内容、改革教学方法和考核评价办法。

（四）改革教学方法

知识范式下的教学方法是以课堂讲授为主，而能力范式下的教学方法则强调工作导向、项目贯穿式的理论教学与实践教学相互交融的一体化教学。符合能力范式要求的教学方法必须坚持问题导向，实行项目贯穿，突出实践创新，重在提高学生的应用能力。

（五）转变教学评价体系

知识范式的课程考核一般是通过试卷，重点考查学生对知识的理解和掌握程度；而能力范式的课程考核则更多采用过程考核、项目测试等多元考核方式，重点考查学生运用所学知识解决实际问题的实践与创新能力。为了解决以知识的记忆、问题的解答为主体的静态考核评价体系无法适应能力范式的培养内容和教学方法的问题，齐鲁师范学院重新制定了以能力为基础的、与能力范式相适应的多元考核评价方式。2018 年，齐鲁师范学院制定了《齐鲁师范学院人才培养质量达成度评价管理办法（试行）》《齐鲁师范学院课程考试（考核）工作规程》等文件，突出能力标准，强化过程考核，增加非标准化考试，考核学生实践与创新能力。在此基础上，齐鲁师范学院逐渐形成了以"培养目标—毕业要求—课堂目标达成度"为主体的考核评价体系。

二、加强能力范式教学研究课题管理，提高课题质量

加强能力范式教学研究课题的管理，增加以能力范式教学改革为主题的教学研究和改革项目，规范教学研究课题管理各环节，建立科学有效的管理激励机制，调动广大教师和管理人员参与教学研究的积极性、创造性，提高课题结题率，是获得高质量教学研究成果的基础，也是全面促进能力范式教学改革、构建高水平应用型本科高校的保证。

（一）组织管理

加强组织管理是做好能力范式教学研究工作的保证。学校教务处是教学研究课题管理的职能部门，应结合学校教学改革中的关键问题和重大问题，制定课题规划、指南和管理办法，审批各类课题，实施项目督导、结题验收和评审评奖，促进教学研究工作的健康发展。各教学单位要认真做好动员宣传工作，提高广大教师、教学辅助人员、教学管理人员对教学研究工作的认识，调动他们申报教学研究课题、开展教学研究工作的积极性，发挥他们的主动性、能动性、创造性，深化能力范式教学改革。

（二）立项管理

1）严格审核申报人员资格。依据教学研究课题的重要性和类型制定不同的申报资格条件，保证教学研究人员具备相应能力，保障教学研究课题研究的水平。

2）完善课题评审制度。建立评审专家库，按学科划分评审小组、评审委员会，遵循公平、公正、公开的原则，严格按照评审条件对申报课题进行评议、推选，在全校范围内公示待立项课题，以确保教学研究工作的公正性、激励性、实效性。

3）建立学校、二级学院两级课题评审机制，由学校严格审核申报课题的质量，并进行学校内部的初步筛选，增强课题竞争力和课题申报质量，以提高课题研究质量。

（三）立项内容管理

能力范式教学研究项目要具有基础性、全局性、引导性、实践性、可操作性和创新性的特点，避免低水平、低层次重复性研究。学校教务处要结合当前高等教育发展趋势，根据学校实际情况，围绕深化教学改革、加强教学管理、提高教学质量等主题，拟定教学研究项目指南，引导广大教师、教学辅助人员、管理人员开展有针对性和实效性的研究。

三、建立重视能力范式教学研究的良好环境和管理机制

充分发挥广大教师的主动性和积极性是顺利进行能力范式教学研究、深化能力范式教学改革的关键。我们要最大限度地调动和发挥广大教师的积极性，鼓励和支持广大教师积极参与教学研究与教学改革。为调动和保护教师的教改研究积极性，我们必须改变"重科研，轻教研"的局面。具体措施如下。

1）改革职称评聘制度，完善专业技术职务认定量化标准，对教学工作、科研工作等进行量化，给予教学研究课题、教学研究论文适当的分值，让广大教师关注教学研究，重视教学研究，积极申报教学研究课题。

2）学校要建立支持教学研究的政策和运行机制，如把能力范式教学研究与教师的考核、各种教学奖励挂钩，在教师考核和教学奖励评定时，实行教学研究课题或教学研究论文一票否决制，调动广大教师参与教学研究的热情与积极性。

3）制定各种教学研究激励政策，保障参加教学研究课题立项的教师的利益，对课程建设、品牌专业建设等项目建设期满后验收合格者授予相应的称号，如"精品课程""优秀课程""重点课程""品牌专业""特色专业"等，并给予一定的奖励；对省、部级教学研究课题通过验收鉴定者进行奖励；对教学研究工作中有突出表现的教学单位和团队进行奖励；对教师发表的教学研究论文按刊物级别进行奖励；对多媒体课件进行评比并奖励；对教学研究课题所取得优秀教学成果者进行奖励，以提高教师进行教学研究的主动性和有效性，促进学校教学水平和教学质量的不断提高。

第三节　质量保障体系建设与能力范式下的教学改革

自 2017 年以来，齐鲁师范学院以能力范式为引领开展教学改革，取得显著成效。由知识范式向能力范式的转换，是建立和完善高等教育应用型人才培养体系的根本性转变。能力范式的高等教育理念对教师的知识观、认识论、课程论、教育方法论等提出了新要求。能力范式的人才培养方案强调培养能力和培养过程。质量保障体系是高校教学管理的重要环节。与传统的知识范式相比，能力范式教学理念对构建高校内部质量保障体系提出了新要求。

一、能力范式对教学质量保障体系建设提出的新要求

（一）质量保障理念要体现学生中心

传统的知识范式在质量保障过程中重点关注学校的教学条件、教学工作与管理水平等，对学生的学习效果关注不够。能力范式以学生的学习和发展为本位，考查内容涵盖从学生入学到毕业的全过程。以此构建的质量保障体系须确保学生在教学过程中的中心

地位，在师生关系中将"学生"放在第一位，在教学活动中将学生的"学"放在首位，从重视教师的"教"转向重视学生的"学"，把培养目标与学生学习过程及成果有效联系起来，在设计教学质量评价方案时把学生的学习效果和满意度摆在首位。

（二）质量保障过程要以能力培养为主线

知识范式在教学目标方面重实现认知目标、轻学生个性发展；在教学过程中，重学轻用；在教学评价上，重学生的学业成绩。能力范式则要求在了解学生及社会发展需求的基础上，以能力培养为主线，注重学生的个性发展，突出学生应用与创新能力的培养，使学生的学业成绩评价方式更加多元化。能力范式下的质量保障体系须明确学生学习的预期效果，客观评价学生能否达到课程目标、满足毕业要求，在质量保障过程中以能力培养为主线，推动教学方式由知识范式向能力范式的转变。

（三）质量保障体系要凸显形成性评价

知识范式所建立的质量保障体系属于偏重评价结果的终结性评价，是在教学活动结束后为判断其效果而进行的评价，导致问题既得不到充分反馈，也得不到有效解决。与能力范式相适应的质量保障体系要凸显更加关注过程的形成性评价，及时发现教学过程中的问题，获得教学过程中的连续反馈，明确问题改进方向，获得更加理想的教学效果。在教学质量评价中，形成性评价通过对社会需求、教育活动参与者需求的评定、可行性研究及实施过程中存在的问题等方面进行调查，直接引导教师改进教育活动的质量。

二、能力范式下的质量保障体系建设

质量保障体系是专业实施人才培养的主要载体，对人才培养质量起着至关重要的作用。齐鲁师范学院始终将教学质量视作学校生存与发展的生命线，将教学质量保障体系建设作为学校能力范式教学改革中的重要一环。一方面，齐鲁师范学院对近年来的本科教学工作进行全面总结，梳理在教学管理与教学质量监控方面取得的成功经验及存在的问题，探索解决的办法，从制度建设、实施程序与途径、教学效果等方面查找质量管理漏洞。另一方面，齐鲁师范学院学习和吸收他校质量保障体系建设的先进思想与方法，分析与本校本科教学质量生成过程相关的教学管理关键环节和教学质量控制点。在此基础上，学校彰显师范教育特色，以能力范式为引领，以师范类专业认证为抓手，以全面性、全员性、全过程为基本原则，探索、构建适合本校的"1236"教学质量监控与保障体系。

在该体系中："1"即"一级组织"，指学校教学质量监控与保障工作的组织机构——学校教学指导委员会；"2"即"两级督导"，指学校实施学校、二级学院两级教学质量保障与督导机制；"3"即"三层评价"，指教学质量评价包括学校督导专家评价、学院领导与同行评价及学生评价 3 个层面；"6"即"六位一体"，指该体系由质量目标、质量标准、质量生成、质量监控与评价、质量反馈与持续改进、质量保障与支持 6 个子系统构成。教学质量保障体系运行图如图 3-1 所示。

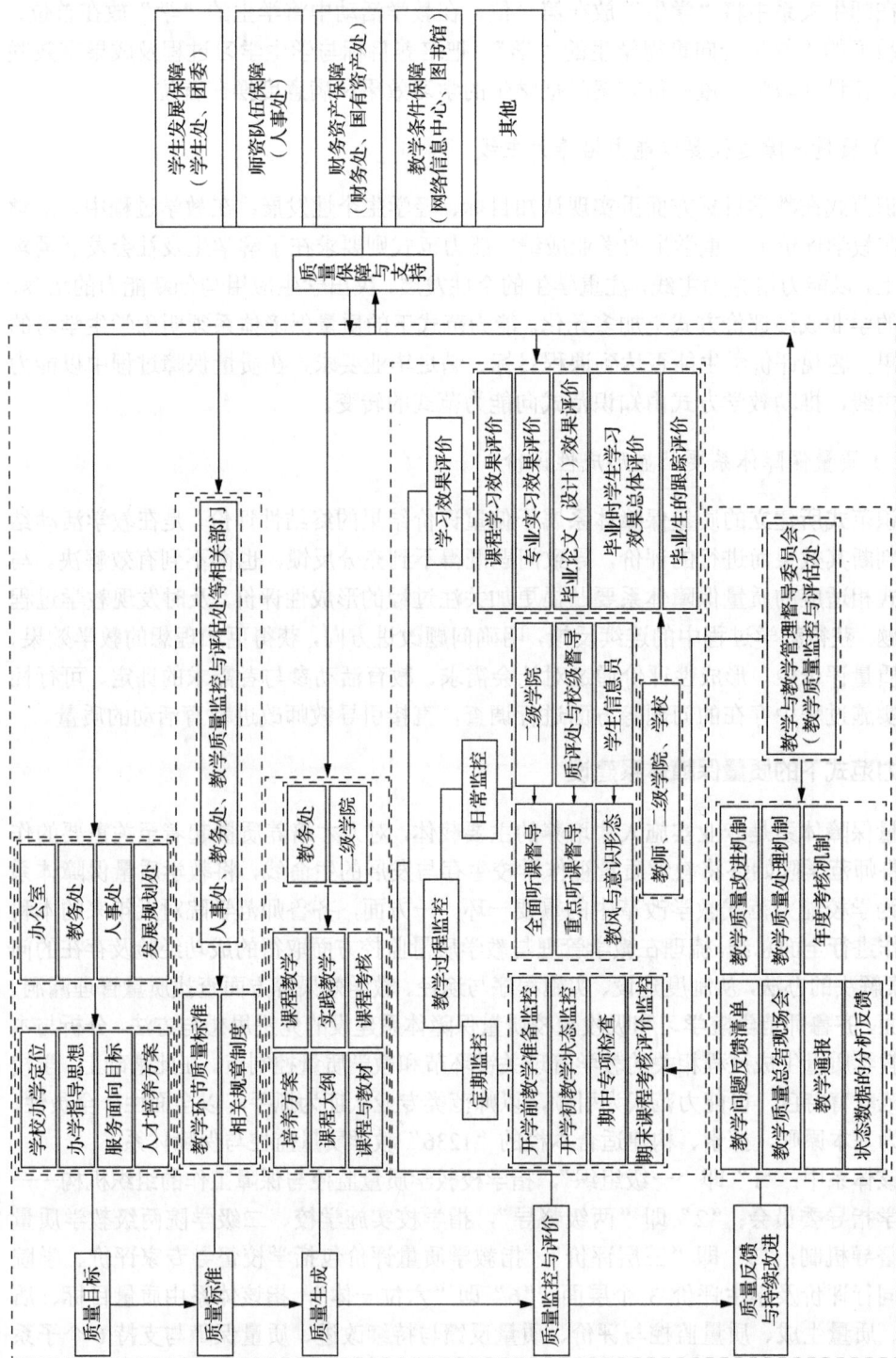

图 3-1　教学质量保障体系运行图

（一）"一级组织"

学校教学质量监控与保障工作的组织机构是学校教学指导委员会。学校教学指导委员会主任委员由校长担任，副主任委员由主管教学工作的副校长担任，委员由思想政治素质好、学术水平高、教学或教学管理经验丰富、作风正派、身体健康的教师和教学管理人员组成。该机构的职责是从高等教育办学规律出发，依据学校的办学指导思想，提出学校教学改革与发展的建设性意见；审议专业建设、课程建设、教材建设、师资队伍建设、教学资源建设、校风教风学风建设及教学改革发展规划等，并做出相关决议或提出意见；讨论、审议教学基本建设规划与各类评估方案，并对具体实施给予指导；指导、督促相关部门贯彻落实教学计划和教学规章制度。

（二）"两级督导"

学校实施学校、二级学院两级教学质量保障与督导机制。学校教学与教学管理督导委员会是学校教学与教学管理工作的咨询和监督机构，由分管校长担任主任委员，由思想觉悟和品德修养高、教育观念先进、教学经验丰富、熟悉教学改革动态和教师管理规章制度的教学与教学管理人员担任委员，其职责是开展全校教学秩序、教学管理、教学水平、教学质量的监督、检查、评估和指导工作。学校教学与教学管理督导委员会工作办公室设在教学质量监控与评估处，具体负责管理教学与教学管理督导委员会的日常事务。

二级学院参照《齐鲁师范学院教学与教学管理督导委员会章程》成立各二级学院教学与教学管理督导组，它是各二级学院教学与教学管理工作的咨询和监督机构。教学与教学管理督导组组长由分管教学的院长（副院长）担任，组员由 5～7 名教学科研水平较高的骨干教师组成，在组长的领导下开展各学院教学秩序、教学管理、教学水平、教学质量的监督、检查、评估和指导工作。

围绕"全面提高教育教学质量"这一目标，学校、二级学院两级教学督导集督学、督教、督管为一体，通过实地考察、随堂听课、科学分析、客观评价、积极引导等方式对教学与教学管理工作实施全方位督导。

（三）"三层评价"

"1236"教学质量监控与保障体系由 3 个质量评价层面构成：学校督导专家评价、学院领导与同行评价及学生评价。学校高度重视教学质量监控工作，将其作为日常教学管理的重要组成部分，充分发挥教学督导专家在教学质量监督中的带头作用，定期深入二级学院开展教学检查与教研活动，有针对性地参加教师与学生的座谈会，及时了解教师的备课与授课情况及学生的听课、实习、毕业论文（设计）情况等，督促教、学、管共同提高。学校还充分调动教学同行在教学管理与质量监督中的积极性与主动性，加强对课堂教学、试卷、论文、实习实训等环节的管理工作，促使教师将精力投入教学质量的持续改进中，通过教师的自查与互查、自评与互评，促进教学质量的稳步提升。此外，学校还增强学生参与教学质量监控的意识，让学生成为学校教学质量监控的主体，引导学生客观评价人才培养方案、课堂教学、课程考核评价等，通过及时有效的信息反馈机制，促进教师教学水平与学校办学质量的提升。

（四）"六位一体"

建立教学质量保障体系是保证学校教学质量的重要举措。为确保人才培养目标的达成，齐鲁师范学院依据学校工作实际，在教学质量监控与保障体系内部构建 6 个子系统，分别是教学质量目标系统、教学质量标准系统、教学质量生成系统、教学质量监控与评价系统、教学质量反馈与持续改进系统、教学质量保障与支持系统。6 个子系统形成了一个任务明确、互相协作、互相促进的有机整体，以提高教学质量和培养高质量应用型人才为目标。

1. 教学质量目标系统

教学质量目标系统是学校教学质量保障体系运行的根本依据和目标指向。齐鲁师范学院作为地方应用型本科高校，其根本任务是为地方培养服务于地方经济发展的高质量的应用型专门人才。学校遵循高等教育的要求，顺应地方经济社会发展与行业、产业发展及学生发展与职场需求，确立了由学校办学定位、办学指导思想、服务面向目标、人才培养方案 4 项建设指标构成的教学质量目标系统。学校办公室、教务处、人事处与发展规划处依据《中华人民共和国高等教育法》等，确定学校办学定位、办学指导思想、服务面向目标与人才培养方案，规划近期和远期教学目标，并保证其得到实施。同时，学校还定期对教学质量目标进行合理调整，使目标不断适应发展变化的外部环境需求。

2. 教学质量标准系统

教学质量标准是依据教学质量目标所制定的教学工作基本要求，是教学质量监控的实施依据，涵盖了人才培养质量的主要环节和关键要素，是提升人才培养质量和实现人才培养目标的重要保障。学校依据国家高等教育相关质量标准、行业标准和基本要求，以服务社会需求为导向，制定科学、规范的教学质量标准体系。学校教务处按照相应程序和规范组织制定《齐鲁师范学院教学环节质量标准及评价办法（试行）》，明确了教学质量控制的关键点和关键环节，使教学工作有章可循。该文件包括 3 个部分：理论教学环节质量标准及评价办法、实践教学环节质量标准及评价办法及课程考核环节质量标准及评价办法。其中，理论教学环节包括备课环节、课堂教学环节、作业与练习环节；实践教学环节包括实验教学环节、课程设计环节、实习教学环节、毕业论文（设计）环节；课程考核环节包括命题原则、命题要求、考试组织工作、成绩评定、试卷分析、试卷管理等。每部分都包含相应的质量标准及评价办法，并附有评价表。人事处、教务处及教学质量监控与评估处等部门依据相关的规章制度对以上各教学环节实施过程进行管理与评价。各二级学院根据学校的教学质量标准和相关规章制度结合各学科专业特点制定具体的实施细则和工作规范，确保相关教学质量标准及评价办法在基层得到贯彻落实。

3. 教学质量生成系统

教学质量生成系统包括教学过程中的所有内容，影响着学校最终的人才培养质量，主要包括人才培养方案、课程大纲、课程建设与教材建设、课堂教学、实践教学、课程考核等方面。

1）人才培养方案。人才培养方案是学校各专业实施人才培养工作的纲领性文件，是学校组织教学活动、实施教学管理、审核学生毕业资格的主要依据。制订人才培养方案时，由学校教务处提出实施意见及要求，由各二级学院院长主持审议。人才培养方案的内容主要包括培养目标、培养规格、主干学科、学制（学分）及学位、专业核心课程、课程体系及学分安排、课程设置及进度计划表、实践教学计划、课程实施方案等。各二级学院依据《齐鲁师范学院人才培养方案管理办法（试行）》《齐鲁师范学院关于修订本科专业人才培养方案的指导意见》等文件编制各专业人才培养方案，经学校教学指导委员会讨论议和审定，由分管校长审核签字后下发执行。经批准的人才培养方案，由学校教务处协调各二级学院组织实施。

2）课程大纲。课程大纲是实施和教学计划的基本保证。在确定人才培养方案后，各二级学院依据《齐鲁师范学院关于修订本科专业人才培养方案的指导意见》中的"课程（实验）教学大纲编写要求""《课程名称》课程教学大纲""实验（实训）课程教学大纲"编写模板，组织教师制定相关课程的教学大纲，在课程大纲中明确规定课程的教学目标、教学内容、教学时间安排、教学形式和手段、教学所需设施条件及考核评价方式等，突出对学生能力的培养。

3）课程建设与教材建设。课程建设是教学中的一项基本建设，教材建设则是课程建设的必要条件和重要环节。学校按照应用型人才培养模式构建课程建设平台，整体优化课程内容，构建以能力培养为核心的课程体系。课程建设实行学校、二级学院协同，以二级学院为主，共同负责的建设与管理体制。各二级学院依据《齐鲁师范学院课程建设管理办法》，结合专业发展实际，采取单门课程建设与多门课程联合建设相结合的方式进行课程建设。每项课程（群）建设项目包括负责人 1 名和 3 名以上教学经验丰富、教学特色鲜明的主讲教师。学校成立教材建设工作委员会，由校长任主任，由分管副校长任副主任，由相关部门负责人和部分专家教授任委员。教材建设工作委员会办公室设在教务处，办公室主任由教务处负责人兼任。学生所用教材的管理工作由教材建设工作委员会全面负责。依据《齐鲁师范学院教材工作规程》文件要求，所有教材须经教材建设工作委员会批准后方可选用。

4）课堂教学。课堂教学是教学的基本形式，是学生获取信息、提高技能和形成思想观念的主渠道。为加强课堂教学管理，保证课堂教学有序高效进行，不断提高课堂教学质量，依据学校相关文件，齐鲁师范学院教务处制定了《齐鲁师范学院课堂教学行为规范》、《齐鲁师范学院调课、停课、替代课、补课管理规定》等规章制度。开课单位负责督促、检查任课教师的授课情况，调、停课后补课情况和替代课教师的授课质量。学校教学与教学管理督导委员会、教务处进行抽查，如果发现问题则按照相关规定处理。学校开展能力范式教学改革以来，教师的课堂教学发生了较大改变，逐渐由"知识课堂"走向"能力课堂"，教师在教学中更加注重对学生能力的培养。

5）实践教学。实践教学是理论联系实际、培养学生动手能力和创新能力的重要平台。为提高学校实践教学质量，学校教务处制定了《齐鲁师范学院关于加强实践教学的实施意见》《齐鲁师范学院关于进一步完善实践教学体系的意见》《齐鲁师范学院实验教学管理办法》《齐鲁师范学院教育实习条例》《齐鲁师范学院普通本科生毕业论文（设计）管理规定》《齐鲁师范学院大学生实践创新训练项目管理办法》等一系列与实践教学有关的规章制度。学校各二级学院依据上述规章制度开展实践教学工作，关注学生实践能力的提升。

6）课程考核。课程考核是教学中的重要环节，是对学生知识和技能进行阶段性和总结性检查与评定的手段，是深化与提高教与学的方法。学校教务处制定了《齐鲁师范学院考试管理规定》《齐鲁师范学院试卷评阅规范》《齐鲁师范学院课程考试命题和评卷工作规程》等与课程考核相关的规章制度，负责统筹全校的课程考核工作。学校各二级学院在学院院长主持下，组织安排本学院的考务工作。在能力范式教学理念的引领下，学校对课程考核评价方式进行了改革，使考核评价方式与内容更有利于学生能力的发展。

4. 教学质量监控与评价系统

对教学过程实行有效监控与评价是提高教学质量的关键。教学质量监控与评价系统是教学质量保障体系建设的重点，是全面开展教学质量保障工作的重要保证，也是实现能力范式教学改革的重要抓手。教学质量监控与评价系统包括教学过程监控和学习效果评价两个方面。教学过程监控分为定期监控和日常监控。定期监控包括开学前教学准备监控、开学初教学状态监控、期中专项检查与期末课程考核评价监控，主要由学校教学与教学管理督导委员会和二级学院教学与教学管理督导组实施。日常监控包括全面听课督导、重点听课督导、教风与意识形态 3 个方面。其中，全面听课督导由各二级学院教学与教学管理督导组组织实施，重点听课督导由学校教学与教学管理督导委员会组织实施，教风与意识形态由学生信息员监督反馈。学习效果评价包括课程学习效果评价、专业实习效果评价、毕业论文（设计）效果评价、毕业时学生学习效果总体评价及毕业生跟踪评价，由教师、二级学院与学校共同实施。

自 2017 年齐鲁师范学院第八次教学工作会议至今，学校形成了以"能力范式"人才培养理念为指导，以校级督导重点抽查、院级督导全面覆盖、学生督导适时补充为机制，以"培养目标—毕业要求—课堂目标达成度"考核评价为内容，以期初、期中、期末 3 阶段重点监控与实时常态监控相结合为周期的"四以四为"教学质量监控标准与内控体系。

（1）教学过程监控

1）定期监控。它包括开学前教学准备监控和开学初教学状态监控。教学质量监控与评估处于每学期开学之前发布期初教学检查工作通知。期初教学检查包括开学前的教学准备检查和开学初的教学秩序检查，其检查机构由校级检查组与二级学院检查组构成。校级检查组由分管教学的副校长任组长，由教学质量监控与评估处、教务处、实验管理中心等学校教学管理部门全体人员和教学与教学管理督导委员会全体成员任组员。二级学院检查组由各学院院长、书记任组长，由各二级学院教学管理人员和教学与教学管理督导组全体成员任组员。

开学前的教学准备检查以学院自查为主，各二级学院在开学之前组织召开专门教学工作会议，布置开学各项工作，并根据学校要求制订本学院期初教学检查方案；核实任课教师、教材、教学场地和设备等教学必要条件的落实情况，确保教学工作顺利开展；教学秘书须在上课前将所有任课教师的上课时间与地点通知到位，仔细核对课表，一旦发现有遗漏或冲突，应及时予以调整，并在每个教室门口张贴对应的上课信息。

开学初的教学秩序检查由校级检查组与二级学院检查组同时负责实施，检查时间为开学第一周，主要对以下几个方面进行重点检查：①教学安排情况，主要检查新学期课表安排、授课计划安排、实践教学环节安排情况等；②教学条件情况，主要检查教室和实训室的卫生、教学设备设施准备和运行情况及实验实训用品的准备情况等；③教师准备情况，主要检查任课教师的教学大纲、教材、教案、课件、授课计划、学生名单等教学资料的准备情况；④教学秩序检查，主要检查任课教师到位情况与学生到课情况。检查人员根据检查的实际情况认真填写"看课检查记录表"。

期中专项检查。教学质量监控与评估处于每学期第 7 周发布期中教学质量检查工作通知。检查人员包括校级检查组与二级学院检查组。校级检查组由校领导、教学质量监控与评估处、教学与教学管理督导委员会全体成员及相关职能部门负责人组成，二级学院检查组由各二级学院教学管理人员及教学与教学管理督导组全体成员组成。教学质量检查工作持续至学期末，对相关教学资料的集中检查时间一般为第 10～14 周。依据《齐鲁师范学院教学质量评价方案（试行）》《齐鲁师范学院教学环节质量标准及评价办法（试行）》等相关文件要求，对以下几个方面进行重点检查：①各二级学院上学期教学质量问题整改方案的落实情况；②各专业培养方案、教学大纲的制定及执行情况；③查阅各二级学院领导干部与督导人员的听课记录本、各教研室活动记录与调补课情况；④依据学期领导干部与督导人员听课、评课工作方案开展课堂教学质量检查工作；⑤结合师范类专业认证具体要求，检查试卷分析表、教学目标达成度分析表等是否符合标准；⑥结合师范类专业认证具体要求，对毕业论文（设计）进行抽查；⑦结合师范类专业认证具体要求，调研二级学院实习基地建设整体情况、实习实训工作开展情况；⑧检查各二级学院选用的教材是否符合国家和上级教育主管部门的方针、政策要求，是否符合专业培养方案和学科教学计划要求，是否符合本专业教育层次和培养人才需求。检查人员根据检查的实际情况认真填写各类检查记录表，并撰写工作报告。

此外，学校每学期会根据实际工作需要开展专项检查。为加强对青年教师的培养，充分发挥骨干教师的引领、示范作用，帮助青年教师更好地理解与贯彻落实能力范式教学改革理念，促进青年教师快速成长，建设一支高水平的青年教师队伍，齐鲁师范学院制定了《齐鲁师范学院青年教师导师制实施办法（试行）》。依据文件要求，一般于每年的9～10月发布考核通知与考核方案，由学校人事处牵头，由教学质量监控与评估处组织，对考核对象进行专项教学检查，采取随机课堂听课的方式，对其课程教学大纲、课程教案、课堂教学效果等进行评价，评价结果占最终考核成绩的30%。

期末课程考核评价监控。教学质量监控与评估处一般于期末考试前一周发布期末考试巡考工作安排。巡考人员包括校级巡考组与二级学院巡考组。校级巡考组由分管教学的副校长担任组长，由教学质量监控与评估处、教务处、实验管理中心等学校教学管理部门全体人员及教学与教学管理督导委员会全体成员任组员。二级学院巡考组由各二级学院院长、书记担任组长，由各二级学院教学管理人员及教学与教学管理督导组全体成员任组员。两级巡考组共同协作，对教学考核环节的安排、组织和具体实施情况进行检查，具体检查试卷情况、监考教师履行职责的情况、学生遵守考场纪律的情况、各监督管理环节的运行情况等，重点关注能力范式下课程考核评价方式的变革情况。

2）日常监控。全面听课督导和重点听课督导。为强化教学管理、深化教学改革，加强校风、教风和学风建设，贯彻落实能力范式教学改革理念，促进教学质量和教学水平不断提高，根据《齐鲁师范学院校院两级教学督导工作实施方案（试行）》文件要求，实施学校、二级学院两级督导听评课制度。同时，学校还实施领导干部听课制度，依据《关于进一步抓好领导干部听课制度落实的通知》的要求，各级领导干部每学期最少听课学时如下：①学校党委书记、校长4学时，分管教学的副校长8学时，其他校领导4学时；②教务处、人事处、实验管理中心负责人除诊断性听课外，处长（主任）、副处长（副主任）8学时，其中分管教学（实验教学）的教务处副处长（副主任）10学时；③二级学院党总支书记、副书记6学时，院长、副院长8学时，其中分管教学的副院长10学时，教研室与实验（实训）室负责人6学时。

教学质量监控与评估处于每学期期初发布领导干部与督导人员听评课工作方案，对领导干部与督导人员听评课工作做出明确要求。依据方案要求，领导干部与督导人员听评课工作贯穿于整个学期，具体时间为每学期的第1～16周。听评课工作采取随机看课、走课、听课的方式，听评课对象为该学期承担教学任务的全体教师。二级学院督导人员对本学院教师实施全覆盖式听评课，领导干部与校级督导人员根据每学期工作重点进行重点听课督导。听评课工作针对全校教师教学情况和学生学习情况进行监督与检查，检查内容包含教学资料与课堂教学实施情况。教学资料包含教师的教学大纲、本堂课教案、教学进度表或教学日志及作业的安排指导与批改情况等，课堂教学实施情况包括教师的教学设计与组织实施及学生的听课与学习情况等，重点关注教学大纲的执行情况与课堂教学目标的达成情况。听课人员还须关注教师能否在课堂上将课程思政落到实处。校级督导人员的听评课对象须涵盖专职教师、兼课教师与兼职教师，针对兼课教师与兼职教师的听课量应不少于 1 节。听课人员做好听课记录，并将听课结果录入"教学质量综合评价与分析系统"，认真填写听课问卷。

依据《齐鲁师范学院学生教学信息员制度实施办法（试行）》文件精神，学校聘任品学兼优的学生担任教学信息员，定期收集和研究学生教学信息员对教师理论教学、实践教学、考试及教辅等教学环节反馈的问题、意见和建议。一般在每学期的第 9～10 周，各二级学院组织召开院级学生教学信息员会议，校级督导组织召开校级学生教学信息员会议，获取学生对教学质量的评价信息，将其作为教学质量检查的评价结果之一。

（2）学习效果评价

下面主要介绍课程学习效果评价、毕业时学生学习效果总体评价和毕业生跟踪评价的内容。

课程学习效果评价包括：①课程目标达成度评价。课程负责人依据课程教学大纲开展课程教学及考核工作，在课程考核结束后汇总各教学班的考核数据，根据各考核环节认真确定支撑课程目标达成度的考核点及其权重值并充分说明支撑理由，计算课程目标达成度评价值，同时采用定性评价法进行分析与总结，重点关注学生能力培养的达成度。课程目标达成度评价可以作为学生学习效果的评价依据。②教师评学。教师评学是教学质量监控体系的重要组成部分。为贯彻落实师范类专业认证的"持续改进"理念，改进教学中存在的问题，提升学生学习效果，学校每学期定期开展教师评学工作。教学质量监控与评估处于每学期第 14 周发布教师评学工作的通知。各二级学院于第 14～15 周组织教师通过"教学质量综合评价与分析系统"填写网络调查问卷，实施教师评学工作。教师评学是教师对学生的学习情况进行的综合评价，主要包括评价学生的学习过程和学习效果等，是对教学班级进行的全覆盖式评价。

毕业时学生学习效果总体评价包括：①毕业要求达成度评价。每年 6 月，由各专业负责人依据专业毕业要求指标点制定并优化毕业要求达成评价调查问卷，组织应届毕业生进行毕业要求达成度评价问卷调查，组织骨干教师对调查结果进行汇总、分析，形成调查报告。②毕业生满意度调查。为全面了解毕业生对学校教学工作的满意度、广泛收集学生的意见与建议，以促进学校进一步改进教学工作，切实提高人才培养质量，学校于每学年末开展毕业生对学校教学工作的满意度调查。教学与教学管理督导委员会于第 15 周发布通知，督促毕业生于第 16 周使用"教学质量综合评价与分析系统"填写调查问卷。

毕业生跟踪评价。各专业每年进行一次针对毕业生的问卷调查，关注毕业生的持续发展能力，从专业毕业生能否较好地胜任单位工作，能否满足社会和企业期望的职业规范要求，能否具有较好的人文社科素养、社会责任感并能够在实践中理解、遵守职业道德和规范，能否处理好个人和团队关系，能否与业界同行及社会公众进行有效沟通等方面进行培养目标达成度评价。各专业教师应构建稳定的毕业生沟通和联系渠道，按期按需开展毕业生跟踪反馈的调研工作。

5. 教学质量反馈与持续改进系统

教学质量反馈与持续改进系统的主要功能是完成相关教学信息的跟踪与收集工作，

同时进行信息分析，并及时反馈分析结果，为教学质量保障体系的优化提供依据与解决方案。学校的教学质量信息反馈工作主要由教学与教学管理督导委员会实施，通过教学通报、学期末的教学质量总结现场会与教学问题反馈清单进行反馈。

　　学校还通过对教学状态数据的收集、汇总与分析，获取教学信息并及时反馈，为学校拟定发展规划、教学改革与建设等工作提供依据。学校还建立了教学质量改进机制、教学质量处理机制和年度考核机制。相关单位或部门在收到质量反馈后须制订整改方案，明确整改期限与责任人，上报至教学与教学管理督导委员会备案。教学与教学管理督导委员会在下学期教学检查中验收整改效果，并记入督导通报，依据《齐鲁师范学院教学事故认定与处理办法》对教学过程中发生的各类教学事故进行及时处理，将教学质量检查情况计入年底各单位或部门的绩效考核。

6. 教学质量保障与支持系统

　　资源的合理配置和有效利用是教学质量保障体系建设和运行的基础。教学质量保障与支持系统包括学生发展保障、师资队伍保障、财务资产保障、教学条件保障等。学校学生处负责做好学生日常思想政治教育工作，制定学风建设目标，建立规章制度，负责确定学生综合测评操作流程、学生评优评奖流程，做好相关管理环节的过程监控，做好就业质量分析。学校团委负责学生创新创业团队和基地的建设，做好相关管理环节的过程监控。学校人事处负责制定师资队伍建设目标，建立与实施相关规章制度。学校财务处、国有资产处、网络信息中心、图书馆等部门负责做好教学资产与条件保障工作。

　　教学质量保障体系的 6 个子系统之间环环相扣，教学质量反馈与持续改进系统最终指向教学质量目标系统、教学质量标准系统、教学质量生成系统、教学质量监控与评价系统及教学质量保障与支持系统，共同构成螺旋上升的闭环式教学质量保障体系。

第四节　高校内部管理体制建设
与能力范式下的教学改革

　　高校是一个由教学、科研、管理、后勤等很多部分组成的系统，它强调各部分之间的整体协调发展，忽视其中任何部分的发展，都必将阻碍整个学校的发展。想要达到整体协调、可持续发展的目标，就必须有与之相适应的相对完善的科学管理制度体系，使各种制度之间具有一定的协调性、一致性，以保证学校正常运行并持续、稳定、有序地发展。因此，要完成能力范式下的教学改革，只在教学、科研、师资队伍等方面进行改革远远不够，还必须在后勤、财务、安全管理等方面建设联动机制。

　　目前，一些地方高校在内部管理体制建设中存在重教学、科研、人才，轻后勤、财务、人事管理等问题。主要表现为：后勤社会化改革停滞不前甚至走回头路；只讲投入不讲产出；只讲引进人才，不讲留住人才、挖掘人才、提高人才的贡献率；重视师资队伍的建设而忽视管理队伍的建设，难以形成一支高水平的专业化管理队伍。这些制度的缺失、资源的不均衡，直接制约着学校的发展，不利于能力范式教学改革。

加强内部管理体制建设是提高地方高校发展能力的关键，也是能力范式教学改革的重要保障。地方高校的内部管理体制建设，是一项长期的系统工作，不仅包括制度的调研、立项、起草、修改、通过和发布，还包括制度的执行、落实和督察工作。

高校内部管理体制建设本质上包括管理体制建设和运行制度建设两大系统。管理体制建设应立足于高校制度建设的基本原则；运行制度建设的关键在于制度的便利、实用、约束力。高校内部管理体制应明确体现能力范式教学改革的特点，以顶层制度设计引领教学改革，明确改革路径，建立全校协调统一的运行机制。

一、制度建设的原则

制度建设应立足于高校制度建设的基本原则，主要包括合法性原则、合理性原则、民主性原则、系统性原则、可操作性原则、创新性原则。

1. 合法性原则

合法性原则是指高校建章立制必须与国家法律、法规、规章保持一致，其内容不得与国家法律、法规、规章相抵触。高校虽然依法享有制定规章制度的权利，但从性质上讲，高校的内部管理制度不属于法的范畴，是法的补充和延伸。因此，高校制定的制度必须合法。法律规范的效力等级依次是：法律、行政法规、地方性法规、行政规章。下位法不得与上级法相抵触。因此，地方高校制定的制度，除应遵守上级法律、法规外，还应遵守本行政区域的地方性法规和行政规章。只要当地政府及上级政府部门的规范性文件本身是合法的，学校制定的制度就不能与之相抵触。

2. 合理性原则

高校制定的制度，其内容要符合学校的实际，并且要公正公平，必须遵循合理性原则，制定善规良章。每所高校都处在某一地域内及某一时期中，因此，在进行制度建设时，不能简单地照搬、照抄、照转，要注重结合学校实际，结合地方实情，顺应社会发展，并且要深入、广泛地了解教职工和学生的心声，使制度能为绝大多数人所理解、支持和遵守。高校制度的制定者和具体操作者一般是学校的管理干部，在制度建设过程中不能因把利益偏向于自身所处群体而造成机关、教师、后勤之间利益的不平衡与不均等。同时，在制度建设过程中要特别关心、维护学生群体的切身利益，尊重他们的受教育权、申诉权和其他合法权益，反对简单粗暴地对待学生。

3. 民主性原则

民主应当是高校制度建设最基本、最普遍的价值目标。因此，制度建设的过程应当是一个充分发挥民主的过程。民主性一方面要求广泛地征求意见，另一方面要求体现公平和正义。在制定规章制度过程中要走群众路线，积极引导全体教职工和学生广泛参与、集思广益、群策群力，使所制定的规章制度体现大多数教职工和学生的诉求，符合能力范式教学改革的要求。

高校制度建设的目的是建章立制或有章可循，是按章办事、严格实施奖惩，其本质是借助制度实现学校的管理目标，给学校生活带来合理的秩序，促进学校持续发展及形成学校特色，并使全体教职工和学生积极自觉地遵守，形成稳定的行为习惯，保证师生从制度中获益，享受工作、学习和生活中的自由、充实和愉悦。因此，高校任何一项制度的设计和制定，都应当以维护全校师生员工的根本利益为宗旨。

4. 系统性原则

保证高校有序运行的制度必须构成协调统一的制度体系，如果制度之间相互矛盾、相互掣肘，则必然会影响制度的有效性、权威性和严肃性。因此，高校制度建设必须遵循系统性原则。

从高校管理制度建设的体系设置上看，具有分层分类性，总体上可以分成 3 个层次。第一个层次是制定学校章程。以学校章程为核心的系统设计，可以使学校的管理制度建设有坚实的基础。第二个层次是主体管理制度及制度类别。主体管理制度要从学校的整体出发，加强规章的整合性，对一些条文过细、过于零散的规章制度进行整合。制度类别包括教学、科研、学生、人事、财务、后勤、对外合作等方面。第三个层次是各项管理实施细则及各单位、各部门内部管理规范、工作流程等。这个层次的制度应注意横向层面的制度、纵向层面的制度和不同活动领域的制度之间的协调问题。这 3 个层次的规章制度归属于学校的各职能部门，并且有的制度会涉及不同的职能部门。

高校可以根据实际情况成立强化制度建设工作组，由三方共同发力，制定强化制度建设的方案：一是职能部门（单位）层面，主要负责落实责任、制定细则、精心组织、具体实施；二是制度建设工作组层面，需要把握制度建设的整体格局，加大审核、指导力度，着力推动制度建设有序开展；三是主管和分管校领导层面，要加强指导和监督，注重操作执行，力求修订和新制定的制度既有可行性，又能有效解决现实问题，规范工作，推进依法治校。

5. 可操作性原则

可操作性原则是指高校所制定的制度，需要全体师生共同认可、共同遵守、共同执行。高校在设计制度时，要关注师生员工的切身利益，重视制度的科学性和完善性，注重细节。保证制定的过程是民主的、开放的，保证制定的制度是操作性强的、可实施的，具体包括以下 3 个方面：一是注重"以人为本"，在适当范围内进行充分的讨论，认真听取并吸纳师生的意见和建议，保证制度制定与执行的民意基础；二是注重结合实际，规章制度要符合学校目前的实际情况和未来的发展需要，与实际情况相贴合；三是注重操作执行，规章制度所规定的内容、主体、程序、对象、监督各环节都要明确、具体，具有可操作性，相关文件内容不要重复，更不能前后矛盾，指示性、目标性要强。

6. 创新性原则

创新是高校制度建设的应有之义。制度建设离不开制度创新，没有创新的制度建设只不过是一种简单的模仿，不能发挥应有的作用。高校制度建设具有共性的一面，这种共性是时代要求和高等教育规律的体现。毫无疑问，要管理好一所高校，就必须遵循管理的一般规律，以解决学校发展中的一些共性问题。

长期以来，我国的高校实行高度集中的管理模式，尤其是地方高校办学自主权和管理自主权比较小，存在"千校一面"的现象。但是，随着高等教育改革的不断深入，高校依法面向社会自主办学的机制正在逐步完善，学校的自主权不断扩大。因此，高校要从共性化管理向个性化、特色化管理转变。高校在制度建设的过程中，需要在遵循一般管理规律的基础上，立足学校实际，开发特色资源，一方面要对学校原有的规章制度进行批判继承，另一方面要根据学校面临的新形势、新任务和新问题，制定能够调动和促进学校持续发展的规章制度。

地方高校的"后发"特点，决定了其在制度建设中会将老牌大学的制度作为模仿对象，主要采用移植制度的方式。但是，制度移植只是制度创新的第一层次，高校制度建设应该在移植与创新中不断实现特色化，不能简单复制其他学校的制度，而应结合自身的实际和传统，立足"校本"，构建自己的制度体系。

二、运行制度建设

运行制度建设应注意三个方面的问题，处理好四个方面的关系，夯实三个结合。

（一）运行制度建设应注意三个方面的问题

1）高校制度建设中必须有统一的办学理念进行指导和规划。制度建设涉及全局，对学校未来发展有重要影响。每所高校都有自己的办学理念，因此制度建设必须在办学理念的指导下有规划地进行。以往的制度建设之所以稳定性不够、水平不高，是因为在某种程度上过于迁就当时的实际情况，没有将统一的指导理念和长期的发展规划放在首位。

2）高校制度建设的核心是"以人为本"。要做好能力范式教学改革，就要真正把尊重教师的创造性劳动和培养全面发展的人才放在制度建设的首位。高校是一个具有广泛包容性和充分自由度的地方，其制度建设的出发点和目的在于鼓励创新、倡导竞争，为教职工和学生提供一个民主、自由、公平、宽松的从事教学、科研、学习活动的人性化环境，使其个性张扬、思想活跃，不断创造新的成果。

3）高校制度建设要从实际出发。制度建设的普遍原则是对所有管理对象具有相同的约束力。但是，高校管理人员和教职工在学识层次、所处岗位、个人贡献等方面有所差异，因此在制度执行过程中要从实际出发，在遵循普遍性原则的前提下，充分考虑这些差异带来的特殊性和复杂性，以灵活、务实的态度搞好制度建设。

（二）运行制度建设要处理好四个方面的关系

1）制度与法规之间的关系。制度建设是建立在合法性原则基础之上的，法律、法规是制度建设的重要依据，也对制度建设起制约作用。制度建设必须严格遵守法律、法规，并结合学校的实际。任何制度都不能突破法律、法规的规定。因此，在制度建设过程中，要注意处理好法律、法规和现实情况之间的关系，使其适应高校管理的现实需要。

2）制度与道德之间的关系。制度和道德都是人们必须遵守的行为规范，但两者是不同的。道德面向社会，通过舆论力量和人伦纲常对社会生活起到约束作用；而制度只是制定这一制度的高校全体教职工必须遵守的，并具有一定的强制力。对于师范类高校的教职工，道德水准的要求要高于社会生活普遍遵守的水平，因此，师范类高校的制度应突出对师德的要求。

3）自律与他律之间的关系。人的行为需要靠一些强制性措施来约束，但根本上还需要人的自觉性来约束。在制定和执行制度时，要把自律和他律有机地结合起来，通过他律的强制性来激发自律的主动性。对于一个单位、集体内的成员来说，制度是共同生活、学习所必须遵守的共同规则，它不仅约束个体行为，更为集体有序创造条件。

4）实体与程序之间的关系。在制度建设过程中，人们往往注重制度的实体规定，而忽视制度产生、执行所必需的程序。从事制度建设要在注重实际内容的同时，进一步强化程序意识，切实做到实体与程序并重。

（三）夯实三个结合

1）将依法治校的基本原则与以制度促进改革的理念相结合。要在依法治校的前提下稳步推进制度建设，强化制度建设的合法性、系统性、可操作性和创新性，以制度确定规程，以制度促进改革，以制度促进治理，提升学校制度建设的科学化水平。

2）将制度建设的速度与质量相结合。加快完善学校制度体系建设：一方面，要加强学校顶层制度设计，强化分层分级的制度建设，强化制度建设的速度，加快学校各层级规范性制度的"废改立"；另一方面，要避免制定既烦琐又不实用的制度。因此，制度建设的速度和质量的结合尤为重要。高质量的规章制度应建立在对学校发展状况进行充分调研的基础上，紧贴学校实际，遵循合法性、合理性原则，注重制度建设的规范性，为推进学校建设提供制度保障。

3）将完善程序与改革创新相结合。科学与民主的精神，是提升高校制度针对性、有效性的重要基础。我们既要充分听取专家的建议，又要切实拓宽师生、员工民主参与、民主监督的途径和条件；我们要满足制度建设和高校发展的需求；我们既要高度重视规章制度和规范性文件的与时俱进，使新制度能够及时适应教学改革发展实践的需要，又要保障新制度与原有制度的衔接，注重新制度的引导作用。

高校内部管理体制建设是伴随高校管理全过程的一项长期工作。随着能力范式教学改革的不断推进，制度建设的保驾护航作用尤其重要，制度改革成为高校管理体制建设的重要理念。我们不仅要在管理工作中严格地按制度办事，还要在实践中积极地探索高校制度建设的规律，丰富高校制度建设理论，以提高管理者的能力，为社会发展做出应有的贡献。

第五节　教学条件建设与能力范式下的教学改革

教学条件是实现高校人才培养目标及实施教学模式过程中，组织和开展各项教学活动所必备的一切条件的总和，是学校办学的前提和基础，也是组织教学活动、实践人才培养的条件保障。如果没有必要和充分的教学条件，就不能实现高校可持续发展，不能提升教学和人才培养的质量。因此，学校的转型升级、高水平应用型本科高校建设都离不开教学条件的有力保障。深化基于能力范式应用型人才培养模式改革，必须以产出为导向，加快推进学校教学条件建设，为培养高素质应用型人才提供充分的条件保障。

教学条件包括硬件和软件两个方面。硬件是满足教学活动正常运行的必要的设施性和资源性条件。软件是优化教学活动运行，达到各项教学目标和要求的制度性、机制性条件。两者缺一不可，相辅相成。如果没有软件的支撑，硬件就不可能得到充分运用。具体而言，教学条件中的硬件是指人力、物力、财力等方面的各类资源条件。人力是指教职工队伍，包括教学、教学技术及相关服务支持等方面的教师、教辅人员、教学管理人员和后勤人员。物力是指教学活动所需场所（如各类教室、实验室、实践教学基地、图书馆、计算机机房、语音室、体育运动场馆等）、教学仪器设备、教材及图书情报资料、网络及信息化设施条件等。财力是指保证教学有序运行的经费投入，包括日常教学运行经费、教学仪器设备购置与维修费、图书资料购置费、教学基础设施建设及维修费，以及用于调动教师教学积极性和学生学习积极性等有关方面的投入。教学条件中的软件是指教学组织和教学机构设置、各种资源要素的配置及其管理方式和手段、教学规章制度和质量标准等教学运行与管理机制。

教学条件不仅有具体内容，还有相应的具体标准和要求。在教育部下发的《普通高等学校基本办学条件指标（试行）》和《普通高等学校本科教学工作水平评估方案（试行）》中，国家从宏观上规定了教学条件的标准和要求，包括硬件条件中的师生比、专任教师学历层次及其比例和职称结构，百名学生配教学用计算机台数、百名学生配多媒体教室和语音实验室座位数，教室、实验室、实习场所和附属用房及其他相关校舍面积，生均教学科研仪器设备值，生均图书册数，生均运动场面积及设施齐全状况，校园网建设状况等具体内容；对软件条件中的学校教学条件的利用、教学管理队伍的人员结构和素质、教学规章制度的建设与执行、各教学环节的质量标准、教学质量监控等方面也设定了明确的标准和要求。国家设定的宏观标准和要求，既是高校组织和开展教学工作基本要求的客观反映，也是高校在教学条件建设与保障工作中应遵循的指导性标准。高校应根据学校的发展目标和定位，依据上述标准和要求，建立与自身规模、结构和人才培养目标相适应的更加细化和具体的校级标准及建设目标，并形成教学条件保障机制。

一、以能力范式教育理念为引领，加快推进教学条件建设

学校教学条件建设和保障工作是一项长期的、艰巨的系统性工作，必须坚持常抓不懈。学校要在充分认识教学条件建设和保障工作内涵及其重要意义的基础上，加强领导和监督，在制度和机制上不断开拓创新，使教学条件不断得到改善，充分发挥其对教学改革的保障和促进作用。

（一）加强对教学条件建设和保障工作的领导

建立专门的领导机构，制定相应的工作规划、工作程序和管理办法。明确各级、各相关部门的工作职责，强化责任意识，形成责任有主体，协作有章法，工作有领导、有步骤、有秩序、有标准的各级、各部门齐抓共管的局面，并将各级领导和工作人员的工作情况列入其业绩考核和奖惩评价的范畴。

（二）健全和完善教学条件管理制度体系

建立教学资源建设论证制度、教学资源共享共用制度、实验室开放制度、仪器设备和教学基础设施的维修维护制度、自行研制和开发教学仪器制度、仪器设备和教学基础设施管理制度、教学科研与实验（试验）设施和设备购买管理制度等一系列相关制度，促进教学条件的共同建设和保障，使教学资源得到合理配置和有效使用，提高教学投入的实效性，同时规范管理工作，健全和完善高校的管理机制。

（三）建立教学条件的预警和督办机制

定期开展对自身教学条件的检查工作，特别要对具体的教学改革项目和新专业建设中需要提前准备的教学条件进行逐项排查，发现和预测教学条件中可能或已经存在的问题，对发现的问题不迁就、不回避、不遮掩、不降低标准，通过实行预警通报和督办制度，采取有效措施，改善和解决问题，有效保障教学条件。

二、优化教育教学条件，提升教师的实践与创新能力

构建能力范式的人才培养体系，首先要提高教师的实践与创新能力，确保教学经费支持，特别是确保提高教师的实践与创新能力等方面的投入。教师是科学技术的传承者，需要不断更新知识，积累实践经验，以适应新的行业对人才知识、能力、素质的要求。教师作为教学活动的实施者，本身的素质和能力直接影响所培养的人的素质。因此，提升教师的实践与创新能力是科学技术快速发展的必然需要，也是高校应用型、创新型人才培养的必然需要。

（一）选派教师到企业挂职，提高专业教师的实践能力

学校应制定双师型教师队伍建设与管理办法，明确支持教师到行业企业、中小学（幼儿园）实践锻炼、支持教师参加职业资格认证，鼓励教师参与合作研究，着力提升教师实践教学能力和应用研究水平。支持参加企业实践的教师和企业共同制订实践工作计划，进入企业的设计开发、生产制造及经营管理等部门，参与相应的工作。教师完成企业实践计划后，要提交企业实践工作总结报告、有关成果资料及企业的鉴定意见。学校将组织专家进行考核答辩，对考核合格的教师颁发企业实践合格证书。

教师企业实践制度的实施，有效地提升了教师专业教学能力，特别是实践教学指导能力，同时调动了广大教师参与实践的积极性。

（二）鼓励教师申报产学合作协同育人项目，探索合作育人新模式

教育部产学合作协同育人项目旨在贯彻落实《国务院办公厅关于深化高等学校创新创业教育改革的实施意见》和《国务院办公厅关于深化产教融合的若干意见》的文件精神，进一步深化产教融合、产学合作、协同育人，推进高校人才培养改革，将社会优质资源转化为育人资源，为企业和高校合作搭建一个改革创新的平台。根据能力范式的要求，学校持续推进产学合作协同育人，促进人才培养与产业发展紧密结合。自2016年以来，齐鲁师范学院师生积极申报，截至2021年，共有99项教育部产学合作协同育人项目获批，包括新工科、新农科、新文科建设项目，教学内容和课程体系改革项目，师资培训项目，实践条件和实践基地建设项目，创新创业教育改革项目，创新创业联合基金项目等。

教育部产学合作协同育人项目的获批，不仅对齐鲁师范学院改革人才培养方案、创新课程体系、加强实践育人环节、提升学生创新创业能力等起到引领和示范作用，而且对齐鲁师范学院进一步创新产学合作协同育人机制、完善人才培养模式、深化课堂教学改革和实践教学改革、推进学校转型发展具有十分重要的意义。

（三）支持教师指导学科竞赛，以赛促教，以教促改

学科竞赛是培养创新人才的重要载体，是提高学生创新能力的有效形式，是促进高校教学改革的重要手段。教师在指导学生参加竞赛的过程中，发现问题，并针对问题调整教学重点内容，可以达到"以赛促教，以教促改"的效果，在能力范式教学中可以实现以下目标。

1）在教学思想上转移重心。由以教师为中心转为以学生为中心。教师从传统的传递知识的权威转变为学生学习的指引者，成为学生学习的高级伙伴或合作者。教师提出想法，学生结合实际找到解决问题的路径和方法，主动构建自己的知识体系。

2）在教学过程中重构课程体系。这不是简单地按照知识体系构建课程体系，而是更加注重课程的应用性，以能力为主线，以项目为载体，将传授知识、培养能力、促进

正确价值观形成等集成、整合到课程教学中。

3) 在教学方法上强调学生的主动学习。针对学科竞赛的特点，教师应坚持项目导向，实行项目贯穿，突出实践创新，提高应用能力；根据不同的学科竞赛设计竞赛的试题库，按学科融合、优势互补的原则将学生分组，针对不同形式的竞赛进行交叉训练，锻炼学生的动手能力，锤炼学生的意志品质。

三、优化教学条件，加强实践教学条件建设

建立稳定的实践教学基地是提高实践教学质量的重要保障，是实现人才培养目标的重要条件，对培养高素质人才的实践能力和创新、创业能力有着十分重要的作用。构建能力范式的人才培养体系，要切实加强实践教学条件建设，按照产品周期或工作流程建设实践教学条件，切实提高应用型人才培养的针对性和实效性。

（一）加强实习基地建设，确保实践教学体系正常运行

实习基地是开展实践教学、培养学生实践能力和创新精神的重要场所，是学生了解社会和企业、接触生产实践的桥梁。近年来，齐鲁师范学院本着"互惠互利、各施所长、互补所需、双方受益、义务分担、共同建设、共同发展"的原则，持续加强实习基地建设，与企业、科研院所合作建立130余个非师范类专业实习实训基地，满足各专业校外实习实训需要，利用中央、省级财政支持，重点建设了信息与通信技术（information and communications technology，ICT）产教融合基地、教师教育技能训练中心等校内实习实训示范基地（中心），与各市地教育局共同遴选了一批能够将开展教育实习、校本教研、教师培训、教学改革融为一体的中小学学校，作为学校长期稳定的师范生教育实践基地。学校高度重视师范生实践教学，充分利用师范生教育实习工作，将师德体验、教学实践、班级管理和教研实践等师范生实践教学环节落到实处。截至2021年1月，齐鲁师范学院与山东省6个地市共26个县区合作开展了较大规模的教育实习工作，并合作建立教育实习基地。

（二）加强与实践基地的深度合作，多元化实践育人

齐鲁师范学院以能力范式理念为引领，完善协同育人机制，推进人才培养模式改革，校企共建研发平台，助力研发成果转移、转化。学校对接基础教育、现代农业、高端化工等产业，建有各类联合研发平台17个。其中，省级以上平台2个、厅（市）级平台3个。国家名校长领航工程基地、"国培计划"精品项目基地等是山东省唯一教师培养培训平台，在服务基础教育方面发挥了不可替代的作用。齐鲁师范学院与多所中小学联合共建基础教育研究院，获批山东省高校人文社科基地，连续三届获得国家级教学成果奖。学校协同中国农业科学院、山东隆平高科种业有限公司成立的作物营养强化分子育种工程技术研究中心，重点研发高叶酸、高蛋白玉米新品种，获批省级工程技术中心；联合多家企业成立的园林植物分子育种工程实验室，开展观赏植物新品种培育与技术推广，

获批济南市工程实验室。学校与山东利宝有限公司共建了大学科技园,该园区设立的投资融资服务平台、科技中介平台和政策支持服务平台,为科技成果转化、科技创业孵化提供了保障。

齐鲁师范学院与地方教育局合作,积极推动师范类专业教育实践改革,逐步完善师范生教育实习管理和指导机制,要求所有师范生参加教育实习工作,实行高校教师和中小学教师共同指导的"双导师制",采取驻校指导、巡回指导和远程指导等多种方式,加强对参加教育实习的师范生的全程指导和跟踪管理。学校编制师范生教育实习实施方案、教育实习指导手册、教育实习评价标准,做到教育实习前有明确要求、教育实习过程中有严格监督、教育实习结束时有考核评价。此外,齐鲁师范学院还建立健全了师范生教育实习保障机制,做好师范生专业思想教育和教学技能培训,使师范生基本具备了从教能力。齐鲁师范学院统筹考虑师范生教育实践的目标和中小学教学基本要求,使师范生更好地理解和应用教育教学知识与学科专业知识,引导师范生在教育教学一线的实践中提高教学适应能力和综合素质,从而全方位、全过程地提高师范生教育实习质量。

（三）实践教学对接行业企业,不断深化学用结合

齐鲁师范学院按照能力范式教育理念,将师范类专业与师范类专业认证标准、教师教育课程标准和教师专业标准对接,制定培养目标和毕业要求,根据毕业要求确定课程目标和教学内容;学校连续两年在山东省师范生从业技能大赛中名列前茅,使师范生毕业后即能"站住"讲台。学校非师范类专业对照职业标准和岗位需求,分析工作岗位能力要素,将岗位要求融入教学目标,将岗位任务转化为教学案例或实践项目,实现教学内容与职业标准的紧密对接。齐鲁师范学院依托山东省教师教育网与176所中小学在网上实时连通,实施教学课堂现场观摩、研讨,积极推进虚拟仿真技术应用,按照生产实际流程进行实验实训项目,引导教师将教学过程与生产过程紧密对接。

齐鲁师范学院加强毕业论文（设计）指导,结合专业特点,鼓励学生从基础教育课程改革、企业管理、生产工艺和流程、社会调查等方面确定选题,确保真题真做。学校聘请校外实习基地具有实际经验的人员参与毕业论文（设计）指导,加强学生与行业一线的联系。近年来,齐鲁师范学院在实验实习、行业一线和社会实践中完成的理工农类专业毕业论文（设计）占比达 90%,在实验实习、行业一线和社会实践中完成的人文社科类专业毕业论文（设计）占比达 60%。

第四章

能力范式下的教学改革路径

第一节　转变人才培养观念

人才培养观念是一个抽象的系统性概念，是学校办学的灵魂所在，直接解答了学校"培养什么样的人才""怎么培养人才""如何培养人才"的问题。基于能力范式的应用型人才培养观念，是将能力培养与价值塑造、知识传授有机融合的人才培养观念，主要包括以下 6 个转变。

一、向德智体美劳"五育"并举转变

人无德不立，育人的根本在于立德。立德树人是高校的根本任务，因此要始终把立德树人成效作为检验学校一切工作的标准，贯穿于人才培养的每个环节，让立德树人和"五育"并举落地、落细、落实，培养德智体美劳全面发展的社会主义建设者和接班人。学校应转换观念，创新举措，把扎实推进"三全育人"综合改革作为落实立德树人根本任务的有效抓手，一体化构建内容完善、运行科学、保障有力的"三全育人"工作新格局，从制度、机构、平台等方面着手，以教学、科研、学科、学生工作等作为支撑，形成人人育人、事事育人、时时育人、处处育人的良好氛围。学校应完善思想政治工作管理规章制度和德育评价指标体系，使思想政治工作更好地适应和满足学生成长诉求、时代发展要求、社会进步需求。整合全校力量，统筹教师工作部、学生工作部、团委、马克思主义学院等，加强对学校思想政治教育工作的创新研究。坚持以德树人、以智启人、以体育人、以美化人、以劳塑人，构建富有特色的德智体美劳全面培养的教育体系。搭建育人示范引领平台，充分挖掘各群体、各岗位的育人元素，遴选育人示范学院、专业、团队和岗位，发挥先进典型示范作用。实施成长导航工程，落实思想引领提升计划、大学生学业规划、青年学生导师制，坚持党委书记给新生上思政"第一课"，校长给毕业生上思政"最后一课"，形成思政工作的"闭环"。学校应办好思政课，做强专职思政课程教学团队，确保在数量上达到上级要求，在质量上满足新时代人才培养需求。

学校应充分挖掘学校、二级学院两级领导干部的思政教育资源，不断强化思政课程资源建设，在专业核心课程、通识课程、必修课程、选修课程中，凝练家国情怀、法治意识、社会责任、文化自信、人文精神等要素，丰富教学内容。结合学校工作和地方文

化特色，整合优质资源，创建跨界团队，打造特色校本课程。拓展"教室、基地、网络"的立体化教学载体，创新思政教育教学模式，提高课程的思想性、理论性、时效性。

二、向以学生为中心转变

在传统教学模式中，教师为主体，是课堂的主宰者，具有绝对权威。传统教学模式强调以教材为中心，因此存在教师照本宣科、学生参与度不高、教与学往往被隔离、学生学习兴趣不高、教学效果不佳等问题。为满足产业转型升级和社会经济发展的人才需求，新时代应用型本科院校的人才培养观念不仅要与时代接轨，强化学生能力的培养，提升培养应用型人才的水平，还要注重培养学生的思想品德，加强培养应用型人才的内涵，实现应用型人才培养的"内涵式"发展。因此，基于能力范式的教学模式必须转向以学生为中心，将学生发展、学生学习、学习效果评价作为中心。以学生发展为中心，要求教师转变角色和心态，改变传统思维，认真学习"以学生为中心"的新教育理念的核心精髓，将学生的发展需求和身心健康放在第一位，因材施教。"授人以鱼不如授人以渔"，学校要培养学生自主学习的能力，强调团队合作和协作学习，弱化教师中心地位，强化教师育人育才关键主体作用，将教师转变为教育活动的引导者和帮助者，成为教学资源的提供者和学生学习的指导者。以学生的学习为中心，要求教师能够深入了解学情，在教学过程中关注学生的学习兴趣和状态，并适时根据学生特点调整自身的教学方式、方法和内容，使其更有助于课程目标的达成，充分调动学生学习的积极性，从只注重"教"转变为"教与学并举"。同时，学生要从被动接受知识转变为主动学习，充分参与教学活动，提高学习效率，提升学生解决问题的能力。以学生学习效果评价为中心，要改变传统教学评价模式，不能只关注教的评价，还要探索学习效果评价方法，即评学。

三、向应用型人才培养模式转变

应用型人才是推动产业转型发展、提升地方经济发展活力的主力军。基于能力范式的应用型人才培养模式改革，首先要厘清制定人才培养标准的逻辑起点，坚持"学生中心、产出导向、持续改进"的理念，基于能力确定人才培养的标准，制定人才培养目标和毕业要求，构建课程体系，设计教学内容。高校师范类专业人才培养以师范类专业认证为抓手，以提升教师职业能力为导向，与各级教育局及所属学校签订全面合作培养协议，构建高校组织、政府牵头、中小学（幼儿园）支持的"三位一体"协同培养机制，形成学科专业教育与教师教育相融合、教师教育职前培养和职后发展一体化的人才培养特色。在非师范类专业人才培养中，积极"引企入校"，推进产教协同育人，加强产教融合，完善实践教学体系，实施问题驱动教学，构建学生能力培养全程化，校内培养与校外合作培养相结合，理论教学、实践教学和素质拓展相协调的人才培养模式。

四、向以课程目标为中心转变

课程目标是课程建设的中心和灵魂，也是教学实施的目标和依据，对人才培养目标的达成起到重要的支撑作用。相比于知识范式，能力范式主要采用过程考核、项目测试等多元评价考核方式，重点是考查学生运用所学知识解决实际问题的实践与创新能力。因此，基于能力范式制定课程体系，要由按照知识的逻辑演进和难易顺序设计课程体系转变为先按照能力标准进行知识解构，反推出实现既定能力标准所需要的知识范围，再确定课程体系。具体如下：首先，基于"反向设计，正向施工"的专业认证原则，改变简单地按照知识体系的系统性和完整性构建课程体系的方法，根据专业人才培养目标和毕业要求重构课程体系和课程目标，注重课程的应用性，以能力为主线，将传授知识、培养能力、促进正确价值观形成等集成、整合到课程中；其次，依据课程目标确定课程内容、教学设计，选择教学模式、方法及教材，编写教学大纲，推进课堂教学改革，突出能力培养，突破教材体例与顺序，对教学内容的结构进行重新设计；最后，实施课程考试（考核）改革，完善学生学业考核评价机制，建立多元考核方式，突出能力标准，强化过程考核，增加非标准化考试，考核学生实践与创新能力。

五、向基于能力范式的教学方法转变

基于能力范式的教学方法，由知识范式下的单一课堂讲授转变为强调工作导向、项目贯穿式的理实一体化教学，按照"整体推进、示范引领、重点突破、鼓励创新"的原则，努力实践"学生中心"的教育理念，引导教师运用探究式、讨论式、案例式、项目式、混合式等多种教学方法，突出学生主体地位，最大限度地发挥学生的主体性、主动性和创造性，培养学生的学习能力、实践能力和创新能力，努力构建优质高效课堂，不断增强课堂教学的时代性、针对性和实效性。基于能力范式的教学方法，以深化教学改革为动力，以建设一流课程为目标，以改革教学方法为核心，建立与学校办学定位、专业人才培养目标和课程目标相适应的课程教学改革模式，起到"示范、辐射、推广"作用。基于能力范式的教学方法，改变过于注重知识传授的倾向，改革传统的课堂讲授方法，运用案例教学法、任务驱动法、问题探究法、项目贯穿法等教学方法，让学生"身动、心动、神动"，让学生不仅"学会"，还要"会学"，着重培养学生的学习能力、创新与实践能力。

六、向基于能力范式的教育评价转变

教育评价是人才培养的重要组成部分，是人才培养质量的保障，是人才培养持续改进的基础。传统教学评价重知识评价轻能力评价，其评价方法和手段单一。因此，基于能力范式的教育评价应从指导思想、坚持原则、评价内容、评价方式等方面进行转变。

1）基于能力范式的教育评价要以习近平新时代中国特色社会主义思想为指导，全面贯彻党的教育方针，坚持社会主义办学方向，落实立德树人根本任务，遵循教育规律，树立科学的人才成长观，牢记为党育人、为国育才使命，努力培养担当民族复兴大任的时代新人，培养德智体美劳全面发展的社会主义建设者和接班人。

2）基于能力范式的教育评价要坚持树立科学成才观念，坚持以德为先、能力为重、全面发展，坚持面向人人、因材施教、知行合一，坚决改变用分数给学生贴标签的做法，创新德智体美劳过程性评价办法，切实引导学生坚定理想信念，厚植爱国主义情怀，加强品德修养，增长知识见识，培养奋斗精神，增强综合素质；坚持问题导向，从问题入手，破立并举；坚持科学有效地改进结果评价，强化过程性评价，探索增值评价，健全综合评价，充分利用信息技术提高教育评价的科学性、专业性、客观性。

3）基于能力范式的教育评价内容主要包括以下几方面。一是完善德育评价，结合大学生身心特点，坚持"五育"并举，德育为先，引导学生养成良好的思想道德、心理素质和行为习惯，传承红色基因，增强"四个自信"，引导学生立志听党话、跟党走，立志扎根人民、奉献国家。二是强化体育评价，在高等教育所有阶段开设体育课程，建立日常参与、体质监测和专项运动技能测试相结合的考查机制，将学生达到国家学生体质健康标准要求作为教育教学考核的重要内容，引导学生养成良好的锻炼习惯和健康的生活方式，锤炼学生的坚强意志，培养合作精神。三是改进美育评价，将公共艺术课程与艺术实践纳入人才培养方案，实行学分制管理，要求学生修满规定学分方能毕业。四是加强劳动教育评价，实施大中小学劳动教育指导纲要，明确劳动教育的目标要求，引导学生崇尚劳动、尊重劳动；建立劳动清单制度，明确学生参加劳动的具体内容和要求，让学生在实践中养成劳动习惯，学会劳动，学会勤俭；加强过程性评价，将参与劳动教育课程学习和实践情况纳入学生综合素质档案。五是严格学业标准，完善过程性评价与结果性评价有机结合的学业考评制度。加强学生课堂参与度和课堂纪律考查，引导学生树立良好学风，严把出口关。完善实习（实训）考核办法，确保学生足额、真实参加实习（实训）。六是深化考试招生制度改革，建立学分银行制度，推动多种形式学习成果的认定、积累和转换，实现不同类型教育、学历与非学历教育、校内与校外教育之间的互通衔接，打通终身学习和人才成长渠道。

4）构建基于能力范式的多元、多渠道教育评价方式。健全监控评价体系，建立符合基础教育和重点产业发展需求的质量达成评价标准体系，建立以能力范式为核心的人才培养过程内控体系，建立以数据报告和质量平台建设为抓手的持续改进闭环机制，建立标准化、制度化、信息化、诊改式的应用型人才培养质量保障体系。加强质量文化建设，强化全员质量意识，逐步推进由监督检查向指导服务、由外部监控向自我监控、由制度约束向文化自觉的转变。加强质量监控信息化建设，完善数据库及自我评估的反馈与调控机制，充分发挥常态监控作用，逐步完善质量保障与监控的长效机制。探索多元、多渠道教育评价方式，将校内外评价相结合，引入第三方评价机制，引导人才培养利益相关方参与评价，提高教育评价的科学性、针对性和全面性。

第二节　制订人才培养方案

人才培养方案是学校落实党和国家关于人才培养总体要求、组织开展教学活动、安排教学任务的规范性文件，是实施人才培养和开展质量评价的基本依据。人才培养方案要充分体现专业教学标准规定的各要素和人才培养主要环节的要求，包括专业名称及代码、培养目标、毕业要求、课程设置及毕业要求分解点关系矩阵、学制、学分、教学进度安排、实施保障等。基于能力范式的应用型人才培养方案要依据区域经济社会发展需求、办学特色和专业实际，按照专业人才培养理念，制订专业人才培养方案。

一、制订人才培养方案的逻辑路线

1）制订人才培养方案的逻辑主线：人才培养目标→毕业要求→课程体系→课程目标→课程实施。

2）制订人才培养方案的逻辑底线。依据人才培养目标，综合设定专业毕业要求，继而确定课程体系。课程体系主要由实践教学体系和课程教学体系两部分组成。其中，课程体系、实践教学、课程教学、考核评价分别对毕业要求起支撑作用，从而形成整个人才培养方案的制定逻辑，如图 4-1 所示。

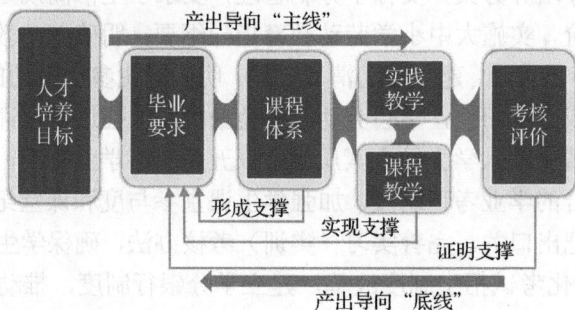

图 4-1　制订人才培养方案的逻辑路线

3）制订人才培养方案的技术路线：本科专业类教学质量国家标准和各类专业认证标准→行业、企业等用人单位岗位需求调研→制定培养目标→培养目标合理性评价→制定毕业要求及毕业要求分解点→建立毕业要求对培养目标的支撑关系矩阵→构建课程体系→建立课程体系支撑毕业要求的关系矩阵→专家论证→确定人才培养方案。

各专业根据各自所面向的行业需求，参照《国标》，围绕学校的办学定位与人才培养特色，与相关行业企业联合确定专业培养目标，依据培养目标确定毕业要求，建立毕业要求对培养目标的支撑关系矩阵，根据毕业要求构建课程体系，建立课程体系支撑毕业要求的关系矩阵。各专业必须清晰呈现毕业要求和课程体系、能力结构与实践课程体系之间的映射关系，并在教学过程中以相关教学策略和方法实现能力培养，同时建立质量评价和持续改进制度，深化教育教学改革。

二、制订人才培养方案的指导思想

以习近平新时代中国特色社会主义思想为指导，全面贯彻党的教育方针，落实全国教育大会精神，遵循高等教育教学规律，坚持社会主义办学方向，以立德树人为根本，坚持"学生中心、产出导向、持续改进"的理念，以提升学生职业应用能力为目标，以促进专业集群建设为主导，按照高校、地方政府、企业（基础教育学校）三位一体协同培养机制，构建学科专业教育与职业岗位能力相结合、以实践与创新能力为主线的应用型人才培养方案和突出应用能力培养的课程体系，培养应用基础扎实、实践能力强、具有创新精神、致力于区域经济和社会发展改革、德智体美劳全面发展的高级应用型人才。

三、制订人才培养方案的基本原则和要求

（一）坚持立德树人

坚持把立德树人作为根本任务，把思想政治工作贯穿于教育教学全过程，实现全员育人、全程育人、全方位育人。以社会主义核心价值观为主线，将以优秀齐鲁文化为代表的中国传统文化、红色文化、大学文化融入思想政治教育，形成学校文化育人特色。完善"五育"并举工作机制，挖掘各类课程思政育人元素，将价值塑造与知识传授、能力培养有机结合，全面推进课程思政建设，加强社会实践活动，增强学生对社会的认知感和责任感。

（二）坚持贯彻应用型专业建设的标准

根据《国标》，参照各类专业认证标准，如师范类专业按照师范类专业认证标准和新师范专业建设标准，制订专业人才培养方案；工科类专业按照工程类专业认证标准和新工科建设标准，制订专业人才培养方案。

（三）坚持产出导向

坚持OBE理念，以毕业生能力达成和高质量课程作为产出目标，优化课程体系，强化实践教学，加大教育教学改革力度。

（四）坚持协同育人

创新产教融合协同育人机制，深化教学模式改革，与行业、企业、地方政府及其他利益相关方共同制订人才培养方案，共同实施培养过程，共同开展质量评价，实现协同育人。

（五）坚持分类指导，明确标准导向

各专业要认真研究并参照相关专业标准或职业标准开展人才培养方案的修订工作，重新审视各专业人才培养目标，进一步优化课程体系，强化实践教学环节，突出学生素质和技能培养。

（六）坚持"五育"并举

坚持全面实施课程思政，充分挖掘蕴含在各门课程中的思政教育元素，发挥每一门课程的育人功能。坚持构建"课程引导、学科支撑、科研促进、文化熏陶、活动推动、内外联动"的美育工作机制，将文化艺术渗透到课堂教学过程中，实施艺术美、自然美、技术美、社会美、科学美的全面美育、全员美育、全程美育。坚持把劳动教育与德育、智育、体育、美育相结合，纳入人才培养全过程，把握育人导向，遵循教育规律，创新协同育人机制，注重教育实效，实现知行合一，促进学生形成正确的世界观、人生观、价值观。

四、制订人才培养方案的内容

（一）制定人才培养目标

人才培养目标是对学生毕业五年左右能够达到的职业和专业成就的总体描述。具体要素包括：培养面向定位、职业道德修养、综合素养、学科素养、专业能力、职业特征、发展预期定位等。各专业根据学校人才培养目标，充分考虑产业转型升级、区域社会经济发展和改革的人才需求及学生个性发展需求，充分吸收、借鉴国内外应用型高校先进经验，凝练人才培养模式，培育专业特色；积极与企业及地方政府共同确定具体的人才培养目标，面向生产、管理、服务一线，培养专业基础扎实、实践能力强、综合素质高、适应社会快、富有创新精神和社会责任感、符合区域经济社会发展和改革需要的应用型人才。

（二）制定毕业要求

毕业要求是根据人才培养目标制定的关于学生在毕业时所具备的知识、技术、能力和综合素质等方面的要求。毕业要求包括：思想品德、职业情怀、学科素养、专业能力（教学能力和育人能力）、沟通交流、团队合作、终身学习能力等。各专业结合行业企业发展和相应职业要求，按照学校人才培养定位及目标，充分把握学生发展及利益相关方的诉求，体现专业特色，参考专业认证标准毕业要求分解点和《国标》，制定体现本专业特色的毕业要求。

（三）构建应用型课程体系

课程体系由通识课程、学科专业课程、集中实践课程三大模块组成。具体如下：一是通识课程模块，该模块目的在于为学生大学阶段的学习乃至终身学习与发展奠定必要的基础，使学生具备高素质公民的基本素养。通识课程模块由思想政治类、体育与健康类、能力素质类、传统文化类等课程类别构成，采用必修与选修相结合的形式开设课程。二是学科专业课程模块，该模块按照专业人才核心能力素质和知识结构设置课程，突出专业特色，要求设置的课程之间要紧密衔接，逻辑关系明确，既能夯实学生专业基本知识和基本技能，又能培养学生应用能力，服务于学生就业、创业。学科专业课程模块由学科专业必修课程、学科专业选修课程、学科专业实践课程组成，其中选修课学分占比一般不低于 1/3，可选课程总学分不低于学生应修学分的 2 倍。三是集中实践课程模块，该模块包括基础实践类课程、劳动教育课程、学科专业实践课程、综合实践课程、自主学习与创新创业类实践课程。

（四）课程实施

一是制定课程教学大纲，根据毕业要求指标点和培养目标，科学合理地制定课程目标。二是实施课程教学改革，鼓励教师积极进行个性化、多样化的课程教学改革，探索有效教学途径和方法，增加课堂吸引力，提高学生学习兴趣和教学质量，打造高水平课程。三是改革课程考核与评价，根据课程目标选择合适的考核与评价方式，实施结果性评价、综合性评价、过程性评价、增值性评价等多样化的考核方式。

（五）质量保障

重构质量保障体系，建立评价反馈改进闭环系统。一是改变评价理念，使评价理念从"教师中心"转变为"学生中心"，从关注教师教得如何转变为关注学生学得如何，对学生的"学"进行评价；二是改变评价主体，由教师评价模式转变为多方主体共同参与的多元评价模式，保证评价主体的多元性；三是改变评价属性，由管理属性转变为教育属性；四是改变评价方式，建立多元的、过程性的评价，重视养成体系。重点强调诊断式教学督导，以 OBE 理念为督导，重视督导员队伍建设，强化培训学习，持续提高；强调督导质量的提高，重视改进教学质量；强调督导形式的变化，采用诊断式评价模式持续跟进教学；强调督导目标的变化，推优促劣；强调督导结果的使用，为教学质量评价提供依据。

五、制订人才培养方案的基本要求

（一）进行人才培养目标需求调研

通过需求调研形成人才培养目标需求调研分析报告。该报告应符合党的教育方针和国家政策要求，符合学校办学定位，满足人才培养数量和质量需求。

（二）毕业要求指标点分解的基本要求

毕业要求指标点分解的基本要求包括：实现可教、可学、可达成、可测评；内在逻辑为递进或并列；用好程度动词（如了解、掌握、运用等）和修饰词（如基本、熟练、扎实等）；指标点的数量为2～4个。

（三）转换教育范式

转变教育观念，更新教学方式方法，进一步深化基于能力范式的教学改革。在培养标准的确定、课程体系的构建、教学内容的更新、教学方法的改革、考核评价方式的改革等方面进一步转变观念，创新人才培养模式，实现教学过程与生产过程的紧密对接，进一步完善应用型人才培养体系。

（四）强化实践能力培养

按照各类专业认证标准和职业岗位能力培养要求，围绕各专业面向的行业和岗位的能力需求，开展实验实训项目，将教学过程与生产过程紧密对接。齐鲁师范学院对接山东省社会经济发展和改革的需求，以能力范式为引领，科学建设实践教学体系，将第一课堂（课内）、第二课堂（课外）有机整合，加强校内实训和校外实践教学的融合，解决课上课下、校内校外教育脱节的问题，充分强化实践教学环节，增强实践与创新能力培养的针对性和有效性，探索职业岗位能力实训和考核的新模式，帮助学生顺利获得职业岗位能力合格证。

（五）推行项目贯穿人才培养模式

推行项目贯穿的人才培养模式，根据专业面向的行业和岗位群所需要的技术与能力体系及对应关系矩阵，明确课程与人才培养能力标准的关系，对照职业标准和岗位需求，分析岗位能力要素，将岗位要求融入教学目标，将岗位任务转化为教学案例或实践项目，实现教学内容与职业标准的紧密对接。整合教学内容，以教学主题项目和学业竞赛项目等为主要素材，根据培养进度设计真实的教学项目，将知识传授与能力培养融入真实教学项目，突出对学生专业实践能力和创新能力的培养。在培养过程中加强与用人单位和地方政府的共建、共育、共享，真正提高应用型人才培养的针对性和实效性。

（六）融入创新创业教育

要注重学生创新思维和创业意识及能力的培养，明确创新创业教育目标，将创新精神、创业意识和创新创业能力纳入人才培养标准。构建有机统一、贯穿始终的创新创业教育体系，在课程体系中科学设置创新创业必修课、选修课及实践环节，并将其纳入学分管理体系。建立创新创业学分积累与置换制度，把第二课堂创新创业教育实践活动整合纳入人才培养体系，构建两个课堂创新创业教育实践成果的共享和转化机制，形成完善的创新创业教育体系。

（七）加强规范管理

制订人才培养方案以《普通高等学校本科专业目录（2020 年版）》为基本依据。各专业人才培养方案要符合专业教学质量国家标准和专业评估要求。对于已出台专业认证标准的专业，要参考、借鉴认证标准中的相关要求制订人才培养方案。在人才培养方案审核通过后，要确保其得到严格执行，同时强化人才培养方案执行的过程管理，不得随意变更或调整管理程序。

第三节　重构课程体系

课程体系是一个有目的、有计划培养人才的系统。1968 年，美国学者阿克塞尔罗德（Axelrod）首先将"课程体系-教学"看成一个系统。课程体系是指在一定的教育价值理念指导下，将课程的各构成要素加以排列组合，使各课程要素在动态过程中统一指向培养目标实现的整体系统。课程体系是支撑专业的基础，是实现教学目标的主要载体和人才培养的总体设计，包括课程目标、课程内容、课程结构等。基于能力范式的重构课程体系与师范类专业认证要求的根据毕业要求设置课程体系的逻辑主线是完全一致的。根据 OBE 理念，师范类专业认证要求学校培养优秀教师按照"人才培养目标→毕业要求→课程体系→课程目标"的主线进行反向设计，打破以往按学科知识的系统性和完整性推导课程体系的做法，进行课程体系重构，然后正向实施，使学生毕业时达到毕业要求，如图 4-2 所示。毕业要求体现了国家对专业人才培养"产出"的质量要求，包括 4 个维度：践行师德、学会教学、学会育人和学会发展，简称"一践行三学会"。

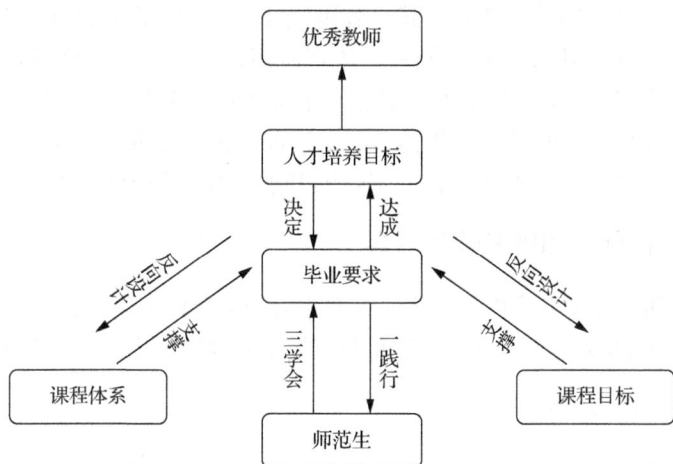

图 4-2　课程体系重构逻辑关系图

一、能力范式下课程体系重构的必要性

（一）原有课程体系与能力范式下的人才培养模式存在差距

2017年，齐鲁师范学院通过能力范式引领教育教学理念的转变，推进教学改革和人才培养质量的提升。倡导以能力范式为引领，要转变教育目标和教育理念，改革教学方法，把能力培养作为组织、实施教学的目标和主线。能力范式的理念和课程体系重构的技术路线与师范类专业认证的基本理念"学生中心、产出导向、持续改进"和认证主线基本吻合，其中产出导向强调以师范生的学习效果为导向，对照师范生核心能力素质要求，评价师范类专业人才培养质量。这是以结果为导向，对师范生所获得的核心能力素质进行评价，评价学生是否达成学校人才培养目标的要求。

但是长期以来，在原有课程体系中遵循知识范式，即按照知识的逻辑演进和难易顺序设计课程，把教师传授知识、学生理解和掌握知识当成目的，其课程开设的实效性不够强。课程作为人才培养的重要媒介，需要结合社会发展需求、人才成长规律及内外部评价结果等，不断进行调整甚至重构。

（二）重构课程体系是师范类专业认证的要求

师范类专业认证是指由专门机构（或教育行业协会）组织的、由专业人员按照国家统一制定的标准对自愿接受认证的高校师范类专业进行审查与评估，其目的是在评审过程中找到高校师范类专业的问题并提出改进办法，进而促进其教学质量的提升。师范类专业认证标准（第二级、第三级）包含人才培养目标、毕业要求、课程与教学、合作与实践、师资队伍、支持条件、质量保障和学生发展8项一级指标。人才培养目标说明了师范生培养的总体质量，并对毕业五年左右的师范生发展情况进行预测。毕业要求则是师范生毕业时所应达到的基本要求，其内容围绕4个方面（践行师德、学会教学、学会育人、学会发展）、8个维度（师德规范、教育情怀、学科素养、教学能力、班级指导、综合育人、学会反思、沟通合作）进行阐述，并细化为三级指标点。毕业要求划分具体、明确，可操作、可测量。如果在师范类专业认证前的人才培养方案中，课程目标没有与毕业要求指标点相对应，则不利于认证工作的开展，也不利于学生能力的培养。

二、能力范式下课程体系重构的具体内容

能力范式下的课程体系重构主要体现在人才培养目标特色化、毕业要求指标化、课程体系合理化、课程目标对应化、课程调整优化、教学内容模块化、课程评价实效化等方面。

（一）人才培养目标特色化

确定人才培养目标是课程体系重构的逻辑起点，也是最基础和最重要的一环。人才培养目标是专业建设的灵魂，在专业课程体系中起着引领作用，应体现专业特色。人才

培养目标的制定不仅为学生的发展提供了预期目标，还向社会呈现出本专业的学生"学到了什么"和"能做什么"。例如，齐鲁师范学院小学教育专业的人才培养目标确定为"面向山东基础教育，培养德智体美劳全面发展，具有良好的教师职业道德与教育情怀、较扎实的人文社会科学和自然科学知识基础，掌握小学生身心发展规律，具备良好的学科素养、熟练的教育教学技能、一定的教育教学研究能力及较强的综合育人和终身发展能力，能够胜任小学教育教学工作的高级专门人才"。该人才培养目标适应新时代教育改革发展的需要，符合做"四有"（有理想信念、有道德情操、有扎实学识、有仁爱之心）好老师的要求，同时明确了服务定位和人才培养规格等内容。

（二）毕业要求指标化

师范类专业认证毕业要求的4个方面与"一践行三学会"的新时代教师专业发展要求相契合。毕业要求指标化是重构课程体系的核心，其关键在于将毕业要求细化为可落实、可评价、有逻辑性且体现专业特点的指标点，从而使教师有针对性地开展教学，使学生有目的地学习。毕业要求指标点分解的基本要求是可教、可学、可达成、可测评；其内在逻辑是递进关系或并列关系；在根据各维度认证标准分解专业毕业要求指标点时，注意恰当使用程度动词和修饰词，如表4-1所示。

表4-1　毕业要求指标点分解（以汉语言文学专业为例）

专业毕业要求	可教、可学、可达成、可测评的指标点
学科素养：具有系统扎实的汉语言文学学科基础知识、基本理论和基本技能，初步了解本专业的知识体系和发展趋势，以及本学科在人文社科领域的重要地位、与其他相关学科的相互关系。了解语文学科与其他学科的联系，了解语文学科与社会实践的联系，了解语文学科在学生知识体系、道德品质养成中的意义	学科基础：具有系统扎实的语言文字学（含古今汉语文字、词汇、语法、语音、逻辑、修辞等）和文学（含古代文学、现当代文学、外国文学、文艺理论等）基础知识、基本理论，以及分析问题、解决问题的能力
	学科联系：充分认识语文学科在素质教育中的重要地位，语文学科与其他学科的联系；掌握汉语言文学专业的知识体系和发展趋势，以及本学科在人文社科领域的重要地位，具有较为丰富的人文社科基础知识和素养
	综合运用：认识语文学科的育人功能，理解语文课程的综合性、实践性、工具性、人文性等特点，培养学生跨学科的意识和实践能力

齐鲁师范学院汉语言文学专业毕业要求覆盖了师范类专业认证标准（第二级）的所有内容，并进行了逐条分解，形成了包括毕业要求"一践行三学会"4个方面、8个维度及22个具体指标点的体系，如表4-2所示。

表4-2　齐鲁师范学院汉语言文学专业毕业要求细化表

内容	维度	指标点		
践行师德	师德规范	政治素质	师德素养	依法执教
	教育情怀	职业认同	教育观念	教育使命
学会教学	学科素养	学科基础	学科联系	综合运用
	教学能力	基本技能	教学技能	教研能力

续表

内容	维度	指标点
学会育人	班级指导	德育理念　班级建设
	综合育人	学科育人　文化育人　活动育人
学会发展	学会反思	终身学习　自我规划　反思能力
	沟通合作	团队协作　沟通协调

（三）课程体系合理化

合理的课程体系是保障人才培养质量的前提。所谓"合理的课程体系"，是指对本专业的毕业要求形成清晰而明确的课程支撑体系。

构建全面支撑毕业要求的合理的课程体系，是贯彻能力范式、转变教育目标和教育理念及加强与师范类专业认证工作联系的要求。课程体系对毕业要求形成全面支撑，具体表现在两个方面：一是课程体系能够支撑全部的毕业要求，即在课程支撑矩阵中，有支撑每项毕业要求的指标点，且能合理解释其支撑关系；二是每门课程都能实现其在课程体系中的作用，即在课程大纲中，课程目标与相关毕业要求指标点之间建立了明确的对应关系。

为了有效支撑毕业要求，齐鲁师范学院小学教育专业构建了全面覆盖毕业要求的"平台+模块"课程体系。"平台+模块"课程体系兼具系统性和灵活性，能够适应地方本科院校发展特点和人才培养目标的需要。"平台+模块"课程体系包括通识课程、教师教育课程、学科专业课程、集中实践课程四大课程平台。其中，通识课程、教师教育课程分别由必修课程和选修课程组成；学科专业课程除了必修课程和选修课程外，还有学科专业实践课程；集中实践课程由基础实践类课程、综合实践类课程及自主学习与创新创业类课程组成。小学教育专业课程体系支撑毕业要求如表4-3所示。

表4-3　小学教育专业课程体系支撑毕业要求

课程结构		毕业要求							
		师德规范	教育情怀	学科素养	教学能力	班级指导	综合育人	学会反思	沟通合作
通识课程平台	公共必修课	√	√				√	√	√
	公共选修课							√	√
教师教育课程平台	必修课	√	√		√	√	√	√	
	选修课	√	√					√	√
学科专业课程平台	必修课			√					
	选修课			√					
	实践课	√	√	√				√	√
集中实践课程平台	基础实践类	√						√	√
	综合实践类	√	√		√	√		√	√
	自主学习与创新创业类		√					√	√

下面以齐鲁师范学院汉语言文学专业课程体系的构建为例，以师范类专业认证的人才培养目标和毕业要求为指导，在细化、拆分课程体系的基础上建立各课程的先修后续关系，促进4个课程平台的互通，实现理实共融，如图4-3所示。

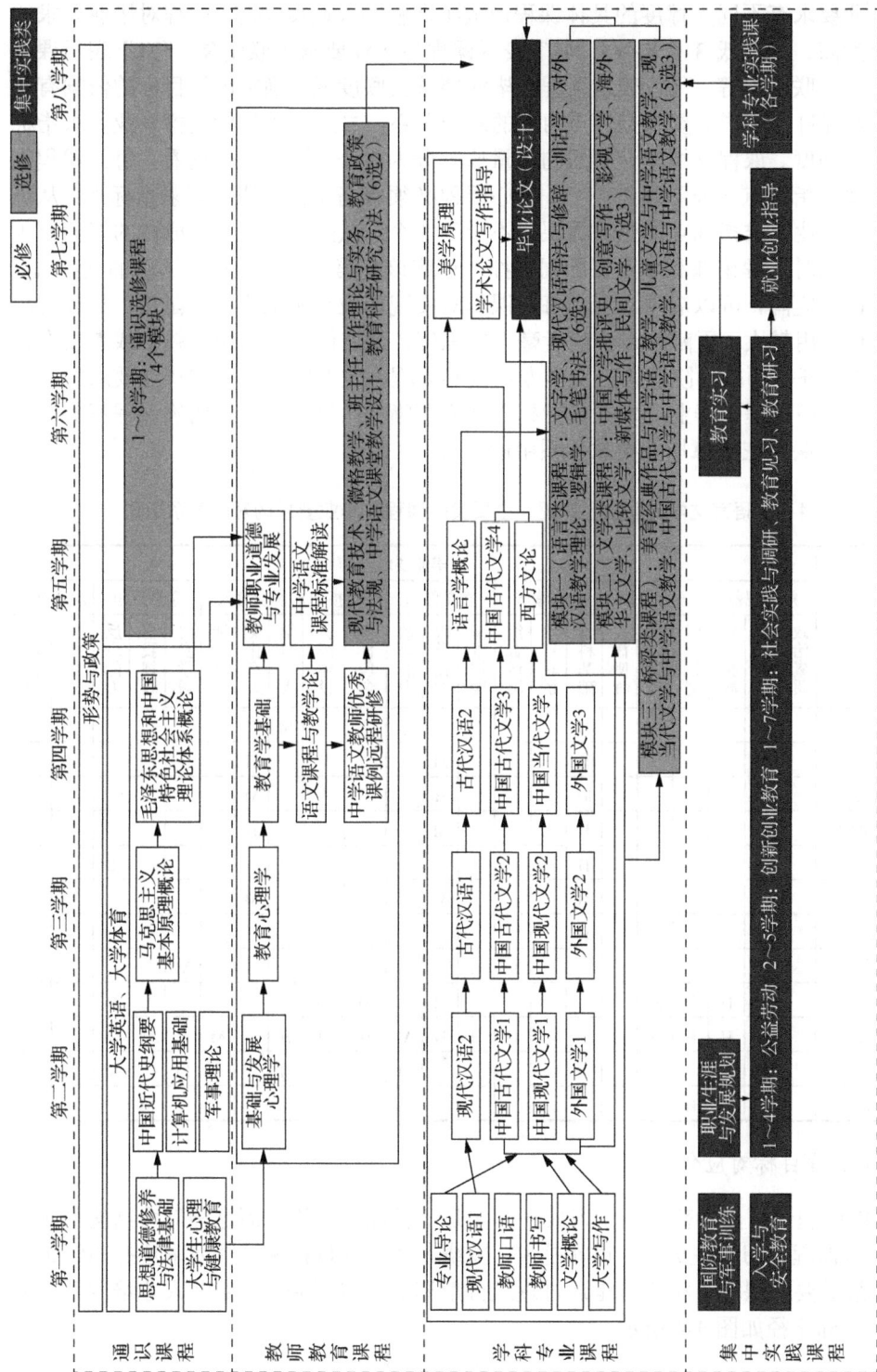

图 4-3　汉语言文学专业课程拓扑图

对毕业要求有不同支撑度的具体课程形成了课程的关联度矩阵。课程对毕业要求的支撑度分为高、中、低 3 个层次："H"表示课程与毕业要求关联度高，"M"表示课程与毕业要求关联度中等，"L"表示课程与毕业要求关联度低。确定课程目标的依据有两个：一是课程目标与毕业要求指标点内涵的对应关系；二是课程目标支撑毕业要求指标点的数量与强度。课程支撑毕业要求的数量原则分为 3 个方面：从横向看，每门课程支撑的毕业要求指标点一般不超过 5 个，核心课程必须有高支撑的毕业要求指标点；从纵向看，每个毕业要求指标点的强支撑课程不少于 3 个；从综合性看，养成性的毕业要求指标点应该同时有理论课和实践课的强支撑（还应该有第二课堂课程化活动的支撑）。

通过课程矩阵，可以清晰地看到每门课程对实现毕业要求的支撑贡献度。贡献度越大，则课程作用越大；贡献度越小或者毫无贡献度，则这门课程的作用越小或者没有价值。表 4-4 是齐鲁师范学院汉语言文学专业核心课程、主要实践课程与毕业要求的对应关系矩阵。每门课程与毕业要求三级指标点体系清晰的关联矩阵，在明确课程任务的同时确立了每门课程在支撑毕业要求体系中的地位。

表 4-4 汉语言文学专业核心课程、主要实践课程与毕业要求的对应关系矩阵

教学环节	师德规范			教育情怀			学科素养			教学能力			班级指导		综合育人			学会反思			沟通合作	
	政治素质	师德修养	依法执教	职业认同	教育观念	教育使命	学科基础	学科联系	综合运用	基本技能	教学技能	教研能力	德育理念	班级建设	学科育人	文化育人	活动育人	终身学习	自我规划	反思能力	团队协作	沟通协调
现代汉语							H			H					M							
古代汉语							H			M						H						
中国现代文学							M			H					M							
中国古代文学							H			M						H						
文学概论							H			H					H					L		
外国文学							H			M					M							
语言学概论							H					L										M
大学写作									M	H									M			
教育见习	M	H	H	M						H	M	M							L	M		
教育实习	H	H	H	H	H	H				H	H	M	H	H	H		M		M	M		H
毕业论文										H									M			
就业创业指导				M	H								L						M			

（四）课程目标对应化

在 OBE 理念下，师范生的学习成果其实是一种能力结构，而这种能力结构的实现最终是通过课程学习来完成的。也就是说，围绕人才培养目标和毕业要求选择与组织课程，其中最重要的课程目标应该是通过逐级分解毕业要求得到的。专业人才培养目标分解为课程目标路径如图 4-4 所示。

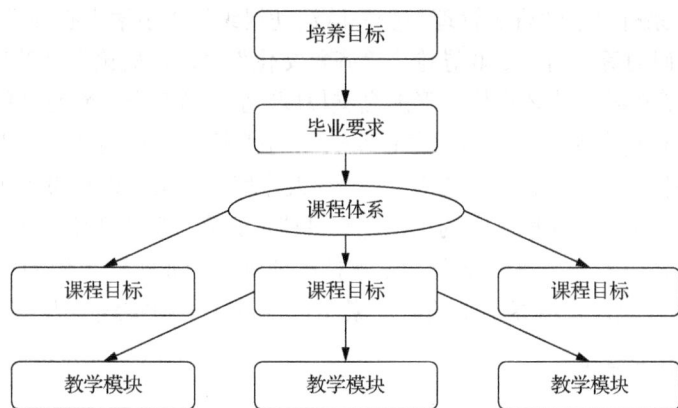

图 4-4 专业人才培养目标分解为课程目标路径

毕业要求是一种能力结构，课程目标即为能力的分解。课程目标与毕业要求之间的对应关系是具体落实毕业要求的前提。表 4-5 是齐鲁师范学院小学教育专业"小学语文课程与教学论"课程目标对应的毕业要求指标点。

表 4-5 "小学语文课程与教学论"课程目标对应的毕业要求指标点

课程目标	毕业要求指标点
了解我国当前落实学生发展核心素养与新课程标准的实际需求，正确认识小学语文课程的性质和语文教育的特点，了解语文学科与其他学科及社会关系的关系，明确小学语文的目标和任务	3.4 掌握学习科学相关知识，了解所教学科与其他学科及社会实践的关系，了解学科整合在小学教育中的价值，深刻理解社会与生活实践活动在儿童成长中的特殊意义。(L)
掌握小学语文课程与教学的基本知识、基本原理和基本技能，理解小学语文教学的基本规律与方法	3.2 理解和掌握主教学科的学科知识体系、基本原理、基本知识和方法并具有扎实的基本技能。(M)
掌握小学语文课程标准，了解小学语文教材的基本体系；能够依据语文课程标准，针对小学生的身心发展和认知特点开发课程资源，创设以学生为中心的语文教学情境，开展小学语文教学设计、实施和进行多元化的学习评价并获得积极丰富的教学体验	4.2 掌握主教学科的课程标准，熟悉兼教学科的课程标准，了解主教学科的教材基本体系。(H) 4.3 能够依据所教学科的课程标准，针对小学生的身心发展和认知特点，开发课程资源，创设以小学生为中心的教学情境，开展教学活动设计、实施和进行多元化的学习评价并获得积极丰富的教学体验。(H)
具有初步的小学语文教学研究意识，能够利用小学语文课程与教学的基本理论分析和解决小学语文教学实践中的问题	4.4 掌握初步的研究方法，具有一定的教学研究能力。(M) 7.3 具有较强的反思意识和创新意识，掌握初步的反思方法和技能，能够运用批判性思维方法分析和解决教育教学中的实际问题。(L)

（五）课程调整优化

在能力范式和专业认证背景下，齐鲁师范学院根据人才培养目标和毕业要求，对人才培养方案中的部分课程设置进行了调整和优化。核心课程既对毕业要求的指标点形成强支撑，又可承担评价毕业要求的功能。例如，小学教育专业毕业要求中综合育人指标点的课程支撑体系有"小学班级管理与少先队活动组织"、"小学生心理学"及教育见习、教育实习、教育研习等，而"专业导论"、"齐鲁文化"、"教育概论"、"教师职业道德"及教育见习、实习等对教育情怀指标点形成高支撑度。小学教育专业新修订的人才培养方案中将对毕业要求有高支撑度的"小学生心理学""小学语文课程与教学论"纳入到核心课程中；从核心课程中移出"课程与教学论"。在人才培养方案的课程设置中，不仅要考虑学生认知规律，还要兼顾课程之间的内在逻辑规律，从第一学期开始，以通识课程和教育基础课程为先导，沿着专业理论素养、专业技能训练、专业实践课程的顺序依次安排课程，采取逐步深入的方式培养学生的思想素质、理论水平和实践能力。

（六）教学内容模块化

根据师范类专业认证标准，在毕业要求指引下拟定课程目标，进而根据课程目标选择并确定课程内容，从而实现课程与毕业要求的对接。课程内容决定着师范生的学习内容，也直接影响着毕业要求的达成。逐级确定课程目标后，需要重新整合教学内容，打破原有的知识范式，采用能力范式。具体地说，教学内容模块化体现在以下 4 个方面。第一，基于能力范式理念重新整合教学内容，以能力而非学科为标准设置教学模块，增删、调和教学内容。例如，增加"教师职业道德""儿童文学""小学科学课程与教学论"等课程；合并"中国教育史""外国教育史"为"中外教育史"；调整个别课程的名称、课程修习类型及课程开设顺序，将"德育原理"更名为"德育理论与实践"；将"教师职业道德"由考查课调整为考试课；将"小学语文课程与教学论""小学数学课程与教学论"由第六学期调整为第五学期。第二，设置多元化的选修课程。例如，开设"美学概论""幸福家庭建设""积极心理学""教育名著导读""基础教育课程改革""教育哲学"等不同模块的选修课供学生自主选择，最大化满足学生的兴趣和需要。第三，结合用人单位和师范生实习后的反馈信息，调整原有课程，加强实践训练。例如，通过"小学教学技能基础训练 1""小学教学技能基础训练 2""微格教学""课堂教学实训" 4 门梯级课程扎实推进课内实践活动，并将教育见习、实习贯穿于人才培养全过程。第四，利用模块化课程内容支撑课程目标。具体如表 4-6 所示。

表 4-6　"小学语文课程与教学论"对应课程目标的模块化教学内容

课程目标	教学内容
了解我国当前落实学生发展核心素养与新课程标准的实际需求，正确认识小学语文课程的性质和语文教育的特点，了解语文学科与其他学科及社会实践的关系，明确小学语文的目标和任务	绪论　小学语文课程与教学论概述 第一章　小学语文课程的性质与目标 第二章　小学语文课程的基本理念
掌握小学语文课程与教学的基本概念、基本知识和基本原理，理解小学语文教学的基本思想、基本规律与方法	第一章　小学语文课程的性质与目标 第二章　小学语文课程的基本理念 第三章　语文课程资源和小学语文教材 第四章　小学语文教学规律与策略 第五章　小学语文教学设计 第六章　小学语文教学实施

续表

课程目标	教学内容
掌握小学语文课程标准，了解小学语文教材的基本体系；能够依据小学语文课程标准，针对小学生的身心发展和认知特点，开发小学语文课程资源，创设以学生为中心的语文教学情境，开展小学语文教学设计、教学实施和教学评价等实践活动，获得初步的教学体验	第三章　语文课程资源和小学语文教材 第五章　小学语文教学设计 第六章　小学语文教学实施 第七章　现代教育技术与小学语文教学 第八章　小学语文教学评价
具有初步的小学语文教学研究能力，能够利用小学语文课程与教学的基本理论分析和解决小学语文教学实践中的问题	第六章　小学语文教学实施

（七）课程评价实效化

课程评价是毕业要求达成的依据，也是课程与教学质量监控的核心。课程评价反映了课程目标的实现程度和师范生的学习成效，是对毕业要求下的课程与教学环节达成情况的监测，包括合理性评价和达成度评价。课程合理性评价包括内部评价（教师自评和专业团队评价）与外部评价（利益相关方评价），并设置了 3 类评价周期，即半学期课程教学评价、学期末课程目标评价、4 年（一届）课程体系全面评价。课程合理性评价主要采用访谈和问卷调查方式，针对课程的设置、结构、内容、实施和评价等方面的情况，听取教育部门、用人单位、毕业生及在校生代表等相关方的意见和建议，并根据反馈结果及时修订人才培养方案。以内部评价为主的课程目标达成度评价是课程评价的重点。学校各专业建立了面向"产出"的内部评价机制，即将评价聚焦于学生的学习结果，使课程考核内容与其支撑的毕业要求相匹配，否则就要按教师认真反思、集体教研、持续改进，学院督导团持续跟进、反馈的流程来改进课程内容。

课程体系重构应符合师范类专业认证的需要和能力范式理念，在持续改进中进一步完善课程、教学内容，提升课程整体质量，充分发挥课程在人才培养中的重要作用，从而促进人才培养质量的提高。

第四节　优化教学设计

一、基于逆向设计理论优化教学设计的理论

逆向教学设计最早由美国学者格兰特·威金斯（Grant Wiggins）和杰伊·麦克泰格（Jay Mctighe）在 1999 年提出，是一种以学习结果为目标的教学设计模型。它倡导为理解而教，呈现"where to"的教学设计路线图，并以终为始，以学生为中心，关注学生过程参与、成长体验及阶段收获。逆向教学设计要求教师在进行教学规划、确定单元主题和单元教学目标前，先结合学生需求确定课程内容，再根据教学目标选择评价方式，确定评价量规，最后选定合适的学习资源和指导方式，设计出系统、整体、关联、循证的教学活动。逆向教学设计过程分为以下 3 步。

（一）明确预期的学习结果

预期的学习结果是指学生在教学结束时应该掌握的知识与技能，并强调围绕知识与技能进行重点教学。威金斯和麦克泰格强调在这个阶段对教学内容进行划分，以确定哪些内容是学生必须掌握的，哪些内容是需要学生深入持久地理解的。他们提出以一个套环结构表示教学内容的3种类型（图4-5）。图4-5中最外层的圆圈是指值得熟悉的内容，即相对来说并不是教学重点的内容；中间层的圆圈是指着重知道和理解的内容，是保证学生掌握重点所必需的内容；最里面的圆圈是教学内容中最重要的部分，是指应当深入持久理解的内容。

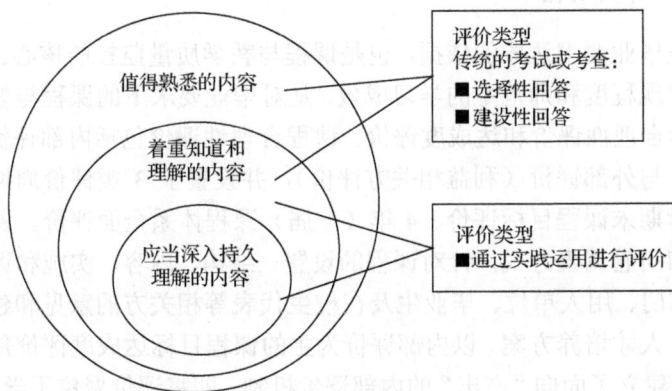

图4-5 教学内容的3种类型

（二）确定能证明学生达到预期学习结果的证据

确定能证明学生达到预期学习结果的证据，是指教师通过设计多种评价方式测试、考查学生是否达到标准，以判断学生是否达到预期的学习结果。根据不同的学习结果，威金斯和麦克泰格提出基于不同层级的教学内容的评价方式。他们认为，对于应当深入持久理解的内容或着重知道和理解的内容，应考虑通过实践运用进行评价；对于值得熟悉的内容或着重知道和理解的内容，可采用传统的考试和考查方式进行评价。

（三）安排相关的教学活动

当确定应当深入持久理解的内容和相应的评价方式、标准后，逆向教学设计就进入第三个阶段，即考虑如何合理安排教学活动，使学生掌握知识与技能。确定应当深入持久理解的内容可以帮助教师在教学活动中把主要精力放在最重要的内容上；确定相应的评价方式可以使教师更加清醒地知道在教学活动中如何运用评价方式布置实践性、操作性任务；明确评价标准可以使教师在教学中快速、准确地了解学生的学习效果，及时调整教学方法、教学策略。

二、基于逆向设计理论优化教学设计的价值

（一）关注学生的"思考"和理解

逆向设计更关注学生对知识的理解和为了达成理解所做的一系列思考，它从学生思考的角度出发，考量学生在思考过程中为达成目标所需要的知识和可能遇到的困难，进而提供帮助和引导，促进学生完成目标，这是逆向设计的首要价值。它帮助学生在学习过程中找到明确的目标，并使学生在一个完整的情境下通过主动思考一步步获得相关知识和解决问题的能力，从而理解知识，获得在生活中进行知识有效迁移的能力。

（二）教学目标明确

教师在传统教学中对于学生的最终学习情况把握不准确，不能明确了解在教学过程中学生学会了什么、能够做什么。这导致学生在课堂上没有明确目标，为了完成活动而活动，容易在课堂上迷失。逆向教学设计主张明确预期结果和评价优先，根据学生的需要创建可衡量的活动和任务。在设计时，首先，教师应思考学生需要理解的问题及学生在解决任务之前需要掌握的知识和技能；其次，要制定一套明确的目标，围绕教学目标选择需要评估的证据；最后，根据学生完成证据的程度，了解学生达成目标的情况。这样，教师在课堂上可依据学生完成任务的程度进一步完善相关内容、促进教学、安排教学活动。这样就使教学活动的指向性更加明确。

（三）实现教、学、评一致

在我国基础教育中，教、学、评无法达成一致的现象不少，教之后未必发生学，学之后未必存在评，评的又非所教。教、学、评无法实现一致是教学有效性低的关键原因，因此课程与教学的基本逻辑是实现三者的一致性，而实现教、学、评一致的关键在于目标，只有目标确定了，教学和评价才能朝着一个方向用力。在逆向教学设计中，先从目标的设计到目标证据的搜寻，再围绕目标证据安排教学活动。在这样的设计方案中，评价与教学紧扣目标进行设计，目标是整堂课的灵魂与导向标，评价与教学活动的存在是为了达成目标，这样的教学从本质上实现了教、学、评的一致，因此在教学效果上远优于目标存在感微弱的教学设计。

三、基于逆向设计理论优化教学设计的关键思路

（一）以目标为导向

逆向教学设计以目标为导向，以具体的结果为目标，根据结果进行教学设计，这是逆向设计的优势所在。在逆向教学设计中，目标的设计就是单元学习后的结果预设，它要求教师在设计单元课程之前，先要明白本单元教学想让学生达到怎样的目标，然后一切的教学设计都围绕目标展开。它包括学生在本单元需要掌握哪些知识与技能、选择什

么内容能够更好地辅助学生理解教学目标、哪些评价手段能够检验学生是否真正掌握了教学内容、组织什么活动能够有效地帮助学生达成目标。这是逆向教学设计在预期结果环节需要教师思考的问题。只有围绕这些重要问题组织预期的结果，才能避免无意识地灌输和偏离目标的教学活动。逆向教学设计下的课程围绕目标展开。逆向教学设计中"以终为始"的目标可以帮助教师纠正活动设计中可能出现的问题。在"以终为始"目标的不断提醒下，作为逆向教学设计者的教师在设计活动中能不断地探索设计活动的目的、设计活动的预期目标，从而防止教学活动设计偏离教学预期目标。

（二）评价设计先于课程实施

逆向教学设计中的"逆向"一方面指从输出端开始思考教学，另一方面指将评价设计提前，将其置于目标设计之后。在传统教学中，教学评价存在的目的是检查学生学习成果，常见的形式有听写、单元测试、期末测试等，在教师进行教学设计时往往不会考虑对学生的评价。在逆向教学设计中，指向目标的评价是教学过程的重要组成部分，不容忽略，它是检测学生是否达成教学目标的证据。评价设计作为监测目标达成情况的教学策略，成为真正落实学生学习效果的工具。逆向教学设计要求教师在明确教学目标之后，马上考虑评价设计。根据评价设计所需要的证据形式，再去选择合理的教学内容、活动与任务，落实学生学习效果。

（三）逆向思维的关键

在逆向教学设计中，思考教学的起点不是"教"的行为，而是学生"学"的结果，这就决定了两种截然不同的教学思维方式。在教学中运用逆向思维带来的是对教师的"教"和学生的"学"两者之间关系的深入思考，是对教学结果的充分预设，促使二者在实际效果上重合。具体来看，逆向思维主导下的教师会重点考虑学生为达成学习目标而做出的行为，这些行为存在于整个单元的学习过程中。在学生已有经验的基础上，教师要逆向思考如何缩小目标与学生现实学情之间的差距，以及为此学生应该掌握哪些知识与技能。这样的教学思维，一方面增强了教学过程中目标达成的必然性，另一方面从目标与现有学情之间的差距思考教学措施更加符合学生的认知发展规律。

四、基于逆向设计理论优化教学设计的实践策略

（一）优化目标导学方案，形成大单元整体教学规划

教学是一个复杂的生态系统，其系统要素彼此关联、相互作用。因此，有效梳理系统要素、厘清各要素间的关系与作用是教学的关键一环。教师应保持整体规划的设计眼光，用大单元整体教学的理念设计教学、实施教学。

每个学期、每个模块、每个单元、每个课时既有各自目标，又彼此关联、相互影响、相互制约，是一个有机整体。教师应分解阶段学习目标，明确阶段学习要求，即必修课

程、选择性必修课程、选修课程需要达到的学业质量水平，参照相应的内容标准、表现标准，结合学生现实学情，制定相应的教学标准。教师还应树立大单元、大观念的单元统领意识，确定单元整体教学目标，统筹规划各学习阶段的学习目标与学习规划。具体而言，教师要在分析单元系统要素及学情分析的基础上，进行合理的目标分解，将单元教学目标和教学内容概念化、问题化、层级化，并运用大单元观念联通、联结学科核心素养，依托大单元观念建立基于标准的教、学、评一致性的目标体系，基于大单元观念引领下的学习内容设计评价方案，围绕大单元问题创设学习情境，组织促进学习发生及问题解决的活动。

1. 目标设计的逆向性

从一开始就考虑结果和目标，意味着教师对目标有清晰的了解。逆向教学设计在目标设置上强调的备课原则是：从输出端开始思考教学，将预期结果作为目标，开展目标导向的教学设计。

2. 目标设计的长期性与优先性

在设置教学目标时，应该充分强调长期目标优先次序的重要性，只有对学习的最终目标的优先次序形成一致意见，才能对要教什么、不教什么、重点是什么和需要弱化什么做出合理判断。逆向教学设计在目标设计中尤为强调长期目标及其优先次序的重要作用。在教学目标中，如果长期目标没有发挥作用，则教师在教学中的格局就会受限，只能完成短期的、与内容相关的目标；如果长期目标没有优先次序，则教师在教学中会出现将所有目标同等看待且彼此割裂的问题，从而造成知识的支离破碎。

3. 目标设计的全面性

目标设计的全面性包括 3 层含义。一是教学目标要面向全体学生。二是教学目标要有利于促进学生的全面发展。课堂教学的目标不仅是让学生认知知识，还在认知建构的过程中丰富学生的情感体验，让学生感受过程、掌握方法，促进学生科学价值观的形成。三是教学目标要涉及课程目标 3 个维度的各方面，其内容要全面。

（二）确定合适的评价证据，实现基于标准的教、学、评一致性

通过逆向思维综合分析得来的教学目标是整个大单元教学的预期结果，而学生最终是否能够达成目标、达成目标的程度如何是我们需要关注的重点。教师的目标导学方案设计应重视循证教学，追求基于标准的教、学、评一致性，即以课程标准的内容与要求为导引，以知识为载体，以教与学的证据为依托，通过师生课堂交互活动，探索知识的发生、发展与变化过程；应厘清学科教学的底层逻辑，梳理各要素间的合理关联，借助系统化、结构化的知识、能力与思维方式，探究真实情境中的问题解决策略。同时，教师还要将评价融入教与学的全过程，应用多元评价方式了解学生在问题解决过程中运用

学科核心素养解决真实情境问题的水平，以及在兴趣、动机、策略、认知视角等非智力因素方面的感受与收获。

1. 评价证据选择的有效性

评价证据是指学生成功学习的证据。在逆向教学设计中，在预期目标设计好后、在设计活动之前，教师应思考相应的评价方式是什么及什么是学生成功学习的证据。评价证据的有效性将直接决定本单元学生学习的效果，在逆向教学设计中，选择评价证据需要考虑预期结果，依据预期结果选择评价证据是确保教学围绕教学目标展开的前提。在选择评价证据时，教师需要时刻提醒自己该阶段的目标是找到合适证据而不是有趣的项目或任务。在大单元教学中，如何选择评价证据并保证评价证据的有效性，是教师需要深入思考的课题。

2. 评价证据选择的多样性

逆向教学设计以终为始，以最终的输出结果倒推内容和方法，寻求达成学习目标的简捷路径和最佳方案。在教学过程中评价始终存在，一直监测、收集着学生学习的信息。逆向教学设计中的评价主要是形成性评价或过程性评价，强调学生自身的成长，其形式多样化，既包括非正式的理解检查（课堂上的口头提问、观察及对话）、传统测验和测试，又包括表演任务和项目、学生的自我评价。

3. 评价证据选择的真实性

能力范式下的学习必须是真实学习，真实学习必须有真实的情境和任务。评价证据的真实性可以是一个模拟真实世界的情境，也可以是过程中需要学生自主判断和创造的测试，还可以是帮助学生获得与真实工作、生活一样的体验测试，或者是一个允许学生复述、练习、合作、查阅资料并得到反馈的作品。简单来说，评价证据选择的真实性能保证学生探索、体验过程的真实性。在教学设计中，介入评价证据选择的环节并确保证据的真实性，是保证学生真实学习的前提。

（三）重视深度学习实践，提升学生综合素养培育水平

深度学习是培育学生综合素养的重要路径。深度学习注重对知识的理解及对概念、观念或意义的构建，是一个系统、复杂的认知发展过程。指向综合素养培养的深度学习难以通过单一课时的学习来实现，因此，开展深度学习必须以大单元为统领，开展基于大单元的整合、关联和发展学习。

教师在深度学习实践中，要针对教学目标、学习材料、评价内容与方式、教学过程、知识架构、教学情境与活动安排进行统筹考量和优化设计。此外，教师还要突出学生的主体性、能动性和发展性，重视学习任务的挑战性、体验性和迁移性，并强化情境创设的真实性、可迁移性及问题解决特征，借助思维导图、概念图等概念认知工具，运用概念引思、问题牵线、整进整出等策略，落实学生综合素养的培育。

五、提升评价质量

（一）教学评价的概念

"评价"一词在《现代汉语词典》（第七版）中的解释为"衡量人或事物的价值"。在英语中，"evaluate（评价）"在词源学上的含义是引出和阐发价值。从本质上来说，"评价是一种价值判断的活动，是对客体满足主体需要程度的判断"[1]。在教育教学过程中，评价具有重要的作用和价值。拉尔夫·泰勒（Ralph Tyler）认为："评价过程在本质上是一个确定课程与教学计划实际达到教育目标的程度的过程。"[2]克龙巴赫（Cronbach）认为："评价能完成的最大贡献是确定教程需要改进的地方。"[3]斯塔弗尔比姆（Stufflebeam）提出："评价最重要的意图不是为了证明，而是为了改进。"[4]在此基础上，斯塔弗尔比姆将评价界定为"为决策提供有用信息的过程"。

教学评价以教学为依据，运用可操作的科学手段，通过系统地收集有关教学信息，对教学活动的过程和结果做出价值上的判断，并为评价者的自我完善和有关部门的科学决策提供依据的过程。确切地说，教学评价是教学活动不可缺少的一个基本环节，它在教学过程中发挥着多方面的作用，从整体上调节、控制着教学活动的进行，保证教学活动向预定目标前进并最终达到该目标。

（二）教学评价的要素

教学评价的要素主要包括评价主体、评价客体、评价目的、评价标准和评价方法。这5个要素在教学评价过程中发挥着不同的作用，凝聚着学校教育教学活动的专业发展力量，共同致力于构建提高教学质量的教学评价体系。

1. 教学评价主体

从高校教学评价活动的条件性和情境适应性来看，教学评价主体主要包括教师、学生、评价专家、教学管理者和家长等。在高校教学活动中，教师是教学活动的主导者，引领教学活动的顺利开展。他们为了使教学活动取得更好的效果，从多方面把握教学活动的现状，对教学活动开展的各种要素进行综合评价。因此，　教师是高校教学评价的最重要的主体。对教学活动及其要素进行评价是教师专业素养的根本体现。教学是双边活动，学生是学习的主人，也是评价教学活动的主体之一。教学活动的成效最终通过学生的身心变化和专业素养的不断发展表现出来，学生对于课堂教学目标的达成具有切

---

[1] 陈玉琨，1999. 教育评价学[M]. 北京：人民教育出版社.

[2] 拉尔夫·泰勒，1994. 课程与教学的基本原理[M]. 施良方，译. 北京：人民教育出版社.

[3] 瞿葆奎，1989. 教育学文集：教育评价[M]. 北京：人民教育出版社.

[4] 同[3].

身体会，是直接参与教学评价的主体之一。教学评价专家在评价理论指导、评价方法运用、评价活动反思等方面具有引领作用，是学校开展教学评价的专业人员，能够对学校教学评价的各项工作进行专业指导，是专业权威的教学评价主体。从教学活动的改善及其采取的对策来看，以校长为首的教学管理者作为教学评价的主体是理所当然的。另外，还应吸引广大学生家长参与教学评价，在评价活动中全面倾听来自校外的声音，使教学评价的信息来源更加全面，使教学评价的内容与结果能真实反映各方的教育诉求。总之，各评价主体在教学评价活动中相互沟通、彼此理解，能促进评价者积极参与教学评价活动，成为教学评价的核心成员。

2. 教学评价客体

高校教学评价客体是教学评价主体的价值判断活动所指向的客观对象，包括：①高等教育机构，如院校、部门、院系等；②教学计划与项目，如专业、课程等；③人员，如教职员工和学生。在高等教育领域里，一切客观存在物都是可能的、潜在的客体，但只有进入教学评价活动领域的那一部分才是现实的教学评价客体。在教学评价活动过程中，教学评价主体和教学评价客体常常存在相互转化和相互作用的特点。例如，在教师教学质量评价中，教师既是教学评价的主体，也是教学评价的客体，教师自评是教学评价的重要方式之一；在课程教学评价中，学生既是课程教学质量评价的主体，也是课程教学质量评价的客体。作为教学评价主体，学生判断课程教学效果；作为教学评价客体，学生的学习质量体现了课程教学的最终质量。

评价主体对评价客体的作用和影响主要表现在评价之后。评价客体根据评价主体的意见和建议，采取相关措施，不断改进和完善相关工作。这一过程实际上是一个新的实践过程，高校原先的教学评价客体已经转变为课堂教学实践的主体，在教学实践过程中发挥其主体性作用。在评价主体作用于评价客体的同时，评价客体对评价主体也具有重要作用。评价客体在接受评价后，所收集的信息不但具有验证评价指标、方法等的科学性、有效性的作用，而且能够为修订和完善评价指标与方法等提供实际经验，提升教学评价的科学化水平和质量。

3. 教学评价目的

高校教学评价的目的主要是促进学生成长和教师专业发展。在评价活动中，不仅要关注学生的学习成绩，还要发现和发展学生多方面的潜能，了解学生发展中的需求，帮助学生认识自我、建立自信。教学评价具有直接的教育功能，能够对学生学业水平和身心发展状况进行诊断，并以此为依据提出有效促进学生发展的策略，有助于学生通过教学活动实现全面发展的目标。教学评价还能为学生个体在未来社会中充分展示发展的潜能创建条件和环境，使学生在真实的教学情境中形成良好的个性品质、丰富的情感、完善的人格和正确的世界观、人生观、价值观。教学评价以促进教师专业发展为目标，强调教师在教学评价中的主体地位，重视教师在复杂教学情境中的个体差异和评价主体的多元化，强调多角度评价教师和多渠道为教师提供反馈信息等。概括地说，教学评价有助于提高教师的士气，加强教师的信任感，改善教师的人际关系，有助于深化教学改进，形成教师积极创新的情境。

4. 教学评价标准

教学评价标准要体现多样性，建立多元评价标准。首先，在复杂的教学情境中，每个学生和教师的要求都存在差异，只有建立多元的教学评价标准，才能满足个体需求。但在建立教学评价标准时不可能无限制地寻求多元化，应在多样现象的背后寻找共性的标准，以确定共性和个性相结合的评价标准。其次，教学评价标准强调评价贴近真实，强调结合真实问题对解决过程进行评价。建立多元的教学评价标准，可以为评价者从真实生活情境出发开展教学评价提供理论指导和制度依据。最后，教学评价标准注重定量和定性相结合，这是教学评价的理想选择。一般来说，定量描述以定性分析为前提；反之，定性分析又以定量描述为基础。对于一些抽象层次高、找不到典型价值事实的评价对象，应以定性评价为主。也就是说，对于在教学活动中无法进行量化的评价，应采取定性标准对其活动成效进行评价。如果能进行量化的评价，则应以定量评价标准为标杆，对教学活动进行科学化、数量化的研究与评价。

5. 教学评价方法

大学教学和学习具备多维性、综合性、复杂性等特征。因此，以学习为中心的教学评价应采用多样化的评价方法与工具，以求更全面地评价教学与学习。按照评价信息的来源渠道不同，高校教学评价可分为学习结果评价、学生评价、同行评价和自我评价。

在学习结果评价中，高校、教师、学生或其他人员可以利用多种工具对院校、专业、课程等层面的学习结果进行评价。定性评价通常采用学生表演、学生档案袋、行为观察及调查访谈等评价工具。定量评价通常采用课程考试、标准化测试、量规、毕业后的继续学习和职业发展跟踪数据等评价工具。运用这些评价工具持续收集到的学生学习结果是教学评价运行的基本"原料"。评价者还须对这些"原料"进行加工、分析、提炼和挖掘，从而诊断教育目标的实现程度，发现教学中存在的问题，使评价结果发挥其反馈价值和引领作用。高校教师和管理人员通常要根据不同的评价对象和需求，灵活地选择适恰的评价方法，或者综合使用多种评价方法，以有效地完成评价工作。

在学生评价中，问卷调查和访谈与座谈是两种主要方法。根据问卷调查内容不同，可以分为课堂问卷调查、课程问卷调查、专业学习问卷调查和整体大学期间学习情况问卷调查。根据问卷调查实施的时间不同，可以分为学期开始前问卷调查、学期中问卷调查和学期结束后问卷调查。根据问卷调查实施的对象不同，可以分为大一新生问卷调查、在校生问卷调查、毕业生问卷调查和校友问卷调查。通过对学生进行问卷调查，可以反映学生的个人信息、行为活动和学习经验，以及对教学的满意度和意见，从而了解学生的学习质量和影响教学和学习效果的各方面因素，以改善教师的教和学生的学。

同行评价包括课堂观察、教学材料评价等方法。完整的教师同行课堂观察包括观察预备会、课堂观察、观察后汇报和书面总结几个步骤。课堂观察详单或量表相对于学生调查问卷来说，专业性更强。教学材料评价主要包括对人才培养方案、教学大纲、教学计划、教材、教案或讲义、参考及阅读书目、实验手册、实习报告、课后作业、课程考试及学生学习资料等的评价。在实际教学评价活动中，教师针对评价内容可以选择多样化的方法进行评价。

在自我评价中，教师自评清单或量表是重要的评价工具，它主要包括整体教学自评清单、教学大纲检查清单、教学方法和有效性自评量表等。教师自评清单或量表可以使教师明确教学改善的方向，了解自身的优势和弱点，不断进行自我调整和改进。教学档案袋是教师有选择性地搜集的有关其自身教学方面的材料，它记录、总结和阐述了教师的教学观、自我成长、经历及成就等，能够整合来自各方面的信息对教学进行评价。

（三）提升教学评价质量的方式

在高校教学评价活动中，各评价主体依据评价标准对被评价对象在教学中所产生的影响、发生的变化进行全方位、立体化的评价，以促进学生的理论素养和实践能力的相互融合，引领教师和其他教学管理人员形成科学的评价观，掌握科学规范的教学评价方法。一般来说，高校构建良好的评价反馈机制、提升评价者的专业素养、加强教学评价的制度建设、形成良好的教学评价文化、协调教学资源的配置，是确保教学评价质量不断提高的重要方式。它们共同构成既具有独立意义又相互作用的配套机制，为高校教学评价活动的运行提供支持。

1. 构建良好的教学评价反馈机制

教学评价反馈机制是影响评价成功与否的关键要素。有些教学评价花了大量的物力、财力和精力，却未能取得良好的效果，甚至让教师和学生怨声载道，其根本原因是"为评价而评价""重评价、轻反馈"，没有发挥评价的反馈功能，没有把评价结果运用到教学和学习的改善方面。反馈机制是控制论中的一个重要概念。反馈就是由控制系统把信息输送出去，又把其作用结果返送回来，并对信息的再输出发生影响，起到控制的作用，以达到预定的目的。教学评价反馈机制既是教学评价运行程序的重要环节，也是教学评价实施成功的重要因素之一。

教学评价反馈机制主要包括反馈主体、反馈对象和反馈信息3个要素。其中，反馈主体包括学生、教师、高校教学管理部门、政府教育管理部门、用人单位等。反馈主体与评价主体有一定的重合，但不完全一致。评价主体是实施评价者，而反馈主体是掌握评价结果的人或部门。反馈对象是指接受反馈信息的人或部门，包括学生、教师、高校行政管理部门、地区教育主管部门及社会相关部门。反馈对象不一定完全和被评价对象重合，但一定是需要运用评价结果或教学信息来改进或做出决策的人或部门。反馈信息通常是指教学评价的结果或经过处理的教学信息,不同的反馈主体可以将多种渠道收集的教学评价结果反馈至不同的反馈对象。

在教学评价反馈机制中,反馈主体以教师和高校教学管理部门为主。学生和用人单位作为教学评价主体,其评价信息有相当一部分是通过高校教学管理部门的信息处理与分析,再反馈至各反馈对象,因此学校要构建具有发展性、及时性的教学评价反馈机制。

2. 提升评价者的专业素养

教学评价在实施过程中,要求教学评价主体能够将专业学习、教学与评价相结合,运用定性与定量相结合的多元教学评价方法。这对评价者提出新的要求,而高校评价工作人员和教师的评价素养是关系高校教学评价成效的重要因素。因此,提升评价者的专业素养是教学评价能否有效开展的重要保障。

从高校的实际办学情况来看,大多数工作人员仅具备相关的实践经验,在教育评价、教育学和学习理论知识,以及数据统计、分析和构建能力等方面有不同程度的欠缺。提升评价者的专业素养主要有两个途径:一是通过研究生教育系统培养;二是在职的专业培训。一方面,在研究生教育阶段,各高校都设置了教育管理、高等教育学等专业,为学校开展教学评价提供人才资源;另一方面,高校还可以通过开展各种教学评价的培训班和专业研讨会,为评价者提供更多的学习机会。

3. 加强教学评价的制度建设

1)持续完善教师评价制度。我国现行教师评价制度在鼓励教师专注于教学、专注于学生的学习,并持续开展教学与学习评价方面做得不够。对此,相关管理部门和高校应当加快相关政策制度的完善,调整教学和科研的奖惩力度,出台鼓励教师教学的激励措施。

2)建立有效的校内教学评价制度。一是将学生学习结果评价以制度形式确定下来,以保证教学评价持续、规范地开展。这是教学评价体系构建的基础和关键,也是各项教学评价活动顺利开展的重要依据。二是完善学生评价制度,不仅要体现"形",还要体现"神",关注学生的在校体验和个人收获。三是完善同行评价、专家评价和自我评价制度。引导院系和教师关注学生的学习,努力创造更好的学习环境,促进教学模式、教学方法等方面的深层改革与持续发展。同时,注意利用与改进各种评价结果,以实现促进教学质量提升的目标。

4. 形成良好的教学评价文化

1)强调学校全员参与教学评价。只有全校各部门都参与到教学评价中,才能从更大范围了解教学的成就与短板,才能搜集到教学改进的关键信息。教师是高校开展教学评价的主要力量,因此学生在课程、专业等层面的学习成果主要依靠教师在教学过程中不断收集、评价和反馈而获得。同行评价需要教师之间相互交流与分享。学生是教学评价的重要主体，他们对教学的感知和自身的学习体验是重要的评价内容。教学管理人员和学生工作人员都要积极参与到教学评价中。学术部门、教学支持中心、学生事务部门、教学院部与评价机构等校内机构的相互支持与配合，是有效开展教学评价的重要保障。此外，校友、用人单位的参与，可以为学校和教师判断学习成果、调整学习目标和教学设计提供信息。教学评价是一种集体合作的行为，而不是一小部分专家的任务，它的目的在于使学校所有部门对学生学习有更广泛、更深刻的关注。

2）注重持续评价以改善教与学。教学评价不是简单的管理手段，而是以有效促进学生的学习与发展为中心，持续改善教学方法。一些高校教师之所以反感教学评价，是因为教学评价对于他们来说，只是评价教学优劣并带来一定奖惩的管理工具，其对教学和学习的改进作用并不明显。要形成良好的教学评价氛围，使教师乐于参与和接受教学评价，就要重视开发教学评价结果的应用价值，使教学评价变为教学的一部分，体现其对于教师教学和学生学习的重要意义。

5. 协调教学资源的配置

开展教学评价活动，离不开学校及其他社会力量的人力、物力、财力的支持。就人力而言，教学评价活动需要专门的评价者开展相关评价工作，也需要教师、学生和其他教职员工的共同参与。就物力而言，学校需要成立相应的校级评价机构，主要承担管理、指导、协调等职责。具体来说，评价机构的主要职责包括：制订学校教学评价活动的目标、计划、方案与具体的实施程序；向学校领导提供教学评价改革建议；组织和协调各院系、部门、教师开展教学评价活动；收集教学评价资料，建立和维护学校教学评价数据库；反馈与公布评价数据与教学评价结果；向各级行政主管或教师提供相关数据和资料；开发和引进有效的评价工具；负责学校教师和评价人员的培训与指导；参与学校战略规划、管理决策和数据上报等相关工作；配合外部机构的认证与评估工作等。就财力而言，引进和开发学生问卷调查工具、教师教学与评价技能培训、学校教学评价数据库建设、考试改革、教师教学激励等，都需要大量教学经费的支持。例如，某高校开发并实施校本大学生学情问卷调查，既要求学校能够安排专业人士组建团队来开发信度、效度良好的调查问卷，也要求学校有足够的经费投入到调查问卷的开发和实际调查活动中，同时还需要学校各部门与各利益相关方的全程配合。

第五章

能力范式下人才培养方案的制订

第一节　能力范式下教学管理制度的建设

人才培养方案是学校全面贯彻党和国家教育方针的前提，是学校办学定位、教育思想、教学理念的集中体现，是学校最重要、最基础的纲领性教学文件，是学校培养人才的总体计划和实施方案，是实现人才培养目标、提高教学质量的根本保证，是学校组织教学工作、管理教学过程、进行教学改革的基本依据。建立与人才培养方案相配套的教学管理制度是实施人才培养的重要保障，是落实能力范式的重要途径。

（一）创新能力范式人才培养模式

围绕应用型人才培养目标，按照"岗位需求调研→用人单位参与研制能力标准→制定培养标准与课程关系矩阵→设置课程模块→生成课程体系→确立学分权重→专家论证确定人才培养方案"的技术路线，制订人才培养方案。

（二）重构课程体系

坚持 OBE 理念，立足专业认证标准和职业标准，根据毕业要求反向设计课程体系，依据毕业要求指标点的内涵制定课程目标，重构教学内容，改革教学方法和考核评价办法。

（三）改革教学方法

构建以应用、能力为重的教学体系，大力提倡项目教学、案例教学、情境教学、工作过程导向教学，广泛运用启发式、探究式、讨论式、参与式教学，激发学生的学习兴趣、探究兴趣和职业兴趣，实施课程教学方法改革打样工程，推动教学方法改革。

（四）改革考核评价体系

将课程论文、调研报告、作品设计、实验（实训）操作等列入考核范围，制定教学大纲和考核评价标准，突出能力导向考核。

（五）加强教学改革

以能力范式理念为引领，完善协同育人机制，推进人才培养模式改革，实施学分置换、互认制度；依据职业标准和岗位要求，推进课程体系建设和教学内容改革；创建有利于学生素质教育和创新实践能力培养的网络数字化教学资源，推进线上、线下混合式教学模式改革。

第二节　能力范式下师范专业人才培养目标的设计

人才培养目标是指学生毕业五年左右达成的预期结果，体现了专业人才培养产出的质量预期与追求，是各专业向社会做出的人才培养承诺，是开展专业建设和认证工作的指南针，具有统领性作用。2017年，齐鲁师范学院林松柏校长提出了"能力范式"的概念，用以引领学校教育教学理念的转变，推进教学改革和人才培养质量的提升，明确了基于能力范式的专业人才培养方案修订要求，提出要大力推动基于能力范式的教育教学改革，转变教育理念，培养目标的制定要基于能力来确定人才培养标准。2019年，林松柏校长结合师范类专业认证的要求进一步提出了"关于人才培养方案修订的若干要求"，再次明确了人才培养方案的修订依据和技术路线。齐鲁师范学院各二级学院在充分学习、领会这些要求的前提下，切实贯彻执行基于能力范式的人才培养目标的修订工作。事实证明，基于能力范式的师范专业人才培养目标有助于明确师范生职业发展规划，实现以能力培养为主线的师范生培养。

一、人才培养目标的制定依据

（一）学校办学定位

学校人才培养目标首先要符合学校的办学定位，明确学校的总体目标、服务面向，从而形成符合学校办学定位的专业优势与特色。以齐鲁师范学院为例，其办学定位是培养"师范性、地方性、应用型"人才，其本科人才培养目标定位是"以立德树人为根本，培养专业基础实、实践能力强、综合素质高、社会适应快，具有社会责任感、创新精神和创业能力的基础教育师资和其他应用型专业人才"。因此，学校人才培养目标应彰显教师教育特色，突出服务地方发展要求，强调师范生实践能力培养。

（二）专业需求调研

结合学校办学定位，开展充分的专业需求调研是制定面向需求的人才培养目标的前提。制定基于能力范式的人才培养目标，应按照应用型人才的应然属性（实践性、创新性、综合性和社会性）进行社会调研，确定人才培养的定位和能力标准。专业需求调研可以从国家政策、地方教育发展需求、相关利益方对人才培养目标的认同情况 3 个方面开展，对在校生、毕业校友、用人单位、教育行政部门、同行教育专家、本专业教师及教学管理人员、中学一线教师等利益相关方进行广泛调研，了解用人单位的人才培养需求，分析人才培养目标定位是否能够体现国家新时期相关教育政策、标准、文件的精神，是否符合国家和地方教育发展的要求，学生在毕业五年左右是否能够达到人才培养目标的预期结果等，从而为人才培养目标的修订提供依据。

（三）专业教学质量国家标准

2018 年，教育部发布的《国标》涵盖了普通高校本科专业目录中全部 92 个本科专业类、587 个专业，这是我国发布的第一个高等教育教学质量国家标准。《国标》主要包括概述、适用专业范围、培养目标、培养规格、师资队伍、教育条件、质量保障体系、附录 8 项内容，特别对各专业类师资队伍数量和结构、教师学科专业背景和水平、教师教学发展条件等提出了定性与定量相结合的标准要求，同时《国标》明确了各专业类的基本办学条件、基本信息资源、教学经费投入等要求，还列出了对于各专业类知识体系和核心课程体系的建议。以英语专业为例，《国标》指出英语专业在综合素养方面，应具有人文底蕴和科学精神、扎实的英语语言基本功、厚实的英语专业知识、较强的跨文化能力；在教学育人能力方面，应具有熟练的教育教学技能、良好的学科育人能力，能够在中学从事英语及相关教育教学工作；在终身发展方面，应具有创新意识和终身发展能力。

《国标》的制定紧紧围绕三大原则：第一，突出学生中心，注重激发学生的学习兴趣和潜能，创新形式、改革教法、强化实践，推动本科教学从"教得好"向"学得好"转变；第二，突出产出导向，主动对接经济社会发展需求，科学合理设定人才培养目标，完善人才培养方案，优化课程设置，更新教学内容，切实提高人才培养的目标达成度、社会适应度、条件保障度、质保有效度和结果满意度；第三，突出持续改进，强调做好教学工作要建立学校质量保障体系，把常态监测与定期评价有机结合，及时评价、及时反馈、持续改进，推动教育质量不断提升。

（四）专业认证标准

师范类专业认证的基本理念"学生中心、产出导向、持续改进"，与《国标》制定的三大原则相契合，与能力范式的主体间性、能力导向相互对应。由此可见，能力范式的理念与目标与《国标》和师范类专业认证的理念及认证主线基本吻合。根据师范类专业认证的标准，人才培养目标应贯彻党的教育方针，面向国家、地区基础教育改革发展和教师队伍建设重大战略需求，落实国家教师教育相关政策要求，符合学校办学定位。

二、基于能力范式的人才培养目标的制定

（一）人才培养的目标定位、目标预期及目标内涵

人才培养目标包括人才培养的目标定位、目标预期及目标内涵。人才培养的目标定位是指明确本专业培养什么类型的人才，在目标描述中须明确本专业的服务面向，清晰描述毕业生所具备的基本素质和能力范围、可提供服务的专业领域、毕业生所具备的职业特征（可从事哪些类型的工作）。目标预期是指学生毕业五年左右所达到的能力预期和职业发展预期。目标内涵要求目标内容清晰，能够反映毕业生发展预期，体现专业特色和优势，即对本专业毕业生在毕业五年左右能够达到的职业成就的总体描述。人才培养目标应为毕业生、用人单位及其他利益相关方所理解和认同。

（二）以齐鲁师范学院英语专业人才培养目标为例

1. 目标原文

本专业面向山东基础教育，彰显"厚德强基、能言善教、扬中鉴西、慎思乐习"特色，培养德智体美劳全面发展，以立德树人为己任，具有良好的教育情怀和教师职业道德，具有人文底蕴和科学精神、扎实的英语学科专业基础、熟练的教育教学技能和良好的育人能力、较强的英语文学鉴赏能力和跨文化能力，能够在中学从事英语及相关教育教学工作，具有创新意识、良好的专业发展意识和自我发展能力的区域骨干教师。

2. 目标定位

本专业人才培养目标符合齐鲁师范学院办学定位。首先，本专业人才培养目标提出"面向山东基础教育"，培养学生"能够在中学从事英语及相关教育教学工作"，契合了学校"地方性"办学定位和培养"基础教育师资"的目标定位，突出了服务地方发展要求。其次，本专业人才培养目标提出培育师范生的"以立德树人为己任，具有良好的教育情怀和教师职业道德"，将"熟练的教育教学技能"等作为目标要求，彰显了学校"师范性"的办学定位和教师教育特色。最后，本专业人才培养目标最终定位是培养"具有创新意识、良好的专业发展意识和自我发展能力的区域骨干教师"，体现了学校推动的能力范式改革和"应用型专业人才"的人才培养目标定位，强调了师范生应用能力的培养。

3. 需求分析

本专业人才培养目标符合山东省英语专业人才需求。在制定本专业人才培养目标过程中，紧密结合国家、地区基础教育改革发展需要和教师队伍建设重大战略需求，整合各利益相关方的意见和建议，提出坚持"面向山东基础教育"，培养"具有创新意识、良好的专业发展意识和自我发展能力的区域骨干教师"，较好地适应和契合国家和地区的有关重大战略需求。

在人才培养目标的修订过程中，齐鲁师范学院外国语学院组织专门的调研团队，分析相关政策文件，走访地方教育行政管理部门，通过问卷调查、访问、座谈等方式深入英语教研员和一线教师，对国家与地方基础教育发展规划、英语教育师资需求情况进行了调研，初步了解了山东省英语教育的人才需求情况。调研发现，山东省英语教师数量不足，其中，山东省中小学英语教师配备缺额达 11 031 人（缺额比例为 13.98%）。国家教师队伍建设需要教育情怀深厚、专业基础扎实、勇于创新教学、善于综合育人和具有终身学习发展能力的高素质专业化创新型教师。用人单位比较看重的英语教师素养包括：良好的职业道德、正确积极的态度和责任心、扎实的专业知识与技能、良好的沟通能力、灵活性与适应能力、创新能力、组织协调能力、团队合作能力。中学需要既能胜任英语教学、教研工作，又能承担班主任与共青团工作，还能组织和策划校园各类主题活动的英语教师。

本专业人才培养目标明确"面向山东基础教育"的目标定位，明确"能够在中学从事英语及相关教育教学工作"的服务定位，明确"区域骨干教师"的人才定位和未来预期，较好地契合和适应了新时代山东省基础教育改革发展的需要。

4. 政策落实

制定本专业人才培养目标过程中贯彻党的教育方针，落实教师教育政策、专业标准和认证要求。本专业人才培养目标中提出了"立德树人、良好的教育情怀和教师职业道德"的要求，落实了党的十九大精神和教育方针，明确了"为谁培养人""培养什么样的人""怎样培养人"等根本问题。

同时，本专业人才培养目标还较好地契合了习近平总书记提出的"培养德智体美劳全面发展的社会主义建设者和接班人"和做"四有"好老师等对教师的具体要求。《中共中央　国务院关于全面深化新时代教师队伍建设改革的意见》《教师教育振兴行动计划（2018—2022 年）》《中共中央　国务院关于深化教育教学改革全面提高义务教育质量的意见》《国务院办公厅关于新时代推进普通高中育人方式改革的指导意见》等有关文件中提出，以立德树人、促进人的全面发展为目标，努力造就一支下得去、留得住、教得好，数量适当、结构合理、素质优良、甘于奉献的乡村教师队伍。《中共中央　国务院关于全面深化新时代教师队伍建设改革的意见》《国务院办公厅关于新时代推进普通高中育人方式改革的指导意见》《山东省委办公厅　山东省人民政府办公厅关于推进基础教育综合改革的意见》等文件中提出，全面提高中小学教师质量，建设一支高素质的专业化教师队伍。

《国标》《中学教育专业认证标准》《中学教师专业标准》《教师教育课程标准》等有关标准提出，中学教师应具有良好的职业道德，掌握系统的专业知识和专业技能。依据以上文件，在本专业人才培养目标中对师范生提出了具有立德树人、教育情怀和教师职业道德，熟练的教育教学技能，区域骨干教师等未来预期和目标要求。

5. 内涵描述

本专业人才培养目标主要包含师德优秀、素养综合、教学力强、育人全面、终身发展等 5 个分解指标点，内涵明确，表述清晰。本专业人才培养目标内涵如下。

培养目标 1：师德优秀。坚持对习近平新时代中国特色社会主义思想的政治认同、思想认同、理论认同、情感认同，积极践行社会主义核心价值观，对教师职业有良好的职业认同，具有依法执教意识，能够以立德树人为己任，秉承师德为先、学生为本的理念，立志成为"四有"好老师。

培养目标 2：素养综合。掌握系统的英语专业学科知识，具备扎实的英语语言基本技能，具有人文底蕴和科学精神，能够弘扬中国传统文化，具有一定的英语文学鉴赏能力及较强的跨文化能力，能够依据学生的身心发展规律综合运用英语学科知识和学习科学知识，分析和解决学科教学问题。

培养目标 3：教学力强。熟悉中学英语课程标准，掌握英语教育教学的基本理论和方法，能够依据学生的身心特点开发教学资源，运用英语学科知识优化教学设计、实施课堂教学，指导学生进行英语学科实践活动，具有较强的英语教育教学与反思能力、创新研究能力，取得一定的教育教学研究成果，发挥示范和带动作用。

培养目标 4：育人全面。理解学生身心发展和养成规律，结合英语学科教学进行育人活动，坚持德育为先的理念，将品德养成融入知识学习和能力发展中，能与教师、学生、家长进行有效沟通与协作，在学科教学、班级建设与管理和实践活动中促进学生德智体美劳全面发展。

培养目标 5：终身发展。牢固树立终身学习理念和专业发展意识，能够根据国内外英语基础教育的发展动态，初步形成蕴含个人特点、具有前瞻性的专业发展目标和规划，具有良好的团队协作精神、创新意识和沟通能力，能够运用反思和批判性思维开展教学研究，不断提升自主学习和研究能力，实现可持续发展。

6. 优势特色

本专业自 2011 年招收第一届本科生以来，逐步形成了"厚德强基、能言善教、扬中鉴西、慎思乐习"的培养特色。"厚德强基"指强化师德与学科基础，"能言善教"指提升教学能力，"扬中鉴西"指发挥专业优势，"慎思乐习"指关注终身发展。具体而言，"厚德"旨在培养师范生优秀的师德，将品德养成融入知识学习和能力发展中；"强基"旨在培养师范生"听说读写译"五位一体的英语基础能力和较强的跨文化能力；"能言善教"旨在培养师范生较强的教学能力、沟通表达能力和班级管理能力；"慎思乐习"旨在帮助师范生树立终身学习理念和专业发展意识，实现可持续发展。综上所述，齐鲁师范学院英语专业教师通过 16 字专业培养特色致力于为学生成长成才服务，为学生成为区域骨干教师服务。

本专业充分利用齐鲁优秀传统文化进行育人，利用专业优势，开设"齐鲁文化英译"课程，鼓励师范生积极参与"中国文化走出去"的相关翻译实践，如"齐鲁文化长廊"石碑翻译工作等；鼓励并创造机会让师范生对接地方，为地方服务，如为章丘区政府翻译相关材料等。

2015～2017 届英语专业毕业生专业发展情况调查数据显示,本专业毕业生大多已经成为单位英语骨干教师。本专业毕业生在师德规范、教育情怀、学科素养、教学能力等方面具有一定优势。

7. 目标评价

毕业生对人才培养目标达成度的自我评价较好。本专业 2015～2017 届毕业生人才培养目标达成度与职业发展调研报告显示,毕业生对人才培养目标各指标点的达成度分别为:师德优秀为 0.86,素养综合为 0.84,教学力强为 0.85,育人全面为 0.84,持续发展为 0.85。同时,与其他同类院校毕业生相比,本专业毕业生在师德规范、教育情怀、沟通合作、教学能力、学会反思、学科素养方面具有一定优势。

用人单位对本专业毕业生各项职业发展达成度的评价较好。《齐鲁师范学院英语专业用人单位调研报告》显示,本专业毕业生师德优秀达成度为 0.92,素养综合达成度为 0.88,教学力强达成度为 0.89,育人全面达成度为 0.89,持续发展达成度为 0.90。同时,和其他院校同专业毕业生相比,本专业毕业生在师德规范、教育情怀、教学能力、学科素养、沟通合作、综合育人等职业素养和能力方面具有一定优势。本专业毕业生具有较强的职业竞争力。本专业毕业五年左右的毕业生已成为所在单位或区域的教学能手、教学骨干,展现出较强的职业发展潜力。

第三节　能力范式下的毕业要求设计

毕业要求是指国家对专业人才培养的质量要求,是连接人才培养目标与课程体系的桥梁,具有承上启下的作用。师范院校须根据教育部《中学教师专业标准（试行）》《教师教育课程标准（试行）》等,面向基础教育发展及教师教育能力需求,制定基于能力范式的专业毕业要求。毕业要求须支撑人才培养目标,并基于能力范式进行分解和落实。以下以齐鲁师范学院为例进行介绍。

一、师范专业毕业要求涵盖内容

（一）践行师德

1）师德规范。践行社会主义核心价值观,增进对习近平新时代中国特色社会主义思想的政治认同、思想认同、理论认同、情感认同。贯彻党的教育方针,以立德树人为己任。遵守中小学教师职业道德规范,具有依法执教意识,立志成为"四有"好老师。

2）教育情怀。具有从教意愿,认同教师工作的意义和专业性,具有积极的情感、端正的态度、正确的价值观;具有人文底蕴和科学精神,尊重学生人格,富有爱心、责任心,工作细心、耐心,做学生锤炼品格、学习知识、创新思维、奉献祖国的引路人。

（二）学会教学

1）学科素养。掌握所教学科的基本知识、基本原理和基本技能，理解学科知识体系的基本思想和方法；了解所教学科与其他学科的联系，了解所教学科与社会实践的联系，对学习科学相关知识有一定的了解。

2）教学能力。在教育实践中，能够依据所教学科课程标准，针对学生身心发展和学科认知特点，运用学科教学知识和信息技术进行教学设计、实施和评价，获得教学体验，具备教学基本技能，具有一定的教学能力和初步的教学研究能力。

（三）学会育人

1）班级指导。树立德育为先理念，了解德育原理与方法；掌握班级组织与建设的工作规律和基本方法；能够在班主任工作实践中，参与德育和心理健康教育等教育活动的组织与指导，获得积极体验。

2）综合育人。了解学生身心发展和养成教育规律；理解学科育人价值，能够有机结合学科教学进行育人活动；了解学校文化和教育活动的育人内涵和方法，参与组织主题教育和社团活动，对学生进行教育和引导。

（四）学会发展

1）学会反思。具有终身学习与专业发展意识，了解国内外基础教育改革发展动态，能够适应时代和教育发展需求，进行学习和职业生涯规划。初步掌握反思的方法和技能，具有一定的创新意识，运用批判性思维方法分析和解决教育教学问题。

2）沟通合作。理解学习共同体的作用，具有团队协作精神，掌握沟通合作技能，具有小组互助和合作学习体验。

二、毕业要求指标点的分解与制定依据

毕业要求指标点的分解与制定立足于以下两点。

1）各专业毕业要求指标点的分解与制定立足于齐鲁师范学院的办学定位"师范性、地方性、应用型"，以立德树人为根本，培养专业基础实、实践能力强、综合素质高、社会适应快，具有社会责任感、创新精神和创业能力的基础教育师资和其他应用型专业人才，彰显师范教育的特色，强调师范生能力的要求。

2）各专业毕业要求指标点的分解与制定立足于规范有效的需求调研。各专业对在校生、毕业校友、用人单位、教育行政部门、同行教育专家、本专业教师及教学管理人员、中学一线教师等利益相关方进行广泛调研，分解毕业要求指标点。

三、基于能力范式的学生毕业要求制定

1. 齐鲁师范学院外国语学院英语专业

基于能力范式制定齐鲁师范学院外国语学院英语专业践行师德的毕业要求，并对毕业要求指标点进行分解。

1）师德规范。以立德树人为己任，积极践行社会主义核心价值观，在思想上、政治上、理论上和情感上认同习近平新时代中国特色社会主义思想，坚决贯彻党和国家的教育方针、政策，具有依法执教意识，恪守教师职业道德，立志成为"四有"好老师。

毕业要求指标点如下：

政治素质。坚持对习近平新时代中国特色社会主义思想的政治认同、思想认同、理论认同、情感认同，具有坚定的马克思主义信仰和中国特色社会主义信念，能够积极践行社会主义核心价值观。

师德修养。以立德树人为己任，恪守教师职业道德规范，立志成为有理想信念、有道德情操、有扎实学识、有仁爱之心的"四有"好老师。

依法执教。贯彻党的教育方针，熟悉教育法律法规，能够依法执教。

2）教育情怀。具有从事英语教育工作意愿，认同英语教师工作的意义和专业性，具有服务基础教育的责任感和使命感，具有一定的人文底蕴与科学精神，秉持正确的教育观、教师观和学生观，做学生健康成长的引路人。

毕业要求指标点如下：

职业认同。具有从教意愿，熟悉英语教师工作特点和职责，认同英语教师工作的意义和专业性。

教育观念。具有一定的人文底蕴和科学精神，尊重学生人格，富有爱心、责任心，工作细心、耐心，具有正确的教育观、教师观和学生观。

教育使命。具有服务基础教育的责任感和使命感，做学生锤炼品格、学习知识、创新思维、奉献祖国的引路人。

2. 齐鲁师范学院数学学院数学与应用数学专业

基于能力范式制定齐鲁师范学院数学学院数学与应用数学专业践行师德的毕业要求，并对毕业要求指标点进行分解。

1）师德规范。热爱祖国，在思想、政治、理论和情感上高度认同习近平新时代中国特色社会主义思想，自觉践行社会主义核心价值观；贯彻党的教育方针，遵守教师职业道德规范，具有依法执教意识；以立德树人为己任，立志成为"四有"好老师。

毕业要求指标点如下：

价值认同。认同习近平新时代中国特色社会主义思想，自觉践行社会主义核心价值观。

依法执教。贯彻党的教育方针，熟悉教育法律法规，具有依法执教意识。

践行师德。树立立德树人的教育理念，遵守教师职业道德规范，努力提升自身师德修养，立志成为"四有"好老师。

2）教育情怀。具有从教意愿，认同教师职业价值，具有积极的情感、端正的态度和正确的价值观；具有人文底蕴和科学精神，尊重学生人格，富有爱心、责任心，工作细心、耐心，做学生健康成长的引路人。

毕业要求指标点如下：

职业认同。了解数学教师职业规律和特点，认同教师职业价值，乐于从教，具有积极的情感、端正的态度和正确的价值观。

关爱学生。了解学生身心发展规律与特点，尊重学生人格，富有爱心、责任心，工作细心、耐心，立志做学生健康成长的引路人。

自身修养。具有一定的人文底蕴和崇尚真理的科学精神，身心健康。

四、毕业要求及指标点分解与制定原则

为了培养基础教育发展需要的人才，师范院校毕业要求指标点的分解应遵循以下原则：一是以能力为基础，落实到具体的教学环节；二是以能力为导向，便于达成毕业要求的评价。根据各专业特点，对毕业要求进行分解，形成毕业要求指标点。

（一）以能力为基础，落实到具体的教学环节

每项毕业要求指标点的分解都要符合师范生能力发展规律，体现专业特点，并落实到相应的课程或教学环节中。齐鲁师范学院外国语学院毕业要求指标点"综合运用"中要求师范生具有一定的跨文化能力、文学赏析能力、思辨能力及第二外语运用能力，能够综合运用英语学科知识和学习科学知识，分析和解决语言运用和英语教育教学中的问题。毕业要求指标点"综合运用"对应的高支撑课程有中学英语教师优质课例远程研修、文化与文学类选修课程、翻译类选修课程、语言类选修课程、研究方法与学术写作、翻译理论与实践等；其对应的中支撑课程有自主学习与创新创业活动、英国文学、美国文学、语言学导论等；其对应的实践环节有毕业论文（设计）、教育研习、专业实践周、教育实习等；其对应的第二课堂有志愿公益服务、2019年国际泳联游泳世界杯（济南站）志愿服务、中国青年志愿者协会服务等。

（二）以能力为导向，便于达成毕业要求的评价

毕业要求指标点分解以能力为导向，其反映的能力应可教、可学、可测评，并将反映的能力在具体课程或教学环节中转化为可观察、可测量的活动或行为表现，便于达成毕业要求的评价。毕业要求的评价可采用直接评价与间接评价相结合的方式。直接评价以支撑该毕业要求指标点的课程达成度评价数据为依据，其计算公式为

$$直接评价达成度 = \sum 支撑课程达成度评价 \times 课程支撑权重$$

间接评价以毕业生、用人单位调查问卷、学生访谈等外部数据为依据，其公式为

$$各项毕业要求指标点达成度=直接评价达成度×课程支撑权重$$
$$+间接评价达成度×课程支撑权重$$

各项毕业要求指标点达成度取各指标点中达成度的最低值。

齐鲁师范学院外国语学院毕业要求指标点"反思能力"中要求师范生初步掌握反思方法和技能，具有一定的教育教学创新意识，能够运用批判性思维方法，学会分析和解决教育教学问题，形成良好的教育反思能力。该指标点侧重于对学生教育教学创新意识和反思能力的塑造。从课程考核成绩分析与相关利益方问卷调查结果来看，师范生能够对教育教学实践活动进行深入思考，总结教育教学经验教训，分析解决教育教学实际问题。例如，在教育实习中，师范生与教师一起研讨实习中发现的教育教学问题，并引导深化为毕业论文选题。齐鲁师范学院外国语学院"反思能力"指标点直接达成度为0.82，间接达成度为0.84，总体达成度为0.82，毕业要求评价结果为达成。

五、毕业要求指标点的分解与制定理念

毕业要求指标点的分解与制定应遵循"以学生为中心、以能力为导向、回归实践"的理念。以学生为中心，强调遵循师范生成长规律，以师范生为中心整合教育资源、组织课堂、实施教学；以能力为导向，强调以师范生的学习能力和效果为导向，按照能力标准构建课程体系，以学生能力的达成度评价人才培养标准，确定毕业要求；回归实践，强调从理论性和完整性的知识范式中解放出来，培养师范生的实践创新能力。

（一）以学生为中心

师范生毕业要求中的"践行师德，学会教学，学会育人，学会发展"，都是围绕以学生为中心制定的。践行师德，要求师范生践行师德规范，具有教育情怀。师德是教师遵守的职业道德和行为准则，是指导师范生学会教学、学会育人、学会发展的基础和保障，能帮助师范生树立坚定的思想政治信念，正确的教育观、学生观，成长为"四有"好老师。学会教学，要求师范生具备学科素养和教学能力。学科素养是从事教学工作的基础，是师范生具备教学技能和教学能力的前提，能帮助师范生掌握系统、扎实的学科基础知识和学科教学知识，在教育教学实践中综合运用知识分析和解决教学实践中的问题，针对教学难点问题进行实证化的行动研究。学会育人，要求师范生树立德育理念，开展班级指导和育人活动，帮助师范生掌握班级建设和育人理念，在教育实践中设计综合育人目标，参与班级管理、主题教育和社团活动，获得有效的育人体验。学会发展，要求师范生学会反思并掌握沟通合作技能，帮助师范生了解专业的发展，使其能够系统地学习批判性思维方法和反思技能，并在教学实践中深入体验观摩，反思教学实践情境，积极进行交流沟通，探讨解决教育实践问题。

（二）以能力为导向

毕业要求中的"一践行三学会"以能力为导向。其中，践行师德是学会教学、学会育人和学会发展的基础。学会教学，注重培养师范生的教学技能和教学能力，其中教学能力是师范生能否胜任教学工作的关键。学会育人，体现在班级指导和综合育人两方面。班级指导是教师从事育人工作的关键能力，综合育人是从事育人工作的专业核心能力。学会发展，体现在学会反思和沟通合作两方面，学会反思是师范生从事基础教育教学工作、实现学科专业发展的基本能力之一，沟通合作是师范生专业学习和发展的重要能力。

（三）回归实践

毕业要求中的"一践行三学会"要求学生将所学的理论知识运用到教学实践中。践行师德，要求师范生在教学实践中遵守教师职业道德规范和行为准则，逐渐成长为"四有"好老师；学会教学，基于理论知识学习，要求师范生在教育实习实践中锻炼教学技巧，提高教学能力，为以后从事教师工作奠定基础；学会育人，基于德育理念和育人方法，要求师范生在教学实践中通过班级建设与管理、班级活动进行育人活动；学会发展，基于教学反思方法和沟通合作技巧，要求师范生在教学实践中反思教学，与教师、学生进行交流沟通。

齐鲁师范学院外国语学院英语专业毕业要求指标点"学科基础"要求师范生掌握英语语言、文学和文化等基础知识、基本理论、基本技能与方法，具有良好的语言运用能力，具备文学鉴赏与跨文化交际的基本素养。在教学能力的养成体系方面，师范生应首先掌握英语教学的基本理论和技能，在教学实践中获得教学体验，具备教学能力，针对教学难点问题进行实证化的行动研究，培养教研意识。

齐鲁师范学院数学学院数学与应用数学专业毕业要求指标点"数学基础"中要求师范生掌握数学学科的基础知识、基本理论与基本方法，具有数学抽象、逻辑推理、直观想象、数学运算等重要思维品质和关键能力。这体现了师范生在掌握基础学科知识方面应具备的思维品质和关键能力。在教学能力培养方面，师范生应首先学习、掌握教育教学理论和教学基本技能，具有较好的普通话水平与书写技能，熟练运用现代教育技术进行辅助教学，理解数学课程标准和中学生认知特点，掌握中学数学课堂教学技能，能够独立进行课堂教学设计并获得较丰富的教学体验，具备初步的教学能力。

六、毕业要求与人才培养目标、课程体系的对应支撑情况

（一）毕业要求对人才培养目标的对应支撑情况

毕业要求包括学生通过本专业学习所掌握的知识、技能和素养，通过反映专业人才的能力特征，支撑培养目标。齐鲁师范学院外国语学院英语专业的毕业要求对人才培养

目标的支撑情况如表 5-1 所示。

表 5-1　毕业要求对人才培养目标的支撑情况

毕业要求	人才培养目标				
	人才培养目标1：师德优秀	人才培养目标2：素养综合	人才培养目标3：教学力强	人才培养目标4：育人全面	人才培养目标5：终身发展
毕业要求1：师德规范	√				√
毕业要求2：教育情怀	√	√		√	
毕业要求3：学科素养		√	√		
毕业要求4：教学能力		√	√		√
毕业要求5：班级指导	√			√	
毕业要求6：综合育人	√			√	
毕业要求7：学会反思			√		√
毕业要求8：沟通合作				√	

　　毕业要求是对人才培养目标的分解与支撑，通过表 5-1 中的对应支撑关系可以看出，人才培养目标的每个指标点都有两个以上的毕业要求作为主要支撑点。

　　（二）课程体系对毕业要求的对应支撑情况

　　课程体系的制定目标明确、重点突出，能够支撑"一践行三学会"的毕业要求。齐鲁师范学院外国语学院基于学校的办学定位和调研结果，构建了"通识课程+学科专业课程+教师教育课程+集中实践课程+第二课堂"的模块化课程结构体系。通识课程培养师范生的社会主义核心价值观，助力师范生践行师德、深化教育信念、形成职业认同、养成基本的科学素养和人文精神，将不同学科的知识融会贯通；学科专业课程全面培养师范生的英语语言运用能力、跨文化能力、文学赏析能力、思辨能力及第二外语运用能力；教师教育课程强化师范生的教育教学能力，培养师范生的综合育人能力，使师范生毕业后能够迅速适应岗位需求，满足教师专业化发展需求；集中实践课程锻炼师范生的师范技能，提高其创造性劳动能力，培养师范生创新精神、实践能力；第二课堂以育人为核心，全面发展师范生综合素质。课程体系能够满足专业人才培养要求，全面支撑毕业要求，使师范生达成"一践行三学会"的专业素质要求。

第四节　能力范式下的课程体系建设

　　能力范式人才培养体系的构建须聚焦两线，一是"逻辑主线"，这是进行"反向设计"的客观依据；二是"逻辑底线"，这是"正向施工"的现实进程。两线之中，课程体系居于中间位置，它既彰显着人才培养目标与毕业要求，也指导着课程目标的制定和课程的具体实施,是构建能力范式人才培养体系的载体[①],是保障和实现教学改革的关键;同时,完善健全的制度规范、面向需求的培养目标和明晰支撑培养目标的毕业要求是构建科学合理课程体系的前提与基础。

新形势下,新的教育政策的出台、基础教育与师范类专业认证的发展,要求师范院校在重构课程体系时树立 OBE 理念,且要准确、全面、深刻地把握四大标准,即《国标》、《认证办法》(尤其是其中"学生中心、产出导向、持续改进"的基本理念)、《教师专业标准》与《教师教育课程标准》。同时,还要明确各项标准之间的关系,即《国标》为上位标准,《认证办法》为直接标准,后两项标准为底线标准。

能力范式下的师范院校课程体系建设以师范性与应用型的人才培养标准为出发点和落脚点。本质上,课程体系是人才培养标准的具体化,是高校人才培养目标得以实现的保障。具体实践中须综合考量课程体系与毕业要求及课程目标之间的关系。

一、课程体系与毕业要求

能力范式下的课程体系直接支撑毕业要求,其通过对毕业要求的有力支撑,实现人才培养目标。以齐鲁师范学院外国语学院英语专业为例,其人才培养方案将"师德规范、教育情怀、学科素养、教学能力、班级指导、综合育人、学会反思、沟通合作"作为其八大毕业要求,并对各项毕业要求的内涵做了详细诠释。不仅如此,各项毕业要求还包含 2~3 项指标点,如将"师德规范"分解为"政治素质、师德修养、依法执教"3 个指标点,且对各指标点都有细化描述,最终形成如图 5-1 所示的课程体系(以英语专业为例)。英语专业课程拓扑图如图 5-2 所示,其对毕业要求的支撑矩阵如图 5-3 所示。

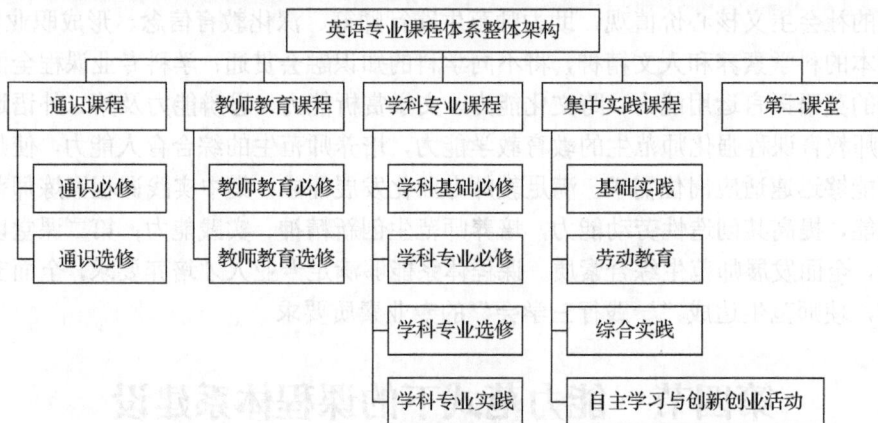

图 5-1 英语专业课程体系整体架构

---

① 林松柏,2017. 转换高等教育范式 构建应用型人才培养体系[J]. 齐鲁师范学院学报(3):1-5.

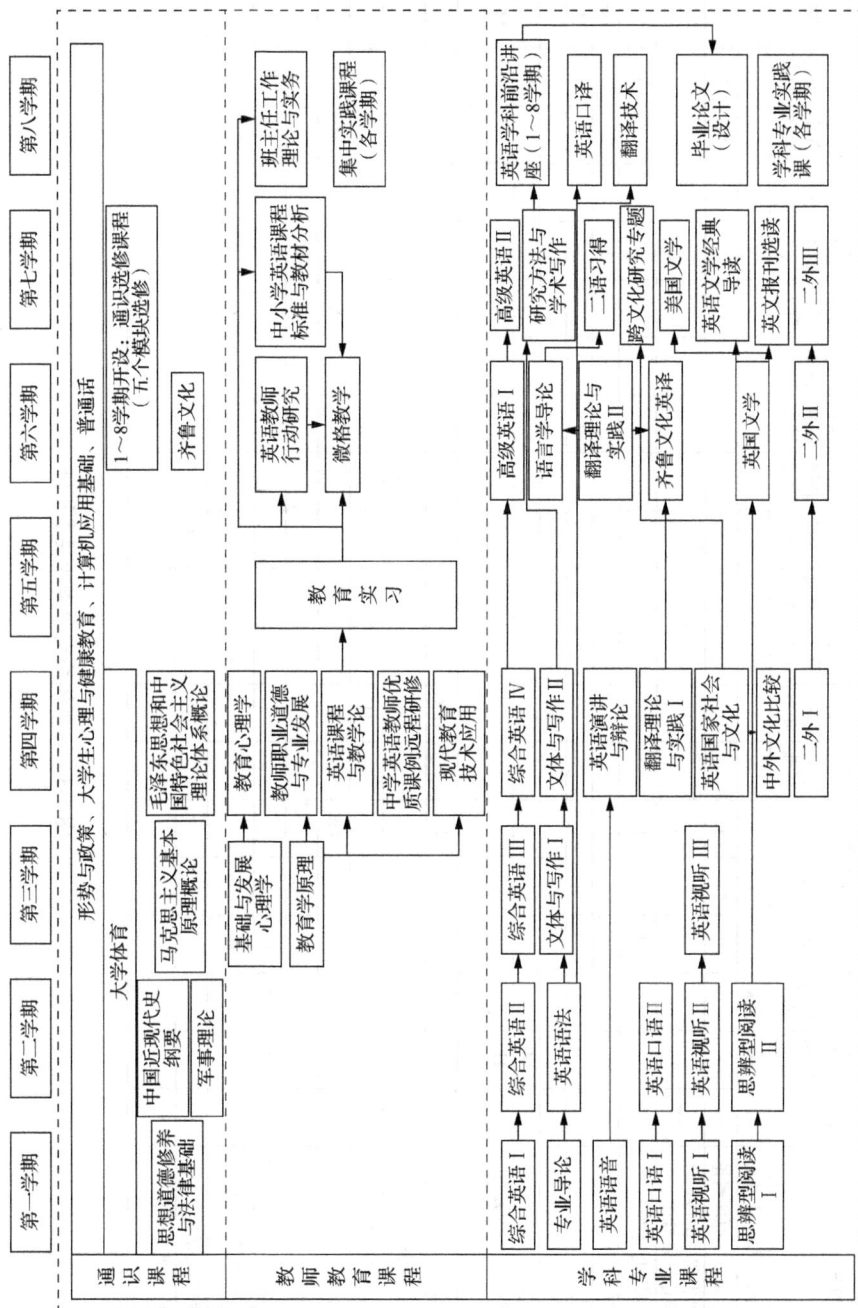

图 5-2　英语专业课程拓扑图

毕业要求

课程名称（教学环节）	1.1 政治素质	1.2 师德修养	1.3 依法执教	2.1 职业认同	2.2 教育观念	2.3 教育使命	3.1 学科基础	3.2 学科联系	3.3 综合运用	4.1 基本理论	4.2 基本技能	4.3 教研能力	5.1 德育理念	5.2 班级建设	6.1 学科育人	6.2 活动育人	7.1 终身学习	7.2 自我规划	7.3 反思能力	8.1 团队协作	8.2 沟通协调
	1. 师德规范			2. 教育情怀			3. 学科素养			4. 教学能力			5. 班级指导		6. 综合育人		7. 学会反思			8. 沟通合作	
思想道德修养与法律基础	H★	H★	H★		L								H★						H		
马克思主义基本原理概论	H★					L												M	H		
毛泽东思想和中国特色社会主义理论体系概论	H★					L															
中国近现代史纲要	H			M		H													M		
大学体育（1，2，3，4）															L					H★	
军事理论	M												L		M					H	
计算机应用基础	H	M	H					M			H					M					
形势与政策	H	H												L						M	
大学生心理与健康教育														M	H						
普通话										H											
齐鲁文化					H	H		H★													
通识选修课程模块					H			H				H	M			M	H		M		
基础与发展心理学		M			H			H		M		H	L	M	L	H		M			
教育学原理				H★	H★	H★		H		M		L	L	M	M			M			
教育心理学	H			H	M	H	H	H★				L		L	M	H			M	M	
教师职业道德与专业发展		H★	H★	L	H			H	H									M	M		
中学英语教师优质课例远程研修				H							H				H★				M		
英语课程与教学论							H★			H	H★								M		
中小学英语课程标准与教材分析							H			H	M				M				M		

图 5-3 课程体系支撑毕业要求矩阵

课程名称（教学环节）	1. 师德规范			2. 教育情怀			3. 学科素养			4. 教学能力			5. 班级指导		6. 综合育人		7. 学会反思			8. 沟通合作	
	1.1 政治素质	1.2 师德修养	1.3 依法执教	2.1 职业认同	2.2 教育观念	2.3 教育使命	3.1 学科基础	3.2 学科联系	3.3 综合运用	4.1 基本理论	4.2 基本技能	4.3 教研能力	5.1 德育理念	5.2 班级建设	6.1 学科育人	6.2 活动育人	7.1 终身学习	7.2 自我规划	7.3 反思能力	8.1 团队协作	8.2 沟通协调
班主任工作理论与实务													H	H		H					H
信息技术术选修模块											H						M				
教学技术实践选修模块											H						M				
教学实践选修模块											H								H★		
教学研究选修模块							H★					H★							M		
教学管理选修模块													H★	H★		H					H★
专业导论		H		H★			M★	H													
综合英语（I、II）							H★				H							H★			
综合英语（III、IV）							H				H						M		M	M	
英语口语（I、II）							H				H						M		M	M	
英语视听（I、II、III）							H				H										
英语语音							H				H										
英语语法							H				H										
思辨型阅读（I、II）							H★	M							H				M		
英语国家社会与文化							H★		M										H		
英国文学							H★		M										M		
美国文学							H		H★	M									M		
翻译理论与实践（I、II）							H★		H		M								M		
语言学导论							H		H		H		H★	H			M			H	
高级英语（I、II）							H				H						M			H	
文体与写作（I、II）							H		H		H									L	
研究方法与学术写作							H		H★			H★					M				
二外（日、法）（I、II、III）							H										M				

图 5-3（续）

课程名称（教学环节）	毕业要求																				
	1. 师德规范			2. 教育情怀			3. 学科素养			4. 教学能力			5. 班级指导		6. 综合育人		7. 学会反思			8. 沟通合作	
	1.1 政治素质	1.2 师德修养	1.3 依法执教	2.1 职业认同	2.2 教育观念	2.3 教育使命	3.1 学科基础	3.2 学科联系	3.3 综合运用	4.1 基本理论	4.2 基本技能	4.3 教研能力	5.1 德育理念	5.2 班级建设	6.1 学科育人	6.2 活动育人	7.1 终身学习	7.2 自我规划	7.3 反思能力	8.1 团队协作	8.2 沟通协调
语言类选修课程	M						M		H									M			
文化与文学类选修课程							M	H	H			M			H★				H		
翻译类选修课程						H★	M		H						M						
桥梁类选修课程							M				H★										
专业实践周	M			H★			H		H	H★		M	M				L	L	H	M	M
毕业论文（设计）	H	H	H	H	H	H	H	M	H	H	H	H	M	M			H	H	H	M	L
教育见习	M	M	H	H	H							H	H	H		H		M	H		L
教育实习	H	H★	M	H★	H★	H★					H★	H	M	H★	H	H★		H	H		H
教育研习							H		M		H	H		H		H★			H★	L	H
职业生涯与发展规划				M	M												H★	H			
职业创业指导				M	M	M										H★	H	H			H
自主学习与创新创业活动															H★	H★	H★			H	M
第二课堂实践教学课程	M	M		M	M	M	H	H★	H		H		M			H★		M		H★	H★

图 5-3（续）

注："H★"表示教学环节对毕业要求为核心支撑；"H"表示课程与毕业要求关联度高；"M"表示课程与毕业要求关联度中等；"L"表示课程与毕业要求关联度低。

由此可见，该专业的课程体系整体架构合理。该专业教育工作者依据专业人才培养目标和毕业要求，基于对《国标》《中学教育专业认证标准》《中学教师专业标准（试行）》《教师教育课程标准（试行）》等文件精神及基础教育改革发展的要求与趋势的全面理解和把握，同时秉持"厚德强基、能言善教、扬中鉴西、慎思乐习"的专业特色，构建了"通识课程+教师教育课程+学科专业课程+集中实践课程+第二课堂"的模块化课程结构体系。该专业课程体系模块结构合理，课程类型清晰，学分分配合理，先修后续关系明确，满足了师范类专业认证二级标准和教师教育课程标准的要求。不仅如此，该专业课程体系目标明确，能够支撑"一践行三学会"的毕业要求，能够满足专业人才培养要求。该专业课程体系重点突出，秉承"厚德强基、能言善教、扬中鉴西、慎思乐习"的专业特色，注重培养师范生的学科素养和实践能力，对学科专业选修课程和教师教育选修课程进行了模块化处理，有助于提高师范生的专业素养和教学技能。例如，文化与文学类选修课程模块中的"中外文化比较"和翻译类选修课程模块中的"齐鲁文化英译"提升了师范生的人文底蕴和跨文化能力。教师教育选修课程设置了教学技术模块、教学实践模块、教学研究模块和教学管理模块，从模块化课程学习到"见习—实习—研习"全程贯通实践教学，培养师范生的教学技能和教育研究能力，发展师范生的教师职业素养。该专业的课程体系对其所设定的总体毕业要求及各指标点起到了有力、有效的支撑作用。

在此，须注意课程体系对毕业要求指标点的支撑强度及其依据问题。课程体系中各项课程对毕业要求指标点的支撑，一方面取决于课程目标与指标点内涵的对应关系，另一方面取决于课程目标支撑指标点的数量与强度。一般来说，课程目标完全契合指标点内涵的为高支撑，课程目标大部分契合指标点内涵的为中支撑，课程目标小部分契合指标点内涵的为低支撑；课程目标支撑指标点的数量越多，支撑度越强，反之则越弱。原则上，每门课程支撑的毕业要求一般不超过 5 个，核心课程必须有高支撑的毕业要求指标点；同时，每个毕业要求的强支撑课程不应少于 3 个，养成性的毕业要求应同时有理论课和实践课的强支撑。其中，实践课中第二课堂内的课程化活动须起到一定的支撑作用。仍以齐鲁师范学院外国语学院英语专业为例，其毕业要求包括"践行师德，学会教学，学会育人，学会发展"4 个维度，对应"师德规范、教育情怀、学科素养、教学能力、班级指导、综合育人、学会反思、沟通合作"8 个指标点。每项毕业要求指标点都由不同模块的不同课程支撑，都由相应的理论类、实践类课程支撑，有的毕业要求指标点还得到第二课堂类课程的支撑；每个毕业要求指标点都有至少 5 门高支撑课程；每门课程至少支撑两个以上毕业要求指标点。课程体系与毕业要求支撑关系科学、高中低支撑度合理，体现出强有力的支撑关系。

二、课程体系与课程目标

课程目标与毕业要求指标点内涵的对应关系直接决定该课程对毕业要求的支撑强度，进而影响该课程在整个课程体系中的位置与功能。因此，能力范式下课程体系建设还须注意课程目标的达成，这有赖于课程负责人及其教学团队制定可教、可学、可评、可达成的课程目标，并据此整合教学内容、优化教学方法。以齐鲁师范学院外国语学院英语专业的"英语课程与教学论"课程为例，该课程属于英语专业课程体系中的教师教育课程，且为专业必修课，其课程目标如表 5-2 所示，其对毕业要求的支撑关系如表 5-3 所示，其课程目标与毕业要求指标点的对应关系如表 5-4 所示。

表 5-2 "英语课程与教学论"课程目标

课程目标	1）熟悉英语学科性质特点，进行育人活动。了解我国英语课程标准的基本内容与要求，熟悉当前中学生发展所需的核心素养，正确认识中学英语学科的性质和特点，明确中学英语课程的目标和任务，能够有机结合中学英语课程内容进行德育教育
	2）掌握英语教学基本理论、方法与技能，具备一定的学科教学素养。熟悉中学英语课程与教学的基本理念，掌握中学英语教学的主要模式、常用教学方法和课堂组织与管理策略，能够运用中学英语教学的基本技能，开展英语课堂教学
	3）通过英语学科知识，进行教学设计，具备一定的教学能力。依据英语课程标准和中学英语教材体系，能够针对中学生的身心发展和认知特点，初步开发英语课程资源，创设合适的语言情景，开展有效的教学设计、实施和评价，获得初步的教学体验
	4）通过英语教学实践，具有一定的反思和教研意识。能够利用中学英语课程与教学基本理论分析和解决教学实践中的问题，形成一定的教学反思能力，初步具有教研意识

表 5-3 "英语课程与教学论"课程目标支撑毕业要求关系

毕业要求	教学能力			综合育人			学会反思		
	4.1	4.2	4.3	6.1	6.2	6.3	7.1	7.2	7.3
指标点支撑度	H	H			M				M

表 5-4 "英语课程与教学论"课程目标与毕业要求指标点的对应关系

毕业要求	毕业要求指标点	课程目标
教学能力	基本理论：了解中学生身心发展规律和英语学科认知特点，理解中学英语课程标准的内涵和要点，初步掌握英语学科教学知识	课程目标 1）、课程目标 2）
	基本技能：具有较好的中英文表达水平及书写技能，能够运用英语学科教学知识和现代教育技术开发教学资源，以学生为中心进行教学设计、实施和评价，能够在教学实践中获得一定的教学体验，具备初步的教学能力	课程目标 3）
综合育人	学科育人：了解中学生身心发展和养成教育规律，理解英语学科育人价值，初步掌握英语学科育人内容与方法，能够结合英语教学进行育人活动	课程目标 1）
学会反思	反思能力：初步掌握反思方法和技能，具有一定的教育教学创新意识，能够运用批判性思维方法，学会分析和解决教育教学问题，形成良好的教育反思能力	课程目标 4）

由表 5-2～表 5-4 可见，"英语课程与教学论"有描述清晰、定位准确的课程目标，涵盖了知识、能力与素养 3 个维度。由其支撑关系可见该门课程突出对教学能力与反思能力的培养，同时注重课程育人。作为专业课程体系中教师教育类的核心课程，该课程的先修课程为通识课程"教育学原理"与"教育心理学"，后修课程有"英语教师行动

研究""中小学英语课程标准与教材分析"等课程。该课程开设时间为第四学期，为第五学期的教学实习做了切实有效的铺垫与准备，而教育实习这一实践活动又加深了学生对该课程内容的理解。与此同时，其课程目标与教学内容、教学方法有机对应（表5-5），逻辑合理、层次清晰地呈现了课程目标达成的途径。

表5-5　"英语课程与教学论"课程目标与教学内容、教学方法的对应关系

课程目标	教学内容		教学方法
1）熟悉英语学科性质特点，进行育人活动。了解我国英语课程标准的基本内容与要求，熟悉当前中学生发展所需的核心素养，正确认识中学英语学科的性质和特点，明确中学英语课程的目标和任务，能够有机结合中学英语课程内容进行德育教育。（对应毕业要求指标点 4.1、6.1）	Unit 1	Language and Language Learning	探究式教学法 线上线下混合式教学法
	Unit 3	The National English Curriculum	类比教学法 案例教学法
	Unit 14	Moral Learning	案例教学法 启发式教学法
2）掌握英语教学基本理论、方法与技能，具备一定的学科教学素养。熟悉中学英语课程与教学的基本理念，掌握中学英语教学的主要模式、常用教学方法和课堂组织与管理策略，能够运用中学英语教学和基本技能开展英语课堂教学。（对应毕业要求指标点 4.1）	Unit 2	Communicative Principles and TBLT	线上线下混合式教学法 案例教学法
	Unit 4	Lesson Planning	案例教学法
	Unit 5	Classroom Management	线上线下混合式教学法 案例教学法
	Unit 13	Integrated Skills	引导发现法、研讨法
3）通过英语学科知识，进行教学设计，具备一定的教学能力。依据英语课程标准和中学英语教材体系，能够针对中学生的身心发展和认知特点，初步开发英语课程资源，创设合适的语言情景，开展有效的教学设计、实施和评价，获得初步的教学体验。（对应毕业要求指标点 4.2）	Unit 4	Lesson Planning	线上线下混合式教学法 案例教学法
	Unit 15	Assessment in Language Teaching	案例教学法
	Unit 16	Learner Differences and Learner Training	任务驱动教学法
	Unit 18	Evaluating and Adapting Textbooks	任务驱动教学法
	Unit 17	Using and Creating Resources	任务驱动教学法 研讨法
	Unit 6-8　Teaching Language Knowledge (Pronunciation、Vocabulary、Grammar)		任务驱动教学法 案例教学
	Unit 9-12　Teaching Language Skills (Listening、Speaking、Reading、Writing)		任务驱动教学法 案例教学
4）通过英语教学实践，具有一定的反思和教研意识。能够利用中学英语课程与教学基本理论分析和解决教学实践中的问题，形成一定的教学反思能力，初步具有教研意识。（对应毕业要求指标点 7.3）	Unit 4	Lesson Planning	案例教学法
	Unit 6-8　Teaching Language Knowledge (Pronunciation、Vocabulary、Grammar)		任务驱动教学法
	Unit 9-12　Teaching Language Skills (Listening、Speaking、Reading、Writing)		任务驱动教学法

　　能力范式下的课程体系建设仍须解决课程设置问题，这既包括各类课程的设置比例，也包括同类课程的修读次序。专业课程的设置不仅要求遵循学科专业特点和学分比

例要求，还要求能够支撑毕业要求。对于无法支撑毕业要求的课程，可酌情调整该课程设置。齐鲁师范学院外国语学院英语专业的课程设置明确了其主干学科为"外国语言文学"与"教育学"，其核心课程为"综合英语""英语国家社会与文化""翻译理论与实践""语言学导论""英国文学""美国文学""英语课程与教学论""班主任工作理论与实务"。将英语专业课程划分为通识课程、教师教育课程、学科专业课程、集中实践课程、第二课堂实践教学课程 5 类，细分了各类课程所占总学分的比例。将 5 类课程分布于大学四年的 8 个学期中，其课程结构层次清晰、衔接有序、先修后续关系明确。

对于教师而言，在建设课程体系之后，还须重新梳理并建设自己的课程，其主要标志就是课程教案。新的课程教案要突出能力培养，以课程标准为依据，突破课本体例与顺序，对教学内容的结构进行重新设计；教学内容既要有广度，如前后知识的练习、问题的来龙去脉、不同流派观点等，又要有深度，如基本的理论依据、与实践应用的结合、专业素养的培养、前沿知识和最新成果等。2017 年，齐鲁师范学院出台《齐鲁师范学院关于实施"新教案"的意见》，并于 2020 年开展优秀新教案的评审，产生了一批高质量的创新型课程教案。这既是课程建设的成果，也是完善课程体系的基石。

总而言之，能力范式下的课程体系建设有别于传统的单纯依据知识体系的系统性与完整性构建的课程体系，侧重于课程的应用性与实践性，但这并不意味着能力范式下的课程体系脱离了知识体系。它以能力为主线，将知识的传授、能力的培养、价值观的养成整合为一体，并贯穿于课程设计、实施与评价的各个环节，依托有效的质量监控机制持续完善，以切实有效地支撑毕业要求与人才培养目标的达成。课程体系体现着高校学生的能力发展方向。师范院校的课程体系尤其要体现出"师范性"与"应用型"，其建设既要遵循学科逻辑，又要尊重学生的身心发展规律。作为一个开放的系统，能力范式下的课程体系应与时俱进，兼顾多方需求。

第五节　能力范式下的人才培养方案质量监控机制建设

人才培养方案是人才培养工作的总体设计和实施方案，是安排教学任务、保证教学质量和人才培养规格的重要文件，是组织教学过程、确定教学编制的重要依据。高校在教育部和省教育厅的宏观指导下，组织专家自主制订人才培养方案，既要保证人才培养方案符合教学规律，具有一定的稳定性，又要根据社会、经济和科学技术的发展对其进行适时的调整和修订。

一、人才培养方案的组织与实施

在制订人才培养方案的过程中，学校全面贯彻落实国家的教育方针，适应经济和社会发展需要，结合学校办学定位，体现应用型人才培养目标，同时正确处理专业学习与素质教育、知识传授与培养能力、理论教学与实践环节等方面的关系，优化培养模式，更新课程结构体系，确保人才培养质量。

齐鲁师范学院各专业人才培养方案的制订，由教务处提出实施意见及要求，由各二级学院院长主持。各二级学院按照教务处提出的实施意见，在深入开展调查研究、广泛征求师生意见、充分酝酿讨论的基础上，提出详细的工作意见，按照统一、规范的格式制订人才培养方案，经学院教学指导委员会讨论审议，经学校教学指导委员会审定，由分管副校长审核签字后下发执行，由教务处协调各二级学院组织实施。

二、人才培养方案的质量监控

人才培养方案的质量监控实行"学校统筹、学责、专业落实"的工作模式。学校教学质量监控与评估处负责对各专业人才培养方案进行质量监测。各二级学院是责任主体，负责制订相关专业人才培养方案质量监测的实施细则。各专业在所属学院的指导下开展人才培养方案的评价工作，并负责整改落实。人才培养方案的质量监控主要从人才培养目标、毕业要求、课程体系 3 个方面进行，形成了人才培养方案质量监控的"三闭环"。

（一）人才培养目标的毕业生跟踪反馈及社会评价机制

由各专业负责人牵头成立工作小组，组织开展关于人才培养目标的毕业生跟踪反馈及社会评价工作。工作小组主要由专业负责人、学院教学管理人员、教学经验丰富的骨干教师及行业专家等组成。学院办公室人员负责协调与配合评价工作。

1. 定期开展毕业生跟踪反馈工作

学校各专业每年开展一次毕业生跟踪反馈调查。毕业生跟踪反馈的调查对象主要是毕业五年左右的毕业生。学校各专业根据现行的人才培养目标设计调查问卷。调查问卷内容主要涉及专业人才培养目标、课程设置、教学环节安排、能力培养等方面。工作小组通过电子邮件等方式发放与回收毕业生调查问卷。同时，学校各专业还定期召开校友座谈会，了解和掌握毕业五年左右师范生的职业发展状况。

2. 定期开展人才培养目标的社会评价

社会评价主要是指用人单位评价（含行业专家评价）。学校将各专业人才培养目标分解为关于用人单位对毕业生评价的若干问题，利用企业走访、校友返校、人才招聘等机会定期向用人单位开展问卷调查，征求用人单位对各专业人才培养目标的意见和建议。

各专业工作小组及时收集和整理反馈的数据，并对数据进行认真分析，将毕业生跟踪反馈与社会评价的结果作为修订专业人才培养目标的重要依据。各二级学院组织各专业进行专题分析，形成评价报告，督促专业落实、改进工作。评价记录和评价报告由各二级学院存档。学校采用适当方式公示评价结果，并对不同年度的评价结果进行对比分析，考查专业人才培养质量的持续改进情况。

（二）毕业要求达成度的评价机制

毕业要求是专业对学生发展做出的承诺。毕业要求达成度评价是学校人才培养全过程中的重要环节，是衡量学生是否达到所在专业毕业要求的重要依据。

由二级学院各专业负责人牵头成立工作小组，组织开展毕业要求达成度评价工作。工作小组主要由专业负责人、二级学院教学管理人员、教学经验丰富的骨干教师及行业专家等构成。二级学院办公室人员负责协调与配合评价工作的开展。专业负责人全面负责组织开展本专业的毕业要求达成度评价工作；课程负责人负责提供毕业要求达成度评价所需的课程目标达成度等基础数据；专业负责人与专业骨干教师开展毕业要求达成度反馈信息的分析与总结工作，研究并形成专业持续改进方案。

学校对每届毕业生都要开展毕业要求达成度评价的定性、定量评价工作，评价时间为每年6月。同时，学校每4年对当年应届毕业生开展一次毕业要求达成度的综合评价工作，用于课程体系的持续改进。

毕业要求达成度评价采用定量评价和定性评价相结合的方法，包括基于课程目标达成度的定量评价法和基于毕业生问卷调查及用人单位调研的定性评价法。

1. 基于课程目标达成度的定量评价法

定量评价法采用课程考核成绩分析法，依据对某个毕业要求在某门课程中的达成情况给出量化分数，计算出该毕业要求在该门课程中的毕业要求达成度评价值，形成课程教学目标达成度评价表。定量评价的依据包括试卷、成绩单、过程性考核、作业、实验记录、实验（实习、设计）报告等。

2. 基于毕业生问卷调查及用人单位调研的定性评价法

定性评价法主要采用问卷调查和座谈的形式。根据各专业毕业要求指标点设计能力评价类问题，针对毕业生开展问卷调查，获得毕业生的自评结果，或者通过召开毕业生座谈会、调研用人单位等方法，掌握毕业生的能力达成情况。定性评价的依据包括毕业生与用人单位的调查问卷及座谈与访谈记录等。

3. 毕业要求达成度评价的计算方法

各专业工作小组对本专业所制定的毕业要求进行合理分解，将1个毕业要求分解为2~5个能反映毕业要求本质的、具体的可教、可学、可测评的指标点，在原则上应保证每个指标点对应的强支撑课程不少于3门，并根据指标点特性使用适宜的评价方式进行评价。

各门课程考核成绩及利益相关方的调查、访谈等数据是计算毕业要求指标点达成度的基础和依据。毕业要求达成度评价取毕业要求各指标点达成度中的最小值进行计算，计算方法如下。

1）依据课程对指标点的贡献度确定毕业要求指标点中各门课程的权重。

2）计算课程目标达成情况。齐鲁师范学院课程目标达成情况评价表如表5-6所示。

表 5-6　齐鲁师范学院课程目标达成情况评价表

（20　—20　学年第　学期　　　课程）

学院			班级		人数	
专业			任课教师			
试卷类型	（　）A		考核方式		（　）开卷	
	（　）B				（　）闭卷	

考试成绩统计	最高分		最低分		平均分	
	等级	优秀	良好	中等	及格	不及格
	人数					
	百分比（占考试人数）					

课程目标考核的具体分值与权重	抽样方法		□ 整班学生取样　☑ 整专业学生取样				
	考核方式		课程目标 1	课程目标 2	课程目标 3	课程目标 4	课程目标 5
	A. 期末考试（100 分）	平均分					
		满分					
		权重					
	B. 课堂表现（100 分）	平均分					
		满分					
		权重					
	C. 教学设计（100 分）	平均分					
		满分					
		权重					
	D. 模拟教学（100 分）	平均分					
		满分					
		权重					
	E. 其他	平均分					
		满分					
		权重					
	课程分目标达成情况（M）						
	课程分目标权重						
	课程目标达成情况						

课程实施（教学）的持续改进情况	
针对上一轮问题的改进情况	
课程目标达成情况评价分析	（重点根据达成情况，分析存在的问题及原因：1. 总体分析；2. 根据不同课程目标逐一进行分析）
改进措施	（根据实际情况逐一列举）

分析人签名：　　　　　　　　　　教研室主任签名：　　　　　　　学院院长签名：
年　　月　　日　　　　　　　　年　　月　　日　　　　　　年　　月　　日

注：①本表课程目标考核的具体分值与权重部分内容为示例，填写时不要照搬，请结合课程实际填写。课程教师可根据课程性质、不同类别学生（文、理、艺术）对本表内容做适当调整。公共必修课程的试卷分析按专业、班级分别填写。②课程的考核方式及在每项课程目标中的权重依据课程教学大纲制定，与《齐鲁师范学院课程考核方式审批表》一致。③课程分目标权重依据课程目标对应毕业要求进行制定。④用 A4 纸双面打印。

3）确定毕业要求指标点的达成情况。

毕业要求指标点达成情况评价值=$\sum$（支撑课程达成情况评价值×课程权重）

/$\sum$各门课程权重

式中，"$\sum$"表示总和。

4）毕业要求指标点中的最低达成情况为该毕业要求指标点的达成情况。

5）依据本专业毕业要求达成情况评价小组制定的合格标准，审定该专业毕业要求评价结果是否"达成"。本专业毕业要求达成情况评价计算表如表5-7所示。

表5-7　××届××专业毕业要求达成情况评价计算表

毕业要求指标点	支撑指标点的核心教学环节（H高支撑课程）	课程权重	课程达成评价值	指标点达成评价值
1.1				
1.2				
⋮				

注：①一个指标点一般对应的高支撑(H)课程不少于3门；②指标点达成度评价值=$\sum$(支撑课程达成度评价值×课程权重)/$\sum$各门课程权重。

6）各专业工作组要认真分析毕业要求各指标点的达成情况，形成专业毕业要求达成情况分析报告。

各专业每年召开毕业要求达成度评价反馈会，针对评价过程中发现的各种问题深入分析原因，提出整改措施，最终反馈于下一轮毕业要求与人才培养方案的修订过程中。

（三）课程体系设置与评价修订机制

学校结合办学特色和社会发展需求，对专业人才培养方案修订和课程体系设置实行动态调整机制，每四年对人才培养方案和课程体系进行一次全面修订，每两年对人才培养方案和课程体系进行一次微调。学校教学指导委员会负责人才培养方案及课程体系修订工作的统筹规划和协调部署，二级学院教学指导委员会负责审核专业人才培养方案及课程体系设置和评价修订工作，各专业工作小组组织开展本专业课程体系设置与评价修订工作。同时，学校应充分听取毕业生、用人单位、行业企业专家和业内同行的意见。

在课程体系设置和评价修订过程中，各专业工作小组根据毕业要求指标点反向设计，重构课程体系，确定支撑各毕业要求指标点的若干课程，并根据其支撑强度设置权重。根据毕业要求，对原有课程体系进行调整，按照毕业要求指标点重新规划课程设置及学分分配。

第六章

能力范式下的教学设计实践

第一节　能力范式下教学设计的遵循与创新

教学设计是教学实施过程的主体环节之一，是教师根据课程标准的要求和教学对象的特点，有序安排教学诸要素，确定合适的教学方案的设想和计划。教学设计一般包括教学目标、教学重难点、教学方法、教学步骤与时间分配等环节。能力范式教学理念的贯彻落实，关键在于制定和实施教学设计，因此必须在这个环节上下功夫、求创新，真正体现能力范式的要求。

一、能力范式下教学设计的理念

推动基于能力范式的教育教学改革，最根本的要求是转变教育教学理念。教学设计的制定和实施，同样需要教师在理念上进行革新，实现知识范式向能力范式的转变，实现以教师教为主向以学生学为主的转变。能力范式与知识范式教育理念的主要区别在于以下几个方面。一是制定人才培养标准的逻辑起点不同。知识范式是基于学科知识的系统性来确定人才培养标准，而能力范式是基于能力来确定人才培养标准。二是制定课程体系的技术路线不同。三是教学方法不同。知识范式下的教学方法更多的是课堂讲授，而能力范式下的教学方法则强调工作导向、项目贯穿式的理论教学与实践教学相互交融的一体化教学。四是考核评价方式不同。知识范式的课程考核一般是通过试卷来重点考查学生对知识的理解和掌握程度；而能力范式则更多采用过程考核、项目测试等多元考核方式，重点考查学生运用所学知识解决实际问题的实践与创新能力。

知识范式的教学认为：教学是教师把知识、技能传授给学生的过程，"教"是为了"教会"，"学"是为了"学会"。能力范式的教学认为：教学就是"教学生学"，教学生"乐学""会学""学会"。其中，"会学"是核心，要求学生会自己学、会在做中学、会在思中学。我国当代著名教育家叶圣陶先生曾说："教师之为教，不在全盘授予，而在相机诱导。必令学生运其才智，勤其练习，领悟之源广开，纯熟之功弥深，乃为善教者也。"因此，能力范式下教学设计中，"教"的目的是"不教"，"教"的方法是"大教"。这种"教"是教学生"学"，这种"大教"是"善教"。施教之功，贵在引路，妙在开窍。综上所述，能力范式下教学设计理念应突出学生能力的培养，处理好教师主导和学生主体之间的关系，以学生的能力提高为核心目标，真正达到"教为不教、学为学会"的效果。

二、能力范式下教学设计的原则

基于能力范式的教学设计是应用型人才培养的核心和关键。应当充分认识应用型人才培养方案要求，了解教学设计所承担的具体目标和任务，充分把握教学设计在实现课程目标、毕业要求、人才培养目标中的定位。毕业要求是确定教学内容的依据，教学内容是达到毕业要求的支撑。毕业要求与教学内容的对应关系和毕业要求与课程体系的对应关系的不同之处在于，前者是局部的，是某条或某几条毕业要求与某门或某几门课程的对应关系，而后者是整体的。也就是说，要把毕业要求逐条落实到每门课程的教学大纲中，从而明确某门具体课程的教学内容对学生达到毕业要求的贡献度。基于能力范式的教学设计，要求教学大纲必须明确本门课程对学生达到毕业要求有哪些贡献，逐条确定与毕业要求相对应的教学内容，确定完成这些教学内容所需的教学时数。显然，成果导向教学设计的教学大纲，是按所涉及的毕业要求的条目（而不是按教材的章节）编写的。这样能使教师清楚自己所教或学生清楚自己所学的内容对达到毕业要求的贡献度，从而使教师教得明白、学生学得明白。毕业要求与教学内容的对应关系，为确定课程的教学内容和教学时数提供了依据。在具体教学设计过程中，应当遵循如下原则。

1）反向设计原则。教学的出发点不是教师想要教什么，而是要达成课程目标。教师应当熟悉专业人才培养方案，明确人才培养目标、毕业要求、课程体系及课程与毕业要求指标点的关系矩阵，据此设计课程目标。在教学设计中坚持以课程目标为起点，反向设计，正向施工。

2）学生中心原则。以教师为中心是指教学设计主要取决于教师教什么，教学过程主要取决于教师怎么教，教学评价主要取决于教师教得怎么样，这是学科导向教育的必然。以学生为中心是指教学设计主要取决于学生学什么，教学过程主要取决于学生怎么学，教学评价主要取决于学生学得怎么样，这是成果导向教育的必然。也就是说，以学生为中心的师范教育要求整个教学设计与教学实施围绕促进学生达到学习成果（毕业要求）来进行，要求提供合适的教育环境，了解学生学什么（内容）和如何学（方式与策略），引导学生进行有效学习，并实施合适的教学评价来适时掌握学生的学习成效。以学生为中心要求实现以下5个转变：从灌输课堂向对话课堂转变、从封闭课堂向开放课堂转变、从知识课堂向能力课堂转变、从重学轻思向学思结合转变、从重教轻学向教主于学转变。

3）重构课程体系原则。能力范式教学改革注重课程目标的达成，要求在教学过程中对教材体系进行重构，这完全符合师范类专业认证要求的根据毕业要求设置课程体系的逻辑主线。相对于传统的知识范式，能力范式更突出根据教学的实践性、创新性、综合性和社会性来确定人才培养定位和能力标准，以能力的形成规律为基本依据来构建课程体系，以提高学生的学习能力、实践与创新能力为指向来选择和设计教学方法，更加关注学生能力的培养与形成，强调过程性的多元评价。

4）教考分离原则。坚持以教研室为单位实行集体备课，抓好"备、讲、练、辅、考"教学常规管理。任课教师负责课程的日常教学和过程性评价，教研室负责组织实施学生的期末考核，任课教师要考试回避。教考分离能较为客观地评价教师的教学效果，有利于督促教师自觉按照教学大纲和基本要求组织教学，更加注重教学设计与研究，突出能力范式的目标和标准，使教师积极改进教学方法，激发学生的学习热情，提高学生的学习成绩，不断提升课堂教学质量。

5）改教案为学历案。华东师范大学课程与教学研究所所长崔允漷教授指出，学历案主要包括5个要素：第一，学历案是一个专业的课程计划，是支持、帮助学生学好教材的教育方案、专业计划；第二，学历案是认知地图，拥有明确的目标和达成目标的学习路径；第三，学历案是学习档案，完整地记录学生的学习过程，可反复查阅；第四，学历案是互动载体，是教师之间、教师与学生及学生之间互动的文本；第五，学历案是监测依据，是教师了解学科学业质量情况的依据。

三、能力范式下教学设计的步骤

教学设计作为课程教学的"灵魂"和"总纲"，发挥着引领和指导教学的关键作用。加强能力范式下的教学设计研究，对于提高教学质量、培养应用型人才具有重要意义。在能力范式下进行教学设计必须紧扣课程大纲、教材、学生3个要素，必须突出提升学生能力，必须遵循一定的步骤。

（一）前期资料准备

教师在确定上课内容后，要查阅大量资料、调研学情，积累充足的素材，进行教学设计。

1）准备文本资料。掌握大量与课程相关的资料是进行能力范式下教学设计的基础和前提。教师只有消化、吸收各种资料，才能构建具有实践性、创新性的教学逻辑思路。准备文本资料可通过以下几个途径：一是通读教材并仔细阅读相应的教学指南或教学建议，以便深刻理解、把握教材，确保教学设计不偏离教材；二是查阅与教学主题相关的最新学术研究成果，注意将新思想融入课程，这是教师把课程讲出理论深度、以理服人的关键；三是查阅与教学主题相关的时事、新闻等，确保掌握鲜活的教学素材，从而引导学生学会理论联系实际；四是观看示范课、优质课等，吸收借鉴他人优秀的教学思路、案例等。

2）调研学情。在能力范式下进行教学设计必须重视对学情的分析，使教学设计紧扣学生问题，从而提高教学的针对性和实效性。学情分析不是教师的主观臆断，而是教师扎实开展学情调研。首先，通过问卷调查方式对各专业的学生进行调查，了解学生对该教学主题的了解程度等。其次，了解网络或实际生活中关于该教学主题的一些认识误区。这是教师确定教学目标和重点难点的重要依据。

（二）构建思路框架

教师要厘清逻辑思路，构建涵盖教学目标、教学内容、方法手段、考核评价等各层面和课前、课中、课后各环节的总体框架。

1）确定教学目标。教学目标设计是教学设计活动的导航，在教学过程中制约着教学策略设计和教学评价设计，起着提纲挈领、纲举目张的作用。教学目标设计要求教师根据前期的教材分析和学情分析确定该教学主题的知识与技能、过程与方法、情感态度与价值观三维目标，突出能力范式。

2）确定教学内容。应根据学情特点对教材内容进行恰当取舍，还应将教材语言转化为教学语言，增加教学内容的吸引力。站在学生的立场预设问题，并根据前期的学情调研梳理学生的问题，纳入教学内容。

3）确定教学重点和难点。在确定教学内容后，应根据学情特点来确定教学的重点和难点。不同学校、不同专业，其教学重点和难点会有差异。一般而言，可参考教学辅导用书确定教学重点和难点，包括教材中的理论阐述部分。此外，对于学生对该教学主题的问题也应作为重点和难点来解答。

4）确定教学模式。为达成更好的教学效果，教师要设计合适的教学模式，包括教学方法和教学手段。应摒弃传统的"满堂灌""填鸭式"的教学模式，选择以学生为中心的教学模式，如问题引导教学法、情景模拟教学法等，要着重突出对学生实践能力的培养。以学生为中心的教学模式的有效性在于把教师的教和学生的学有机结合起来，真正让学生参与其中，发挥主体作用。

5）确定评价方式。能力范式教学改革要求建立多元评价方式，突出能力标准，强化过程考核，增加非标准化考试，彰显实践与创新能力的考核。评价的内容应涵盖知识与技能、过程与方法、情感态度与价值观三维目标。评价主体包括教师、学生或者相关的第三方。课堂效果的评价方式以过程性评价为主，可运用"学习通"等信息化平台来实现课堂效果评价。教师要设定好评价指标及其权重，并根据实施情况进行适当调整。定期向学生公布过程性评价情况，以督促学生根据评价情况进行整改。

6）确定教学流程。经过以上准备，教师可以大致确定该教学主题的教学流程，对教学流程进行最后梳理，将每个环节、步骤都考虑周全。

（三）总结完善

确定教学设计总体框架后，以能力范式为导向对一些特别重要的细节进行补充完善。

1）撰写开头语。开头语是一堂课的开端，好的开头语应具备接地气、时效性、与本堂课内容密切相关等特点。

2）撰写教师点评小结。如果要突出能力范式，则需要在每堂课上突出学生的主体地位，引导学生积极参与课堂教学。在组织学生研讨或师生互动时，教师必须通过有效点评将讨论升华。因此，教师在撰写教学设计时要写好相应的点评小结。

3）撰写过渡语。教学内容之间、问题之间要有一定的逻辑顺序，精彩的衔接过渡语会使教学逻辑更清晰，使学生的思考由浅入深、层层递进。因此，教师在备课时，要将各教学内容之间的过渡语写入教案。

4）撰写课堂结语。结语是对本堂课的小结升华，是教师对本节课教学目标的总结。好的结语需要呼应开头，总结本节课的重点内容，同时针对学生的课下实践给出建议和指导。

5）线上资源准备。一堂好课必须辅以信息化教学手段。因此，教师在上课之前应做好线上教学资源准备，如提前发布导学方案、设置好问题讨论区及随堂测验等，以提高课堂效率。

四、能力范式下教学设计的路径

在能力范式下通过相应的路径，来进一步推进实践教学改革，提升学生的实践能力，完善课程成绩评定方式，改变传统的评价方式，切实落实教学设计。

（一）进一步推进实践教学改革

在教学设计中突出能力范式，重视实践教学的地位。教师除了在课堂上教授理论知识外，还应带领学生走出课堂、走向社会，聚焦现实社会的热点问题，培养学生发现问题、解决问题的能力。

除了教师在课堂上组织的小组学习、主题汇报等实践活动之外，学校还应根据各学科、各专业特点积极推进相应的实践教学基地建设，为学生的课外实践提供有利条件。目前，齐鲁师范学院建有相对稳定的实践教学基地，具体包括：一是校内实践教学资源，包括实验室、实训室等；二是在学校驻地建设长期稳定的社会实践教学基地；三是在一些革命历史遗址、博物馆、文史馆和革命老区，建成相对稳定的实践教学基地；四是结合师范院校的特点，与周边一些中小学建立实习、见习基地，使学生把所学知识用到实践中。

（二）完善课程成绩评定方式

多元化学习评价体系是对学生知识、能力、素质综合评价的多元系统反映，在评价的内容、过程、方式、方法、手段及管理等环节具有多样性。建立多元化学习评价体系是素质教育的必然要求，是因材施教和学生个性的需要，也是高等教育多类型、多规格、多层次发展的需要。例如，齐鲁师范学院将思想政治课程考核分为过程性评价、实践成绩评定、期末考试成绩评定 3 部分。

1）过程性评价。过程性评价注重学生对客观知识的掌握程度，学生在学习过程中的参与程度、课堂活跃程度及完成习题的情况，以上几项成绩占总成绩的30%。平时成绩的评定注重评价学生对基础知识的掌握程度，注重对学生学习的过程性评价。学生在课堂上不仅是接受者，还是参与者。过程性评价有利于激发学生学习的积极性。

2）实践成绩评定。实践成绩评定贯穿于课程教学全过程，它不是单纯对某一结果的考核，而是对学生实践过程中体现出来的理想、信念、智慧、能力等做出全面的考核和评价，占总成绩的20%。增加实践成绩的比重，能进一步突出能力范式的人才培养模式。

3）期末考试成绩评定。期末考试主要考核学生分析问题和解决问题的能力，其题型为案例或材料分析题，其比重占总成绩的50%。期末考试题目以基础知识为依托，突出考核学生分析问题的能力和倾向，其重点不在于考核学生死记硬背的能力，而在于重点考核学生是否对课程讲授的理论、方法进行了内化，是否能够运用所学知识分析相关现象、解决相应问题。

（三）切实落实教学设计

能力范式下的教学设计不是"纸上谈兵"，也不是教学活动完成后的"补作业"，而是在教学前按步骤精心设计的成果。优质的教学设计必须落地生根才可发挥作用。教师作为教学设计的设计者和执行者，需要在教学过程中切实落实教学设计，不可省略必要环节，随时完善不足之处，并在课后及时与学生和其他教师研讨交流，对该主题的教学设计做进一步的补充修订。

第二节　能力范式下的教学设计案例

一、基于能力范式的"马克思主义基本原理概论"课程教学——以科学实践观为例

（一）课程目标

根据各专业人才培养方案（2019级），"马克思主义基本原理概论"课程目标支撑毕业要求关系表和课程目标对应的毕业要求指标点如表6-1和表6-2所示。

表6-1　"马克思主义基本原理概论"课程目标支撑毕业要求关系表

毕业要求 （分解指标点）	师德规范		学会反思
	政治素质	师德修养	反思能力
支撑度	H	H	M

表 6-2　"马克思主义基本原理概论"课程目标与毕业要求指标点的对应关系

毕业要求	毕业要求指标点	课程目标
师德规范	践行社会主义核心价值观，增进对习近平新时代中国特色社会主义思想的政治认同、思想认同、理论认同、情感认同。贯彻党的教育方针，以立德树人为己任，立志成为有理想信念、有道德情操、有扎实学识、有仁爱之心的好老师	课程目标1）课程目标2）课程目标3）
学会反思	初步掌握反思方法和技能，具有一定的创新意识，运用批判性思维方法分析和解决教育教学问题	课程目标2）

根据课程目标与毕业要求指标点的对应关系，制定以下课程目标。

1）系统掌握马克思主义理论的基本框架，准确把握马克思主义的根本性质和整体特征，重点掌握反映马克思主义世界观和方法论的基本原理，理解马克思主义的基本立场、基本观点和基本方法。

2）掌握辩证思维的基本方法和技能，运用马克思主义的基本原理认识、分析和批判资本主义及其当代变化，认识、分析当前社会热点问题，反思和指导自己的学习、工作和生活。

3）树立马克思主义的世界观、人生观、价值观，确立建设有中国特色社会主义和为共产主义事业而奋斗的理想信念。

（二）课程目标与教学内容、教学方法之间的对应关系

本部分教学内容为"专题四　科学实践观"，其课程目标与教学内容、教学方法之间的对应关系如表 6-3 所示。

表 6-3　"马克思主义基本原理概论"课程目标与教学内容、教学方法之间的对应关系

课程目标	教学内容	教学方法
1）系统掌握马克思主义理论的基本框架，准确把握马克思主义的根本性质和整体特征，重点掌握反映马克思主义世界观和方法论的基本原理，理解马克思主义的基本立场、基本观点和基本方法。（对应毕业要求"师德规范"下分解指标点政治素质、师德修养）	专题四　科学实践观	课堂讲授法案例教学法小组合作学习法研究性学习法
2）掌握辩证思维的基本方法和技能，运用马克思主义的基本原理认识、分析和批判资本主义及其当代变化，认识、分析当前社会热点问题，反思和指导自己的学习、工作和生活。（对应毕业要求"师德规范"下分解指标点政治素质、师德修养；对应毕业要求"学会反思"下分解指标点反思能力）	专题四　科学实践观	课堂讲授法案例教学法小组合作学习法研究性学习法
3）树立马克思主义的世界观、人生观、价值观，确立建设有中国特色社会主义和为共产主义事业而奋斗的理想信念。（对应毕业要求"师德规范"下分解指标点政治素质、师德修养）	专题四　科学实践观	课堂讲授法案例教学法小组合作学习法研究性学习法

（三）"马克思主义基本原理概论"课程专题教学设计——以科学实践观为例

"马克思主义基本原理概论"课程教学设计如表 6-4 所示。

表 6-4　"马克思主义基本原理概论"课程教学设计

专题内容	科学实践观				
授课教材	高等教育出版社《马克思主义基本原理概论》	课时	2	教学类型	线下教学
		学生数	50		
教学理念	"马克思主义基本原理概论"是系统讲授马克思主义基本理论的课程，把马克思主义 3 个主要组成部分（马克思主义哲学、马克思主义政治经济学和科学社会主义）有机融合在一起，旨在帮助学生正确认识人类社会发展的基本规律，正确认识资本主义发展的历史进程，树立正确的世界观、人生观、价值观，培养和提高学生运用马克思主义理论分析和解决实际问题的能力，坚定为中国特色社会主义伟大事业而奋斗的理想信念。 　　本课程以学生为主体、以教师为主导，采取混合式教学模式，实行基于案例的专题教学。课程教学基于案例、故事解读，将经典原理与鲜活案例相结合，通过案例探究、圆桌辩论等教学形式促进学生自主学习和合作探究				
学情分析	教学对象	2019 级美术学专业本科班			
	学生特点	思维活跃，学习积极性和美学素养较高，关注时政热点，关心国内外大事件，但理论基础较差，分析能力有待提高			
教学目标	【知识目标】 　　能够理解实践的本质、特征、结构、形式及实践在认识中的决定作用等科学实践观的基本内容，应用所学理论内容科学评价中国特色社会主义建设中的重要事件 【能力目标】 　　专业能力：通过学习，找到马克思主义理论与专业知识的结合点，发挥专业特长分析和解决问题 　　通用能力：提高社会实践能力 【情感态度与价值观目标】 　　能够增强学生的道路自信、理论自信、制度自信和文化自信，增强学生的使命担当，引导学生矢志不渝听党话跟党走，争做中国特色社会主义建设的践行者				
教学重点	学生在理解实践的本质、特征、结构、形式及实践在认识中的决定性作用后，能够形成勇于实践的精神，将理论与实践相结合，用科学的理论指导实践，争做中国特色社会主义建设的践行者				
教学难点	理解实践的本质；理解中国特色社会主义建设"合目的性与合规律性"的对立统一				
教学方法	教法	坚持"以学生为主体、以教师为主导"的基本原则，采用案例式、探究式、体验式、互动式等教学方式及混合式教学模式进行教学			
	学法	采用自主学习、合作探究的学习方式，使学生将理论知识与中国特色社会主义实践相联系，深入体会课程内容			
环节	教学程序的设计及媒体使用	教师活动		学生活动	设计意图
课前预习	教学平台发布课前预习资料和学习任务单。 　　教师提前一周发布前置作业： 　　1）阅读案例材料，思考案例问题。 　　2）搜集古今中外不同哲学家的实践观点，小组内进行分享和讨论。 　　3）整理小组合作探究的基本结论，为课堂展示做好准备	1）向学生发送课前预习通知和小组任务。 　　2）通过学习通班级群聊及时了解学生自主学习情况，及时答疑解惑		1）利用学习通接收课前预习通知和小组学习任务单。 　　2）小组内探究，将讨论结论整理成文稿或 PPT（powerpoint，演示文稿），为课堂展示做准备。 　　3）在课程讨论区或班级群聊进行互动交流	1）激发学生课前思考，主动探究。 　　2）完成线上案例材料阅读与初步分析，减轻线下案例式专题教学的课堂压力

环节	教学程序的设计及媒体使用	教师活动	学生活动	设计意图
课堂教学（一）	课堂导入：设置情境、导入问题。 1）利用多媒体播放改革开放以来我国发生的伟大事件，引出问题链，开展课前互动。 2）利用学习通进行抢答、讨论情境问题	1）播放视频素材。 2）担当主持人并进行引导	小组派代表抢答问题，重点说明小岗破冰、深圳兴涛、海南弄潮、浦东逐浪、雄安扬帆等背后的终极力量	1）通过播放视频素材引起学生的注意，提高学生的注意力。 2）使学生明确本专题要讲述的内容，激发学生的求知欲望，以便在专题讲授时呼应中国特色社会主义发展的时代课题
课堂教学（二）	讲解教学难点：科学实践观的形成及其本质。 1）每个小组选出一名代表，利用学习通"一平三端"进行小组合作探究成果展示。 2）小组间唇枪舌剑、合纵连横，进行辩论	1）担当主持人并进行点评。 2）对理论内容进行辅助讲解	1）小组代表进行3分钟演讲，展示小组探究成果，重点说明所搜集的材料体现的不同实践观点及其区别和联系。 2）小组间相互辩论，就不同观点据理力争	以学生为主体，以教师为主导，进行探究式学习。 这部分内容，尤其是康德（Kant）、黑格尔（Hegel）、费尔巴哈（Feuerbach）等人的实践观点，对于学生来说理解起来有难度，因此应通过学生对材料观点的对比分析、辨析和教师的辅助讲解，帮助学生梳理不同的实践观点，重点引出马克思主义实践观，使学生掌握马克思主义实践观的形成及其本质
课堂教学（三）	问题驱动、小组探究、案例分析： 1）结合美术学专业特点，根据案例提出问题："为什么在弗雷德里克森（Frederickson）之前，那么多的科学家和生物学家都未能揭开'魔鬼花园'的秘密？" 2）利用学习通主题讨论、选人、抢答、词云展示等方式，组织学生探究和互动交流	1）担当主持人并进行点评。 2）对理论内容进行辅助讲解。 3）进行案例引申，重点解答学生问题	1）小组进行3分钟问题研讨，参与问题抢答。 2）在案例分析的基础上进行词云展示。 3）提出疑难问题	以学生为主体，以教师为主导，进行探究式学习。 通过分析认识的主体、认识的客体，以及实践对认识的决定作用来引出实践的基本结构、实践的多样性两个问题，并使学生形成实践在认识中起决定作用的初步认识

环节	教学程序的设计及媒体使用	教师活动	学生活动	设计意图
课堂教学（四）	讲解教学难点：主体客体化和客体主体化的对立统一。 1）利用学习通"一平三端"发布案例材料。 2）组织学生思考，发表感悟	1）发布辅助案例材料，进行学习迁移。 2）充当主持人进行点评、总结和升华	1）学习案例材料并积极思考。 2）发表感悟	通过案例引申帮助学生理解实践的主、客体与认识的主、客体的关系，掌握主体客体化和客体主体化的对立统一，并进一步深化学生对中国共产党坚强领导、中国特色社会主义的认同
课堂教学（五）	讲解教学重点：实践在认识中的决定作用。 1）根据案例提出问题："在揭秘'魔鬼花园'、发现'阿基米德比重'定律，以及创作'稻草扎秋父抱子，竹篮装笋母怀儿'这样精妙的对联的过程中，什么因素发挥了关键作用？" 2）结合美术学专业特点，利用学习通主题讨论、选人、抢答、词云展示等方式，组织学生探究和互动交流	充当主持人进行点评、总结和升华	小组进行 3 分钟问题研讨，选 1 名代表回答问题，并结合专业知识举例说明，如徐悲鸿画奔马图、红牛广告设计等	以学生为主体，以教师为主导，进行探究式学习。 1）此处问题设置是为了链接上一个案例问题，过渡到实践是认识的基础这一知识点。 2）通过学生自主举例，联系专业知识，突出重点问题的学习和理解，体现思想政治课程与专业课程的结合
课堂教学（六）	课堂小结： 分享材料，提出"运用所学实践的相关理论，谈谈你的认识"的要求	与学生互动，进行总结与升华	与教师互动，发表感想	通过学生畅所欲言，深化理论认识，学以致用
课后提升	布置实践作业、活动拓展： 结合美术专业学生的特点，将身边的先进典型、感人事迹、精彩瞬间制作成油画、国画、艺术设计等形式的作品	发布详细的作业要求	各组选取身边的人物事件，用丰富的艺术形式输出学习成果，并说明如何指导自己的行为实践，如何体现新时代青年的使命担当	1）提升课程的高阶性和挑战度。 2）努力实现课程对学生能力、情感态度与价值观目标的培养。 3）将理论与实践相结合，注重过程性评价
教学反思	"马克思主义基本原理概论"课程的教学过程要突出强调用理论打动人，充分展现出理论的魅力。要用理论打动人，就必须把理论讲清楚、论证明白。最抽象的东西应该是最具体、最生动的。在具体的教学过程中，教师要把抽象的理论具体化、生动化，真正用理论打动人。通过问题驱动、合作探究、基于案例的专题教学，以及教学平台、直播软件等信息化手段，很好地兼顾理论的整体性、深刻性与教学的具体性、生动性，发挥学生的主体作用和教师的主导作用，提升学生的积极性和能动性，达到或超过预期的教学效果			

续表

环节	教学程序的设计及媒体使用	教师活动	学生活动	设计意图
教学反思	但是由于学生的接受水平不同、不同教师把握理论的水平有差异，以及思想政治理论课程立德树人目标的长期性等因素的影响，马克思主义理论的教育和引导是一个长期的过程，要贯穿于思想政治理论课程的教学全过程。要积极推进课程思政，就必须以丰富的教学内容、科学的教学设计、个性化的教育教学手段来吸引学生，达成立德树人的根本任务			
主讲教师（签字）				

评析：该课程教案明确课程目标，让学生对"马克思主义基本原理概论"课程的内容有初步了解，带领学生完善知识结构，找到马克思主义理论与专业知识的结合点，使学生发挥专业特长分析和解决问题，并不断完善学生理论联系实际的能力。

该课程教案坚持深入浅出的原则，重点突出，帮助学生充分理解实践的本质、特征、结构、形式及实践在认识中的决定作用等科学实践观的基本内容，从而帮助学生应用所学理论内容，科学地评价中国特色社会主义建设中的重要事件。

该课程教案主要有以下特点：一是突出强调用理论打动人，充分展现理论的魅力，在课程教学中逐层分析理论，让学生充分理解理论的精髓所在；二是通过问题驱动、合作探究、基于案例的专题教学，以及教学平台、直播软件等信息化手段，将理论以更加生动的方式传授给学生；三是根据学生特性更新教学方式，进行课堂总结，并以新鲜事例激发学生热情。

该课程教案秉持"思维系统化"的教育理念，突出马克思主义原理理论的实践性和现实性，体现思想政治课程与专业的结合。对于重点和难点部分，采用以学生为主体、以教师为主导、进行探究式的学习方法，有利于促进师生间的情感和知识交流，帮助学生更加深入透彻地分析问题。任何哲学问题都是在实践中产生的，因此该课程的教学设计突出以实例结合理论深入分析的方式，通过学生自主举例，联系专业知识，突出对实际问题的学习和理解，将晦涩难懂的理论知识与实际问题有效结合起来。兼采问题驱动、小组探究、案例分析的教学方式，有利于学生之间形成互助合作的学习氛围，使学生在探索中寻找真理，充分培养学生自主思考、深入分析问题的能力。该课程教案采取混合式教学模式，有利于师生间的良性互动，有助于充分打开学生和教师的思路，实现教学相长，也有助于培养学生一切从实际出发、理论联系实际的思维能力，为学生领悟马克思主义基本原理铸就良好基石。

二、基于能力范式的"基础英语Ⅰ"教学设计——以课程概要为例

（一）目标总览

"基础英语Ⅰ"课程教案如表6-5所示。

表6-5 "基础英语Ⅰ"课程教案

总学时	64	周学时	4
授课学期	第一学期	授课对象	2019级英语专业本科生
课程性质和类型	□专业必修 □专业选修 □通识必修 □通识选修 □其他		
课程简介	"基础英语Ⅰ"是针对齐鲁师范学院英语专业本科一年级学生开设的一门专业必修课，是英语专业本科教育阶段的基础课程，目的在于使学生扎实掌握英语词汇、语法、修辞和篇章等基础知识，同时培养学生的跨文化交际能力、逻辑思维能力和思辨能力，全面提升学生的英语应用能力，为以后更高级的英语学习打下坚实基础。此外，本课程将政治认同、家国情怀、文化素养、道德修养、社会主义核心价值观及中华优秀传统文化等思政元素与英语专业知识有机融合，教育、引导学生传承中华文脉，使学生富有中国心、饱含中国情、充满中国味。 本课程以外语教育教学理论为指导，以英语语言应用能力培养与思想政治教育有机融合为主要教学内容，辅以现代教育技术，并融入多种教学模式与手段，构建科学的教学体系		

续表

教学理念	本课程坚持能力范式的教育理念，强调能力本位和学生的主体性，坚持学生中心、产出导向、持续改进的原则，不断提升学生的课程学习体验及学习效果；秉承教师引导、学生中心教育理念、培养学生的英语综合应用能力、自主学习能力、跨文化交际能力、逻辑思维能力和批判思维能力
学情分析	授课对象为英语专业师范方向一年级新生。学生已修完高中英语先导课程，具备一定的英语基础知识，但其英语综合应用能力仍需提高，跨文化交际能力和批判思维能力须进一步加强；学生有较强的求知欲和好奇心，对智能终端等信息平台充满兴趣，愿意尝试各种新的信息技术，能熟练应用常用搜索引擎、微博、微信、QQ、英语学习 App 等手段进行信息检索、沟通交流和自主学习，能运用"学习通""智慧树"等平台完成课前讨论、课中参与及课后学习等活动
教材分析	《综合教程（第一册）》自出版以来历经两次修订，其课文主题涉猎广泛，使学生在学习英语的同时不仅能够拓展视野，还能够提高人文素养。经过 4 年的课堂使用，我们发现其丰富的课文内容和多元化的课后练习题能够在一定程度上提升学生的专业知识、语言技能和基本的学科素养，能够提高学生发现问题和解决问题的能力。但是该教材在培养学生创新能力、跨文化能力和学术科研能力方面有所欠缺，因此教师在教学中需要填补该教材的某些不足，为培养实践能力强的高素质英语专业人才奠定坚实的基础
课程目标	1）语言知识与技能目标：掌握听、说、读、写、译基本技能；具备语言交际能力和跨文化能力。 2）综合素养与能力目标：具有一定的人文底蕴、正确的价值观和爱国情操；具备一定的探究能力、学术科研能力和自我成长可持续发展能力。 3）自主学习与合作学习能力目标：具有较强的自主学习意识和合作意识，有效规划学习活动，开展多元学习评价，总结经验并进行反思
课程内容	该课程内容包含三大模块：模块一，语言及文化知识，主要包含主题相关背景文化知识及英语听、说、读、写、译综合能力所必备的知识；模块二，综合素养与能力，主要通过对精读课文，思辨阅读和技术、娱乐、设计（technology, entertainment, design, TED）演讲进行分析，从而培养学生的逻辑思维、批判思维及创新思维能力，帮助学生树立正确的价值观和爱国情操；模块三，自主学习和合作学习能力，主要表现为使学生阅读、观看线上线下资料及采用各种形式完成小组合作的任务
教学模式	
教学方法	线上线下混合式教学法、任务驱动教学法、启发式教学法、情境教学法
考核方式	1）形成性评价：包括课堂讨论，线上拓展。 2）终结性评价：期末考试卷面成绩。 形成性评价=课堂讨论×50%+线上拓展×50% 总成绩=形成性评价×40%+终结性评价×60%
教材	*An Integrated English Course* 何兆熊，2013. 综合教程（第一册）[M]. 上海：上海外语教育出版社。

学习资源	1）参考书目 王佐良，祝珏，李品伟，等，2004. 欧洲文化入门[M]. 北京：外语教学与研究出版社. 乔萍，瞿淑蓉，宋洪玮，2002. 散文佳作108篇[M]. 2版. 南京：译林出版社. 2）网络课程 智慧树在线学习平台"基础英语" 爱课程"综合英语" 智慧树在线学习平台"TED视听与演讲" 网易公开课新西兰国立南方理工学院公开课：英语强化课程Ⅰ、Ⅱ 3）微信公众号 小芳老师、TeacherGwen 4）App 薄荷阅读、爱听外语、流利说

（二）第一单元"永不说再见"教案

该课程教案为本单元第一次授课的教学设计，共计2学时，其主要内容为课文的背景知识、课文结构分析及记叙文的写法。教学设计基于能力范式的理念，以学生为中心，以产出为导向，采用线上线下混合式教学法，注重调动学生的积极性，鼓励学生参与课堂活动。该课程教案旨在通过对中文经典诗歌中关于"离别"话题的讨论及中西文化对比，培养学生的跨文化意识，增强学生对中华优秀传统文化的热爱，使学生树立文化自信。表6-6为第一次授课教学设计。

表6-6 第一次授课教学设计

授课时间		第1周	课时	2
授课题目 （教学章、节或主题）		Unit 1 Part I Intensive Reading: I Never Say Goodbye Global Reading		
教学 目标	语言知识与技能目标	1）Identify the structure of the text with language points. 2）Appreciate the writing features of narration.		
	综合素养与能力目标	1）Express their opinions in group discussion and articulate their speech in an organized way. 2）Understand the feelings of departure.		
	自主学习与合作学习 能力目标	1）Watch online resources and finish the online exercises. 2）Share learning resources with partners and learn from peers.		
教学内容 （包括基本内容、重点、难点）		Contents: 1）Recall the previous knowledge by a mini-test based on an online teaching demo recorded beforehand. 2）Lead the text in by asking questions about different situations of saying good-bye and brainstorming on the different attitudes toward departure between Chinese culture and Western culture. 3）Analyze the text structurally and respond to students' findings in their preview. Important points:		

续表

教学内容 （包括基本内容、重点、难点）		The structural development of the text. Difficult points: The development of narration
教学方式方法		线上线下混合式教学法、任务驱动教学法、成果导向教育理念
教学过程设计		
课前准备（线上）		
教学环节 Preview and ice breaking	教师活动	1）Upload an online teaching demo to introduce the cultural background of departure. 2）Provide a mini-lesson on the writing features and literary genres.
	学生活动	1）Preview the essay with assisting online learning resources. 2）Find their confusions and make a list of them for discussion.
	设计意图	1）To get students ready about what they are going to learn. 2）To help them clarify the structure of the essay.
课中互动		
教学环节 1 Lead-in Reflections on the cultural background （15min）	教师活动	Distribute a mini-test and divide students into groups.
	学生活动	Students do a mini-test on the previous online video and discuss with peers on their different opinions.
	设计意图	1）To recall their previous research on the essay. 2）To have them communicate with peers.
教学环节 2 Brainstorming on departure between different cultures （30 min）	教师活动	1）Provide sufficient illustrations both inside and outside the essay. 2）Encourage students to articulate their personal opinions.
	学生活动	1）Speak up for their own findings and opinions freely. 2）List their findings and make a personal index.
	设计意图	1）Encourage students to create a self-experience in learning. 2）Engage everyone in expressing and communicating.
教学环节 3 Questions and Answers （30 min）	教师活动	1）Ask students about their findings and confusions till then. 2）Make a structural analysis integrated with different feelings toward departure.
	学生活动	Respond to teacher and peers' confusions and try to make a contribute.
	设计意图	1）Lead students to learn automatically. 2）Train students' language output. 3）Lead students to a higher order thinking.
教学环节 4 A class survey （15 min）	教师活动	1）Give out a survey to know students' opinion on departure. 2）Host a discussion on departure.
	学生活动	1）Do the survey. 2）Engage in the discussion but know that no standard answers are fixed.
	设计意图	1）Teacher can know how much students have been involved in the class activities. 2）Students can further learn how to express critically and to formulate a correct, positive outlook toward different ideologies.
课后实践		
任务 1		1）Grandpa said, "Don't ever say good-bye. Don't ever give in-to the sadness and the loneliness of that word." How do you understand the meaning of the Grandpa's words? What attitude towards departure does it imply? 2）Find out the feelings of departure in Chinese ancient poems, and summarize the different feelings embodies in different symbols.

续表

任务意图	Get deeper understanding of departure.
完成方式	Online writing
任务 2	Think about the following question: In modern society people have become more mobile and the pace of life has become more rapid. Discuss with your fellow students whether "saying good-bye" still means as much as it is supposed to.
任务意图	Think crucially and express personal opinions.
完成方式	Make a record of your comments using Videoleap App.
教学资源	
线上	1）The Chinese ancient poems 2）Mini-lecture: Narrative Writing 3）爱课程教学资源
线下	《综合教程（第一册）》教材，上海外语教育出版社

三、能力范式下的教学设计实践案例

（一）学前儿童社会教育与活动指导

"学前儿童社会教育与活动指导"是学前教育专业的教师教育必修课程，也是本专业的核心课程之一。该课程面向学前教育专业本、专科学生，开设于第四学期。该课程主要研究学前儿童社会性发展现象、规律及其教育的一门学科，是以发展儿童的社会性为主要目标，以增进儿童的社会认知、激发儿童社会情感、引导儿童社会行为为主要内容的教育。该课程立足学前教育专业学前儿童社会教育的教学实际，落实《幼儿园教育指导纲要（试行）》的基本精神，注重学前儿童社会教育的理论与实践，通过学习使学生能够指导幼儿更好地适应社会和自身发展的需要。

该课程设立后，教学团队在 OBE 理念指引下，按照师范类专业认证要求，不断地努力探索，逐渐使该课程教学实现了由知识范式向能力范式的转变，这种转变体现在课程目标的制定、课程体系的整合重构、教学模式的探索与改革、教学方法的探索与创新和教学评价机制的改革等方面。下面从整体改革思路、具体实践情况、课程存在问题与持续改进计划 3 个方面对该课程的改革情况进行阐述。

1. 整体改革思路

OBE 理念是师范类专业认证工作的行动指南，贯穿于师范类专业认证全过程，是本课程改革的核心理念。成果导向教育的实施过程为：确定学习成果→构建课程体系→确定教学策略→自我参照评价→逐级达到顶峰。本课程进行了内容体系、教学模式、教学方法、评价方式等方面的改革，初见成效。

2. 具体实践情况

（1）重新制定课程目标，突出能力范式

最终学习成果或顶峰成果既是 OBE 理念的终点，也是其起点。课程设计与教学应

聚焦学生在完成学习过程后达成的最终学习成果，并以最终目标（最终学习成果或顶峰成果）为起点，反向进行课程设计，开展教学活动。

本课程是一门兼有理论性、应用性与实践性的复杂学科，其课程教案应按照应用型人才培养的要求，坚持理论学习与实践训练并重的原则，实现知识本位向能力本位的转变。

基于此，教学团队首先按照专业认证标准要求对课程目标进行了修订，改变原有目标认知、能力、情感的三维结构，从知识、应用、整合、情感、价值、学习6个方面制定课程目标，并突出思政元素（表6-7）。

表6-7 "学前儿童社会教育与活动指导"课程目标

方面	课程目标
知识	了解社会教育在学前儿童全面发展中的作用及学前儿童社会教育的目的、任务、要求、原则、内容等，掌握学前儿童社会教育的一般规律、方法和基本技能，了解我国社会教育发展历程，明确我国社会教育的独特文化价值，树立教育自信和文化自信
应用	能够提供、创设一定的教学环境和材料，具备组织幼儿园社会教育活动的能力，能够反思、评价学前儿童社会活动，在学习过程中具备良好的语言表达能力、组织能力、合作能力、创新能力等，具有科学解决学前儿童社会教育问题的能力
整合	关注社会中的教育现象和热点问题，运用多种方法对其进行分析，具备一定的责任担当意识和实践创新能力
情感	产生关注、研究学前儿童社会教育的兴趣，有意识地运用所学理论在实践中进行研究
价值	树立四个自信，形成正确的教育观、教师观、儿童观，明确对学前儿童进行社会教育的重要价值，努力成为新时代"四有"好老师
学习	能辩证地思考、分析和解决学前儿童社会发展的相关问题，利用幼儿园、家庭、社区资源，学会学习，面向实际，深入实践

将课程总目标在各章节进行细化，使其具有可操作性。

以下以"第九章 学前儿童归属感的发展与教育"为例，对课程总目标进行设计（表6-8）。

表6-8 "第九章 学前儿童归属感的发展与教育"课程目标

方面	课程目标
知识	了解归属感的含义，明确学前儿童归属感的特征、类型和意义，掌握小、中、大班学前儿童归属感发展的主要特点，遵循学前儿童的年龄特点对其进行社会教育
应用	能够根据学前儿童年龄特点选择合适的材料，创设有归属感的环境，能够设计相关的集体教学活动、区域活动、游戏，使学前儿童萌发和深化对亲人、家庭、集体、社区、民族与国家的归属感，具有科学培养学前儿童归属感的能力
整合	关注与归属感相关的教育现象和热点问题（如传统文化与节日、感人事迹等），运用多种方法对其进行分析、运用，具备责任意识和创新能力
情感	产生关注、研究学前儿童归属感发展的兴趣，有意识地运用相关理论在实际生活中进行分析和研究
价值	形成正确的教育观，明确对学前儿童进行归属感教育的重要价值
学习	能辩证地思考、分析和解决学前儿童归属感发展的相关问题，利用幼儿园、家庭、社区资源对学前儿童归属感的发展进行培养

（2）课程体系的整合重构

教学团队依据《教师教育课程标准（试行）》《幼儿园教师专业标准（试行）》的理念与要求，立足学前教育专业学前儿童社会教育的教学实际，注重从知识范式到能力范式的转变，对课程体系进行整合重构，力求突出实践性和先进性。

1）根据课程目标对教学内容体系结构进行整合。根据课程性质与学前儿童社会性发展的要求，将教学体系和教学内容设置为上篇和下篇。上篇主要涉及学前儿童社会教育理论与规律学习，包括学前儿童社会教育的目标和内容，学前儿童社会教育的原则、途径与方法，学前儿童社会教育活动的设计与指导等内容；下篇主要涉及学前儿童社会性发展的规律，包括学前儿童自我意识的发展与教育、学前儿童人际交往能力的发展与教育、学前儿童亲社会行为的发展与教育、学前儿童社会认知的发展与教育、学前儿童归属感的发展与教育等内容（图6-1）。

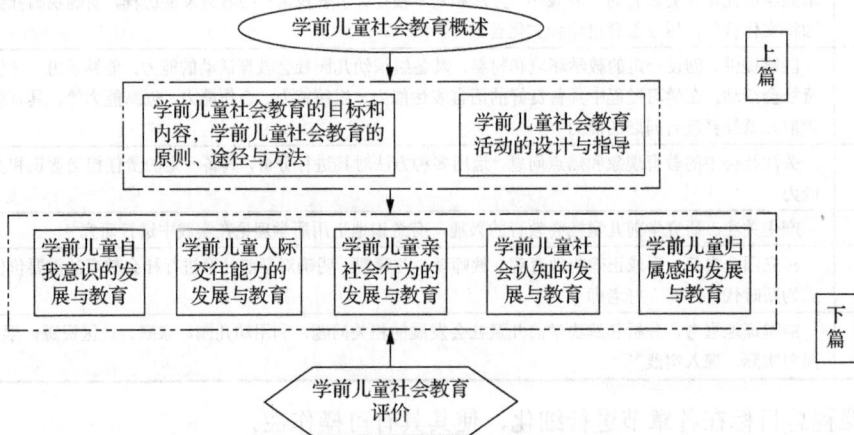

图6-1 "学前儿童社会教育与活动指导"结构

2）注重挖掘思政元素，深度融入课程内容。2020年，教育部印发了《高等学校课程思政建设指导纲要》（教高〔2020〕3号）（以下简称《纲要》），《纲要》中明确指出全面推进课程思政建设是落实立德树人根本任务的战略举措，落实立德树人根本任务，必须将价值塑造、知识传授和能力培养三者融为一体，不可割裂。本课程团队将此定为课程教学改革的重要突破点，深挖各章节教学内容蕴藏的思政元素，使课程教学内容更加丰富、充实、有厚重感，进而更好地达成课程目标。表6-9为课程章节与思政元素的对应关系。

表6-9 "学前儿童社会教育与活动指导"课程章节与思政元素的对应关系

章节内容		思政元素
第一章 学前儿童社会教育概述	学前儿童社会教育的发展与演变历程 学前儿童社会教育与其他领域的关系 学前儿童社会教育的专业准备	唯物辩证法 社会使命感和责任感 职业理想 "四有"好老师

章节内容		思政元素
第二章 学前儿童社会教育的目标和内容	学前儿童社会教育目标制定的依据和结构内容 学前儿童社会教育内容选择的依据和原则	教育观 唯物辩证法
第三章 学前儿童社会教育的原则、途径与方法	学前儿童社会教育的原则 学前儿童社会教育的途径 学前儿童社会教育的方法	整合教育观 教师观
第四章 学前儿童社会教育活动的设计与指导	学前儿童社会教育活动计划制订 学前儿童社会教育主题活动设计	整合教育观 教师观
第五章 学前儿童自我意识的发展与教育	自我意识的含义与结构 学前儿童自我意识的发展特点 学前儿童自我意识的活动设计	教育观、儿童观 唯物辩证法 人文关怀
第六章 学前儿童人际交往能力的发展与教育	学前儿童人际交往的意义 学前儿童人际交往的发展特点 学前儿童人际交往的活动设计	教育观 唯物辩证法
第七章 学前儿童亲社会行为的发展与教育	学前儿童亲社会行为发生的步骤 学前儿童亲社会行为的发展特点与教育策略 学前儿童亲社会行为的活动设计	教育观 教师职业道德规范——为人师表
第八章 学前儿童社会认知的发展与教育	学前儿童社会认知的作用 学前儿童社会认知的发展特点 学前儿童社会认知的活动设计	教育观 活动育人
第九章 学前儿童归属感的发展与教育	学前儿童获得归属感的意义 各年龄阶段儿童归属感的发展特点 学前儿童归属感培养的活动设计	社会主义核心价值观 中华优秀传统文化 爱国主义教育 文化自信 多元文化 教师职业道德规范——为人师表
第十章 学前儿童社会教育评价	学前儿童社会学习与发展评价 学前儿童社会教育活动评价	思维品质 教师职业道德规范——终身学习

（3）教学模式的探索与改革

OBE 理念中特别强调学生学到了什么而不是教师教了什么，特别强调教学过程的输出而不是教学过程的输入，特别强调研究型教学模式而不是灌输型教学模式，特别强调个性化教学而不是"车厢"式教学。

2019～2020 学年第二学期伊始，在特殊的背景下，山东省教育厅和齐鲁师范学院发布了线上教学工作的部署和要求，要求把"停课不停教、停课不停学"落到实处，进行线上教学培训、实践与经验分享。随着师范类专业认证工作的逐步推进，教学团队以此为契机，重新思考和探索课程改革的方向和具体模式，开始进行线上教学模式的探索，在智慧树平台进行了课程资源建设，并平稳运行一个学期。在 2020～2021 学年第一学期，教学团队进行线上线下混合式教学法的初步探索，继续完善课程资源建设，并进行混合式教学实践，初见成效，具体改革情况如下。

1) 资源建设。教学团队前期已将部分课程资源上传到智慧树平台，包括课件、教学视频、各类拓展资料（论文、网络资源）等。其中，视频资料 28 个、PPT 课件 34 个、文本资料及链接 24 个，同时还在继续完善与拓展教学资料。图 6-2 和图 6-3 为第一周资源展示。

图 6-2　第一周资源展示（一）

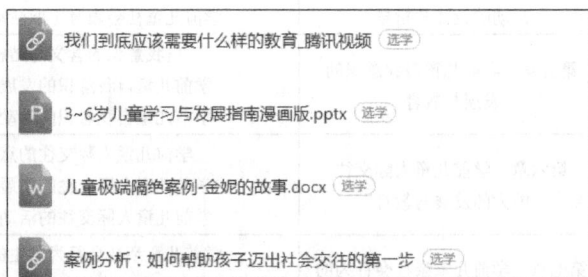

图 6-3　第一周资源展示（二）

2) 具体开展情况。

线上教学：引导学生在智慧树平台观看课程资源并自主学习理论知识，让学生根据学习任务单的要求完成学习任务，同时通过平台的投票、问卷了解学生的学习情况，运用直播等技术实现在线互动答疑，帮助学生掌握学前儿童社会教育的理论知识，并促使学生不断思考与互动。混合式教学流程（线上部分）如图 6-4 所示。

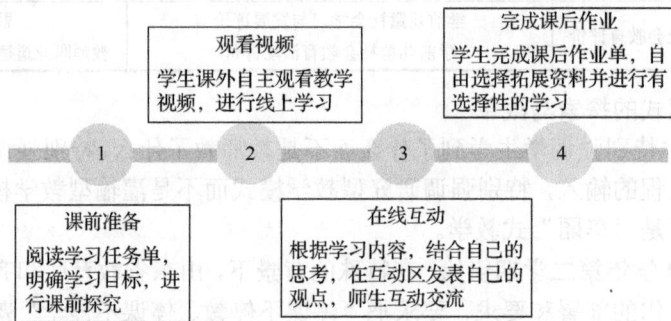

观看视频
学生课外自主观看教学视频，进行线上学习

完成课后作业
学生完成课后作业单，自由选择拓展资料并进行有选择性的学习

1　　2　　3　　4

课前准备
阅读学习任务单，明确学习目标，进行课前探究

在线互动
根据学习内容，结合自己的思考，在互动区发表自己的观点，师生互动交流

图 6-4　混合式教学流程（线上部分）

线下教学：侧重为学生答疑解惑，帮助学生深化理论认识，强化专业知识，并提供充分的时空条件引导学生展示专业技能，使其能够顺利设计、实施与评价学前儿童社会教育活动。混合式教学流程（线下部分）如图 6-5 所示。

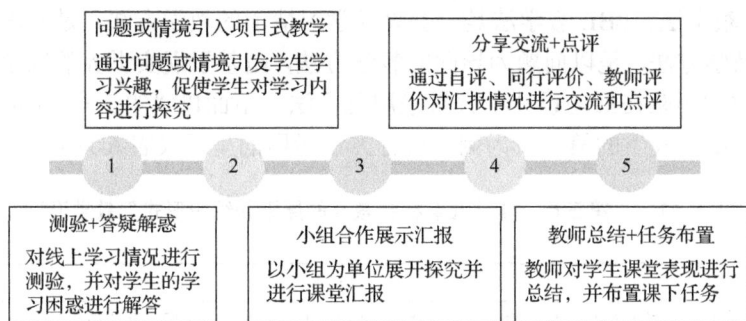

图 6-5　混合式教学流程（线下部分）

（4）教学方法的探索与创新

教学方法制约着课程目标的达成，也在一定程度上影响着混合式教学模式的实施效果。为更好地实现从知识范式到能力范式的转变，教学团队除采用讲授法、谈话法、讨论法、演示法等基本教学方法外，还运用了案例教学法、PBL 教学法、情境教学法和头脑风暴等方法。下面重点对前 3 种方法进行介绍。

1）案例教学法。案例教学法是一种开放式、互动式的新型教学方式。教师根据教学目的和培养目标的要求引入具体案例，引导学生积极主动地参与教学过程，使学习过程更加生动活泼，其相对于传统的灌输式教学方法更易为学生所接受。

案例教学法的实施环节为：案例准备→展示案例，引发思考→探究案例，解决问题→汇报交流→总结点评。下面以"第五章 学前儿童自我意识的发展与教育"第一节中的案例为例，进行案例教学法的呈现（表 6-10）。

表 6-10　"第五章　学前儿童自我意识的发展与教育"教学设计

实施环节	任务要求
案例准备	根据本章节的教学目标和内容特点，选用"赫赫真的自私吗？"案例
展示案例，引发思考	展示案例，引导学生分析、讨论赫赫的行为特点，从而导入"自我意识"的概念
探究案例，解决问题	引导学生对案例中的学前儿童与教师行为进行深入分析，并针对学前儿童的自我意识发展问题进行讨论，拓展思路
汇报交流	以小组为单位汇报探究结果
总结点评	教师点评学生的汇报成果

在运用此方法时，需要注意两点：一是不断替换和补充丰富、鲜活的优秀案例，保持案例的前沿性和代表性，通过创设问题情境，引入案例分析，培养学生的问题意识与分析问题、解决问题的能力；二是充分、科学地挖掘课程所蕴含的思政元素，突显课程的育人功能，将立德树人落到实处，结合案例教学对学生进行正确的价值观引领，塑造共同的理想信念。

2）PBL 教学法。PBL 教学法是一套设计学习情境的教学方法，是问题式学习或项目式学习的教学方法，是以问题为导向的教学方法，是基于现实世界的以学生为中心的教学方法。教学团队在活动设计中大量采用此方法，下面以"第三章 学前儿童社会教育的原则和组织形式"的第三节为例，进行方法运用的呈现（表 6-11）。

表 6-11 "第三章 学前儿童社会教育的原则和组织形式"教学设计

实施环节	任务要求
项目或问题	提出"学前儿童社会教育的价值到底体现在哪里""怎样发掘和运用这些价值"的问题
制订方案和计划	引导学生以小组为单位设计"发掘和运用学前儿童社会教育的价值"的方案和计划
探究实践	通过组内讨论、外出调研和上网查阅资料完成方案设计
交流分享	以小组为单位汇报探究结果（部分成果展示）
反馈评价	教师点评学生的汇报成果

在运用此方法时，需要注意两点：一是问题的选定必须与当下的热点和实际教育问题紧密结合，才能激发学生的探究兴趣；二是对于初次接触此方法的学生，教师要重点进行方法运用的指导，如在设计方案时给予学生思路和撰写方法的指导。

3）情境教学法。在教学过程中，教师有目的地引入或创设具有一定情绪色彩的、以形象为主体的、生动具体的场景，可以帮助学生理解教材和学习内容，并使学生的心理机能得到发展。情境教学法的核心在于激发学生的情感。教学团队创设了各种教育教学情境，深化学生对理论知识的认知，提升学生设计和实施社会教育活动的能力。具体情境展示如表 6-12 所示。

表 6-12　情境教学法

教学内容	情境设计
社会教育的方法运用	呈现小班学前儿童争抢玩具的情境，引发学生对于教师处理学前儿童人际交往问题的思考和讨论
社会教育活动的实施	呈现较为真实的幼儿园活动开展情境，引导学生尝试进行活动模拟和评价

（5）教学评价机制的改革

OBE 理念的教学评价聚焦于学生学习成果，而不是聚焦于教学内容及学习时间、学习方式。这要求教师采用多元和多梯次的教学评价标准，强调学生达成学习成果的内涵和个人的学习进步。教学团队采用过程性评价与结果性评价相结合的机制，将线上和线下的教学评价有机结合。教学评价内容和比例如图 6-6 所示。

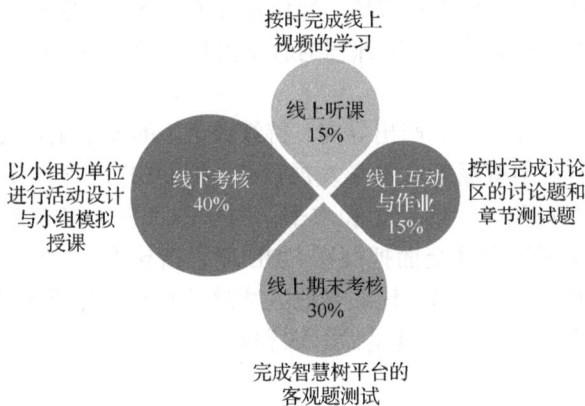

图 6-6　教学评价内容和比例

3. 课程存在的问题与持续改进计划

（1）存在的问题

1）对能力范式的教育教学改革理论的学习不到位、不深刻。基于 OBE 理念，强调能力范式的教育教学改革已实施多年。教学团队也进行了相关实践，但随着实践的逐步深入，越发感到教育教学改革理论的贫瘠，这一度阻碍了实践的进行。因此，教学团队更加清楚地认识到理论学习的重要性。

2）具体教学模式和方法的实践还有待完善。虽然教学团队已经进行了一年半的课程改革实践，但依然存在运用教学模式和方法不得当、团队建设不合理等问题，这制约着改革的进行和教学质量的提高。

（2）持续改进计划

改革必然要经历阵痛。在真正改变心态、尝试走出困境时，我们可能因经历种种磨难而萌生退却之心，而在改革初见成效时，我们又会欢欣雀跃，然而随之而来的可能是新的困境。下一步教学团队将对存在的问题进行细化，逐一解决，积极参与一流课程、课程思政和能力范式等相关培训，深入探索各种教学模式与方法的利弊，并及时运用到教学实践中。

（二）思想政治课程与教学论——启发式教学及其在思想政治教学中的运用

思想政治课程与教学论是四年制本科思想政治教育专业教师教育课程模块中的必修课程。本课程是研究运用教育学、心理学和逻辑学的原理，将中学思想政治课程的基础知识，系统地、有效地传授给师范生的一门应用学科。本课程的主要内容是思想政治课程的地位、功能、性质、课程设置；思想政治课程的教学过程、教学原则、教学方法和教学艺术；中学生的学习过程和学习方法及师范生的毕业实习问题等。通过教学，要使师范生明确中学思想政治课程的性质、地位和任务，掌握中学思想政治课程的教学方法、规律和原则，熟悉中学思想政治课程的教学内容，能初步胜任中学思想政治课程的教学工作。

OBE 理念强调"学生中心、产出导向、持续改进"的要求是全方位、多层面的，这就要求我们在教学实践中遵循教育教学发展规律，把 OBE 理念贯穿于课程建设和教学全过程，努力提高教师和学生的能力和水平，科学制订人才培养方案，在此基础上，专业课程教师必须深刻领会并全面把握在 OBE 理念指导下，人才培养方案对课程的规范要求。教师首先要读懂、弄清、理顺专业人才培养目标和毕业要求，将 OBE 理念与课程理念、教学理念融会贯通。这是做好课程设计、组织教学和实施评价工作的基础和前提。

在 OBE 理念下重构课程目标，具体包括以下几个方面。

1）了解我国中学思想政治课程的发展历程和发展规律，正确认识中学思想政治课程的性质与任务，明确思想政治课程在中学课程中的重要地位，热爱中学思想政治教学工作，树立正确的教育观、教师观和学生观。

2）了解中学思想政治课程的目标和基本内容，树立科学的思想政治课程观和教学理念，了解中学生身心发展规律和学科认知特点，掌握中学思想政治课程与教学的基本概念、基本原理和基本观点，掌握中学思想政治课程教学的基本规律与教学方法。

3）能够依据中学思政课程标准和学科核心素养创设以学生为中心的思想政治课程教学情境；开展中学思想政治课程教学设计、教学实施和教学评价等实践活动，学会教学反思，掌握开发中学思想政治课程资源的一般方法；具有初步的中学思想政治教育教学研究意识，能够分析、解决中学思想政治课程教学实践中的问题。

4）了解中学思想政治课程教师的职业特点与角色定位，正确认识中学思想政治课程教师应具备的基本素质，能够掌握中学思想政治课程教师专业发展的基础理论，树立终身学习和职业发展意识，进行学习和职业生涯规划。

根据对总课程目标的规划，确定思想政治课程目标，具体包括以下几个方面。

1）了解启发式教学的含义和特点。

2）明确启发式教学在思想政治教学中运用的必要性和基本要求；掌握启发式教学在思想政治教学中运用的方法，能够将其合理地运用于教学中。

3）领悟素质教育的基本精神，践行学生全面发展和全员发展的理念，贯彻以学生为本的思想理念。

课程目标是课程教学实施与评价的根本依据。教师作为课程实施的直接参与者，首先要厘清教育目的、培养目标和课程目标之间的内在联系，从能力范式的角度出发，明确本专业学生通过本课程的学习所要达到的预期结果和标准。以"思想政治课程与教学论"为例，这是研究思想政治教学过程及其规律的一门学科，是思想政治教师教育的基础课程，如果我们要紧跟课程改革的步伐，就必须在明确新理念、总结新经验、探索新方法的基础上，重新界定本课程的目标。

在能力范式的指导下，课程目标一定是指向学生的，呈现的是学生所要达到的目标，而不是教师要达到的目标。因此，从本专业人才培养的角度来看，通过本课程的学习，学生应该具备正确的教育观念，形成初步的教学体验，能够在实践中获得一定的教育科研能力，能够根据时代的发展需求来制定合理的职业生涯规划，能够分析解决教育教学问题，形成良好的教育反思能力。这是在 OBE 理念下我们对课程目标的重新界定。例如，在课堂导入技能的学习部分，可以把课程目标具体表述为"学会中学思想政治课程教学过程的具体实施方法，通过基本理论学习和典型案例分析，能够通过小组合作初步完成课堂导入环节的教学设计，并独立进行课堂导入环节的实践演练"；在启发式教学及其作用的学习中，可以把课程目标具体表述为"掌握启发式教学在思想政治教学中运用的方法，能够将其合理地运用于教学中"。应在课程目标中对学生能力提升做出具体要求，并尽可能体现学生能力的渐进式提升。

根据本专业人才培养目标和本课程目标的要求，教学团队结合多个版本教材的合理之处，重新对本课程教学内容进行了整合，以适应学生学习的需要，制定适合本专业学生学习需求的校本教材。教学团队在整体、宏观把握教学内容的基础上，对本课程教学内容进行模块化、专题化和单元化的梳理。

目前，能够选择的现成教材，基本都是按照知识范式的形式来呈现内容的，其教学内容更多的是对概念、原理、策略的理论展示，因此需要对教学内容进行重构，以适应能力范式下教学实施的需要。例如，在学习"启发式教学及其作用"课程时，教材是按照"是什么""为什么""怎样做"的知识体系来呈现内容的。按照知识范式的教学要求，课堂教学只需将理论内容展示给学生即可。但是，在能力范式的要求下，课堂教学需要通过案例教学、探究式教学的方式引导学生参与到问题的研究中，使学生在合作探究中自主得出结论。

在明确课程目标的基础上，重构教学内容，通过具体教学过程贯彻新理念。具体教学过程如下。

教师导入新课："同学们好，我们开始上课！今天我们继续来了解和研究思想政治的教学方法和手段。这节课要学习的是启发式教学及其运用。课前大家已经结合本节课的教学目标进行了预习，并搜集和整理了相关案例材料。稍后，我们将在合作探究中检验大家的自学成果。

"启发式教学具有悠久的历史，是中外教育家实践经验的总结。在西方，首倡启发式教学的是古希腊大思想家苏格拉底（Socrates），他在教学中运用'产婆术'，引导学生独立思考，使学生自己得出结论。哪位同学了解苏格拉底的'产婆术'？"

教师活动：教师利用 PPT 展示苏格拉底的图片。

学生 A："这种'产婆术'在西方被称为启发式谈话法或苏格拉底法，是指在与学生谈话的过程中，并不直截了当地把学生所应知道的知识告诉他，而是通过讨论、问答甚至辩论的方式来揭露对方认识中的矛盾，逐步引导学生得出正确答案的方法。"

师生讨论：苏格拉底与学生的谈话不是简单的谈话，他经常采用反问或者辩论的形式。

教师引导：在中国，"启发"一词源于孔子所说的"不愤不启，不悱不发。举一隅不以三隅反，则不复也"。

播放视频。

教师："哪位同学可以谈一下对启发的认识和理解？"

学生 B："在教学过程中，当学生还没有进入积极的思维状态，百思不得其解时，教师不要去开导他；当学生未达到若有所悟又无从说起时，教师不要给他启发诱导。"

师生讨论：其实，大家在读《论语》的时候，有很明显的感受。

教师："后来，古今中外的很多教育家都十分重视教师的引导、诱发作用，包括朱熹、柏拉图（Plato）、夸美纽斯（Comenius）等，他们反对教学中的机械灌输，主张引导学生观察、思考，激发学生的求知欲望。下面我们看一下现代教学论中是如何界定启发式教学的。"

PPT 展示：启发式教学是相对于注入式而言的，是指教师在教学过程中遵循教学规律，激发学生学习的积极性、主动性和创造性，引导学生积极、主动、自觉地学习教学指导思想和教学方法。

教师引导启发："在现代教学论中，启发式教学既是一种教学指导思想，也是一种教学方法。这就要求：一方面，各种具体的教学方法都必须体现启发式教学的精神实质；另一方面，有切实可行的启发方法。那么，在中学思想政治课程教学中如何贯彻启发式教学？有哪些切实可行的启发方法？我们一起来走进教学现场。"

教师过渡："苏格拉底最擅长的就是提问，在问答中启发学生的思维。通过前面的学习，我们知道提问是教学的重要组成部分。提问得当，可以集中学生的注意力，启发学生的思维，调动学生学习的积极性和主动性，收到良好的教学效果。因此，它是贯彻启发式教学的有效方法。请同学们以小组为单位完成我们的探究问题：第一，如何使提问具有启发性呢？第二，提问启发体现了启发式教学的哪些特点？大家可以打开学习通，关注讨论区发送的案例材料和问题，也可以把讨论过程中遇到的问题发送到讨论区。"

第一个问题：如何使提问具有启发性呢？

一组代表发言："我们认为，提问一定要能吸引学生的注意，提问的问题要新颖且具有一定的趣味性。对于高中思想政治课程来说，有些内容理论性比较强或者比较抽象，因此更需要调动学生的学习兴趣。例如，案例涉及的问题是跟经济学有关的，如果单纯从理论的角度分析'价格变动影响供求关系'，则会让学生觉得枯燥乏味。"

二组代表发言："我们认为，只有具备一定难度和思考价值的问题，才能引起学生的探究欲望，使学生积极思考并寻求问题的答案。例如，无论是辨析物美价廉还是辨析勤俭节约，都考查学生的辩证思维能力和理论联系实际的能力，只有从多个角度分析才能得出科学、完整的答案。试想：如果教师提出的问题非常简单，没有挑战性，就很难引起学生的思考。"

三组代表发言："我们很赞同刚才二组代表的发言，我们也想到了这一点。除了问题要有思考价值、有挑战性外，提问还得讲究一定的策略和规律，如果我们的提问能够由浅入深、由简到复杂，则更容易把握问题的规律和内在联系，从而唤起学生一步步解决问题的兴趣，使学生对问题的理解更加深刻和到位。"

教师："对第一个问题，还有没有补充？"

第二个问题：启发体现了启发式教学的哪些特点？

四组代表发言："传统的灌输式教学更注重教师的作用，但启发式教学强调学生是学习的主体、教学要充分调动学生的积极性和主动性，特别强调引导学生参与到教学活动和教学过程中，并主动进行思考和探究，把教师的主导作用和学生的主体地位结合起来。"

五组代表发言："我们认为应在强调学生主体地位的基础上，更加注重激发学生的内在动力、学生的学习热情，提高学生的学习兴趣，培养学生的学习动机，让学生带着一种高涨的、激动的情绪进行学习和思考。"

教师过渡："在中学思想政治课程中，有很多的基本概念、原理、观点。教师只从理论上讲解会比较枯燥乏味，难以被学生理解和接受。如果借助一些典型生动的事例，则学生比较容易触景生情、受到启发，从而积极地思考问题。下面我们来了解一下材料启发。"

教师引导：案例一：经济生活中的聚合效应。（略）

案例二：漫画。（略）

教师引导："对于案例的具体内容，大家可以参考我发送到学习通讨论区中的材料。"

问题一：具有启发意义的材料应该具备哪些特征？

六组代表发言："生活气息比较浓、时代感比较强的材料比较吸引学生。材料和案例的选择应该来源于现实生活，具有时代特色，或者尽量贴近学生的生活，只有这样才能对学生产生更大的吸引力，使学生倍感亲切、乐于接受。"

七组代表发言："我印象比较深，在高中阶段学习哲学部分的时候，接触过很多的漫画，这些漫画材料一般都具有很强的寓意，可以启发学生的思维，激发学生思考的积极性。"

问题二：材料启发体现了启发式教学的哪些特点？

一组代表发言："传统的注入式教学主要以课本为主、以课堂为中心，其教学主要局限于书本知识的传授。启发式教学强调理论与实践联系、书本知识与直接经验结合，既注重学科知识的传授，又强调理论联系实际，贴近学生的生活，引导启发学生观察社会，运用学科知识分析现实问题，提高学生的思想认识。"

二组代表发言："启发式教学不是以教为主，而是强调对学生的指导、对学生思维的激发，注重对思维的训练和培养，使学生在思维活动中掌握知识和提升能力。"

教师总结提升：（略）

直观启发：（略）

教师过渡："直观启发是在教学过程中，运用一定的直观手段来启发学生的积极思维，深刻领会教学内容的启发方法。什么是直观启发？我们来看两个案例。"

案例一：图表数据。（略）

案例二：视频音乐。（略）

教师过渡："除了直观启发，在中学思想政治课程中常见的启发方法还有对比启发、语言启发、情境启发、类推启发、研讨启发等。通过刚才的分析我们发现，每种方式都有自己的优点，但也都有一定的局限性。这就需要我们在教学中反复实践并进行总结。

"下面，就到了检验大家学习成果的时候了。前期，我们在进行教学设计训练的时候安排大家完成了一个教学设计的实践作业。今天，请大家在原来教学设计的基础上，将启发教学法融入到课堂导入环节的教学设计中。"

分小组展示教学设计。（略）

师生互动，交流。

教师过渡：启发式教学应该遵循的基本要求。

在 OBE 理念指导下，教学团队需要对教学做出创新性的调整和改进。

1）从教学设计的角度来看，在日常教学的实践探索中，我们越来越意识到教学设计的全部意义在于满足学生学习的实际需要，在于为实现这种需要提供最优的行动方案。在 OBE 理念指导下，只有结合现代教学理论和学习原理设计教学活动，打破传统经验化教学的局限，才能追求学生学习效果的最优化。

在教学设计上，应力求结构科学全面，注重系统性和整体性，在整体设计的基础上进行课堂教学设计。教学设计应更加注重对教学内容的取舍和安排，充分研究教学内容的地位、容量和难度，围绕教学目标和学生需要，突出重点、强化难点。从课堂教学设计的角度来看，要想真正激发学生的兴趣，必须具有足够的吸引力。教学设计的案例、情境、方法需要结合时代特征，需要突出针对性和实用性。教学设计方案重在落实，注重学生学习的实效性。

2）从教学方法的选择来看，需要依据教学目标、教学内容、教学对象、教师自身条件和教学条件等做出科学的选择。传统的教学模式主要以教师灌输式的讲授为主，因此学生的参与度较低。OBE 理念下的教学方法越来越突出学生的主体地位，因此教学团队采用情境教学法、探究式教学法、案例教学法、讨论法等，充分调动了学生参与的积极性和主动性。"思想政治课程与教学论"这门课程有很强的实践性特征，要求学生充分参与教学设计、教学实践的操作，因此应给学生动脑、动手、动口提供展示和锻炼的平台。

3）需要重视课程思政理念的渗透和融入。本课程的培养目标中明确规定，师范生需要明确思想政治课程在中学教学课程中的重要地位，热爱中学思想政治教学工作，树立正确的教育观、教师观和学生观。思想政治课程作为培养中学思想政治教师的专业基础课程，需要在教学中严格贯彻党的教育方针，将德育教育的内容与专业知识紧密结合在一起。

4）现代化的教学手段已经成为辅助教学的重要内容。教学团队在教学中特别重视现代信息技术的运用，通过智慧树等网络平台进行线上线下融合教学，为学生提供完整、准确的教学信息，扩大教学的信息量，最大限度地发展学生的学习兴趣，通过多媒体课件增强教学的直观性，使教学内容更容易被学生所掌握，使授课教师更加高质量地输送教学信息。

5）在本课程的考核评价中重视教学评价的发展性功能，力求建立激励学生不断进步的教学评价机制，重视学生在不同阶段的进步状况和努力程度，建立多元教学评价指标体系，既重视对知识目标的评价，又重视对学生能力目标与情感、态度、价值观目标的评价，注重对学生核心素养的培育和考查。本课程的考核评价立足于新课程改革的基本理念，关注学生能力培育的持续改进，把"建立发展性评价体系，促进每位学生的发展"作为教学评价的基本追求。教学团队在过程性评价中，建立了学生的成长记录袋，将本课程的教学评价进行拓展和延伸，与学生的实习、见习、技能大赛结合起来，实现对学生的综合评价。

第七章

能力范式下的教学方法实践

目前，齐鲁师范学院正处于应用型人才培养转型的关键时期。作者在齐鲁师范学院学报 2017 年第三期发表了题为《转换高等教育范式，构建应用型人才培养体系》的文章，为学校的人才培养向能力范式转换吹响了号角。传统教学模式主要依靠"填鸭式"的教学方法，已经无法满足时代对人才培养的要求。因此，改革教学方法是时代的需要，也是培养 21 世纪高质量人才的迫切要求。教学方法的改革和创新是指以人为本，广泛、充分地调动学生的积极性。近年来，齐鲁师范学院对能力范式的教学方法进行了实践探索，在运用项目式教学法、原位翻转课堂、探究式教学法、案例教学法、目标导向教学法等方面积累了一定的经验。本章通过典型案例介绍教学方法的实施情况。

第一节　能力范式下项目式教学法
——以数学建模课程为例

一、项目式教学法

我国传统的教学方式强调"以知识为本位"，因此高校各专业的教学大都是由任课教师先在课堂上向学生讲授所有理论知识，再进入实习阶段。这种教学模式容易使学生因在课堂授课阶段缺乏对研究对象的感性认识而感觉所学的理论知识抽象、难以理解，从而失去学习兴趣；待到实习阶段学生有机会对研究对象进行感性认识时，又忘记了理论知识。这种学、做分离的教学模式很难让学生在正确的理论指导下形成系统的综合技能，很难在学习过程中调动学生的主动性、参与性和协作性，进而影响学生专业技能的提高。

为提高学生的实践和创新能力，促进高等教育由知识范式向能力范式转变，我们应与时俱进，不断更新教学方法。项目式教学法有别于传统教学法，它通过一系列完整的教学项目，将理论和实践有机结合，使教师以任务为导向进行教学活动，以培养学生的专业技能为首要任务。与传统教学方式相比，项目式教学法在教育理念、教学目标、教学环境、教学过程和教学手段等方面都发生了很大变化，主要表现在改变了传统的 3 个中心：由以教师为中心转变为以学生为中心，由以课本为中心转变为以项目为中心，由以课堂为中心转变为以实际经验为中心。因此，在运用项目式教学法进行教学设计时，学生是认知的主体，是知识意义的主动构建者。

二、项目式教学法在数学模型与数学实验课程中的应用

（一）数学模型与数学实验课程引入项目式教学法的必要性

数学模型是为了某种目的，用字母、数字及其他数学符号建立起来的等式或不等式，以及图表、图像、框图等描述客观事物的特征及其内在联系的数学结构表达式。人们设计产品参数、规划交通网络、制订生产计划、控制工艺过程、预报经济增长、确定投资方案等时，都需要将研究对象的内在规律用数学的语言和方法表述出来，并将求解得到的数量结果应用到实际问题中。这种解决问题的全过程称为建立数学模型，简称为数学建模。与数学建模紧密相连的是数学实验。对于数学家来说，在其研究过程中，实验或试验是验证旧知、探求未知和获取新知必不可少的手段。即便是普通人用数学解决问题，如求高次方程的根时，也会先做试验，代一个数进去看看是否等于零。人们实际上早就认识到数学实验在解决各种实践问题中的必要性和重要性，只是因手算费时、烦琐、困难而无法进行下去；而现在数学实验的手段（计算机、数学软件）大大发展了，它不仅为用数学方法解决更多的实际问题创造了良好的条件，还为加快数学本身的发展提供了更多的机会。

数学模型与数学实验课程的这些特点决定了这门课程应以学生为中心，让学生成为课程的真正参与者；应以项目为中心，而不能简单地进行知识点的罗列和讲授；应以实际经验为中心，而不是以课堂为中心。数学模型与数学实验课程正符合项目式教学法的特征，因此在课程中引入项目式教学法是必要的。

（二）数学模型和数学实验课程项目式教学法的具体实施

根据项目式教学法的基本特点，在数学模型与数学实验课程的实际教学中，我们通常设计一个或几个贯穿本课程的大型综合项目，作为学生综合能力的主要载体。现以本课程教学中的一个实际案例——地中海鲨鱼问题中食饵-捕食系统的数学模型为例，来探讨项目式教学法的具体实施。

1. 教学背景

地中海鲨鱼问题的提出：意大利生物学家安科纳（Ancona）曾致力于鱼类种群相互制约关系的研究。从第一次世界大战期间地中海各港口捕获的几种鱼类的捕获量百分比资料中，他发现鲨鱼的捕获量百分比有明显增加（表 7-1），而供鲨鱼捕食的食用鱼的捕获量百分比却明显下降。显然战争使捕鱼量下降，因此食用鱼数量增加，鲨鱼的数量也随之增加。但为何鲨鱼的捕获百分比大幅增加呢？

表 7-1　1914～1923 年地中海鲨鱼捕获量百分比

年份	1914 年	1915 年	1916 年	1917 年	1918 年
百分比/%	11.9	21.4	22.1	21.2	36.4
年份	1919 年	1920 年	1921 年	1922 年	1923 年
百分比/%	27.3	16.0	15.9	14.8	19.7

他求助于意大利数学家沃尔泰拉（Volterra），希望能建立一个食饵-捕食系统的数学模型，定量地回答这个问题。

项目式教学法的关键是设计和制定一个项目的工作任务。地中海鲨鱼问题研究的是捕鱼量下降时，食用鱼和鲨鱼的数量都随之增加，但鲨鱼的捕获量百分比却大幅增加的问题。这个案例的任务是：让学生学会用数学符号阐述食饵-捕食问题，对问题进行适当的假设，理解鱼类种群相互制约的关系模型，利用 MATLAB 软件得出及验证实验结果，从而掌握微分方程建立模型的基本步骤与方法。这个案例的目标是：要求学生研究完该案例后对数学建模有一定程度的理解，让学生学会如何将实际问题转换为数学问题，熟悉一些常用的数学模型和相对应的软件，具备一定的数学建模思想和创造意识，为进一步解决实际问题打下基础，在学习过程中重点培养学生的观察力、分析力、想象力、创造力，培养学生自律能力、沟通与团结协作能力，提高学生自学能力和论文写作能力。

2. 教学过程

根据项目所给的说明，告知学生项目目标和最终任务——以小组为单位完成建模论文（引入主题）。根据数学建模的原理，向学生说明该项目的重点和难点（可采用演示、讲授等方法）。

1）准备阶段。此阶段由教师和学生共同完成。教师讲解与数学建模项目相关的知识，说明项目任务；引导学生小组分工合作，将学生按每组 3 人分成工作小组；提出项目相关的要求和条件。学生学习与种群相互制约关系的相关知识，明确项目对象与要求，通过专业网站、学校图书馆等可以获取信息的地方查找相关资料，对项目进行认真分析，提出自己的见解，并对可能存在的情况进行适当地假设，开展小组讨论，尝试各种解决方案，确定最优的解决途径。

2）计划阶段。此阶段主要由学生来组织完成。为了更加有效地解决问题，学生可以分工合作，把项目分为模型建立、数据处理、计算机仿真 3 个方面，根据自己的长处选择某个方面进行深入的研究，相互之间进行有效的沟通和讨论。教师参与各组讨论，了解各组活动情况，帮助学生解决问题，协调组员分歧，渗透纪律、合作等方面的教育，在学生需要时提供必要的知识和技术辅导。

3）实施阶段。通过前面两个准备工作，学生已经对问题进行了大量讨论，现在进入数学建模的实质部分。首先，针对模型中的一些符号进行必要的说明，如食饵、捕食者在不同时间点的数量、食饵独立生存时的增长率、捕食者独自存在时的死亡率及捕食者掠取食饵的能力、食饵对捕食者的供养能力等；其次，对问题进行必要的假设，并在所做的模型假设基础上建立适当的微分方程，得出准确的数学公式及假设的初始条件；最后，根据数学公式选择合适的算法。可以用 MATLAB 编写四阶龙格-库塔（R-K4）算法进行微分方程数值求解，通过一些具体的分析步骤，对数据进行更好的分析，并对数值结果或模拟结果进行必要的检验，分析结果的正确性或合理性，完成一篇论文，从而完成项目任务。在这期间，教师应巡回指导，为学生提供咨询、服务。

4）评价阶段。项目评价是项目式教学法不可缺少的一个环节。应该根据不同的项目目标设计评价标准，客观公正地评价学生的学习过程和效果。学生在完成项目的过程中可能会出现各种各样的问题。教师可以总结、比较各小组的特点，使学生学习别人的长处，从而提高自己的各种能力。各小组展示、分享他们的成果，并派一名代表来讲解有关模型的内容和结果。展示完毕之后，教师把获奖作品打印出来并在学校橱窗中进行展示，以增强学生的成就感；结合小组内自查与小组间互查的方法进行评价，对评价结果进行总结、点评。

5）反馈阶段。教师将培训效果反馈给每个学生，在肯定成绩的同时，提出学生的缺点与不足，使他们的思维方式向更切合客观现实的方向转化。教师将项目工作的结果归档，拓展相关理论知识和原理，及时提出下一课题的任务（引入新的教学内容）。

（三）参考样文

1．问题重述

在第一次世界大战期间，学者从地中海各港口所捕获的几种鱼类的捕获量占比资料中发现：鲨鱼的捕获量占比有明显增加，但供鲨鱼捕食的鱼类捕获量占比却明显下降。因为战争使渔民捕鱼量减少，所以食用鱼和鲨鱼数量随之增加，但为什么鲨鱼在捕获量中的占比会大幅增加呢？请建立数学模型，定量地回答这个问题。

2．模型假设

1）食饵因捕食者的存在而增长率降低，假设其降低的程度与捕食者数量增长成正比；

2）捕食者因食饵为其提供的食物增加而使死亡率降低，假设捕食者数量增长的程度与食饵数量增长程度成正比。

3．模型的建立与求解

（1）不考虑人工捕获的模型

该模型反映了在没有人工捕获的自然环境中，食饵与捕食者之间的制约关系，没有

考虑食饵和捕食者自身的阻滞作用，它是沃尔泰拉提出的最简单的模型。该模型为

$$\begin{cases} \dfrac{dx_1}{dt} = x_1(r_1 - \lambda_1 x_2) \\ \dfrac{dx_2}{dt} = x_2(-r_2 + \lambda_2 x_1) \end{cases}$$

表 7-2 为数学模型中的符号说明。

表 7-2　符号说明

符号	说明
$x_1(t)$	食饵在 t 时刻的数量
$x_2(t)$	捕食者在 t 时刻的数量
r_1	食饵独立生存时的增长率
r_2	捕食者独自生存时的死亡率
λ_1	捕食者掠取食饵的能力
λ_2	食饵对捕食者的供养能力

假设食饵和捕食者的初始数量分别为 $x_1(0) = x_{10}$，$x_2(0) = x_{20}$，对于数据 $r_1 = 1$，$\lambda_1 = 0.1$，$r_2 = 0.5$，$\lambda_2 = 0.02$，$x_{10} = 25$，$x_{20} = 2$，t 的终值经试验后确定为 15。针对一组具体的数据用 MATLAB 软件进行计算，使用 MATLAB 函数库中专门用于求解微分方程的功能函数——ode45，做出数值计算，求解方程，并画出食饵和捕食者随时间变化的关系图，如图 7-1 和图 7-2 所示。

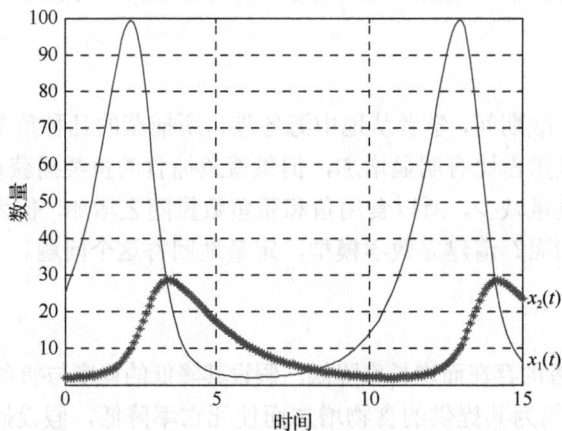

图 7-1　$x_1(t)$ 与 $x_2(t)$ 的曲线

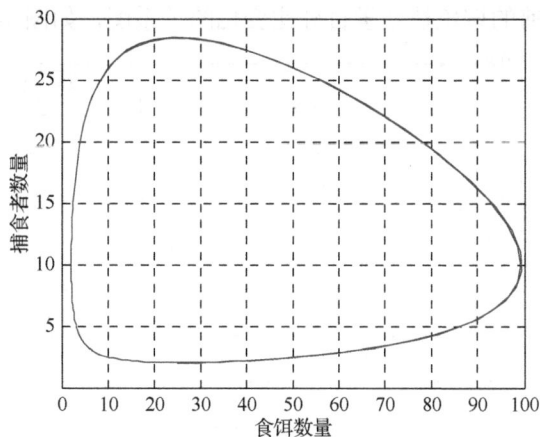

图 7-2　$x(t)$ 的图形

关系图"$x_1(t)$ 与 $x_2(t)$ 的曲线"的解释：如果食饵增多，则捕食者易于取食，因此捕食者数量增加。然而，捕食者因数量的增多而需要食用更多的食饵，可是食饵的数量正在下降，因此捕食者因进入饥饿状态而数量急剧下降，这时部分食饵得以存活，因此食饵数量回升。随着捕食者和食饵数量的交替增减，它们的数量进入循环，达到生物圈中的动态平衡。

（2）考虑人工捕获的模型

假设捕获能力系数为 e，食饵的自然增长率由 r_1 降为 r_1-e，捕食者的死亡率由 r_2 增为 r_2+e，则

$$\begin{cases} \dfrac{\mathrm{d}x_1}{\mathrm{d}t} = x_1[(r_1-e)-\lambda_1 x_2] \\[2mm] \dfrac{\mathrm{d}x_2}{\mathrm{d}t} = x_2[-(r_2+e)+\lambda_2 x_1] \end{cases}$$

仍取 $r_1=1$，$\lambda_1=0.1$，$r_2=0.5$，$\lambda_2=0.02$，$x_{10}=25$，$x_{20}=2$，假设战前捕获能力系数 $e=0.3$，战争中降为 $e=0.1$，则战前与战争中的模型分别为

$$\begin{cases} \dfrac{\mathrm{d}x_1}{\mathrm{d}t} = x_1(0.7-0.1x_2) \\[2mm] \dfrac{\mathrm{d}x_2}{\mathrm{d}t} = x_2(-0.8+0.02x_1) \\[2mm] x_1(0)=x_{10}=25, x_2(0)=x_{20}=2 \end{cases} \qquad \begin{cases} \dfrac{\mathrm{d}x_1}{\mathrm{d}t} = x_1(0.9-0.1x_2) \\[2mm] \dfrac{\mathrm{d}x_2}{\mathrm{d}t} = x_2(-0.6+0.02x_1) \\[2mm] x_1(0)=x_{10}=25, x_2(0)=x_{20}=2 \end{cases}$$

针对一组具体的数据，用 MATLAB 软件进行计算，使用 MATLAB 函数库中专门用于求解微分方程的功能函数——ode45，做出数值计算，求解方程，并画出战争中的鲨

鱼捕获量百分比与战前的鲨鱼捕获量百分比变化的关系图，如图 7-3 所示。

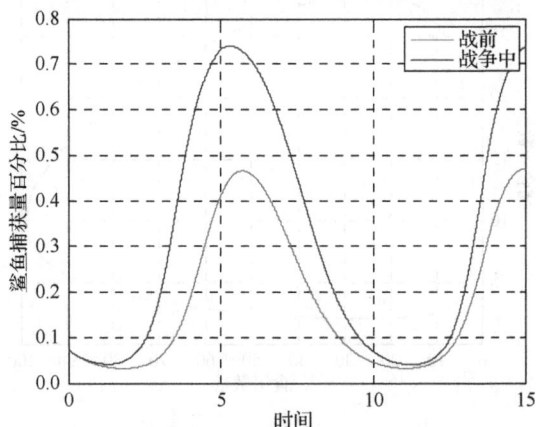

图 7-3　战争中的鲨鱼捕获量百分比与战前鲨鱼捕获量百分比变化的关系图

从图 7-3 可以看出，战争中的鲨鱼捕获量百分比曲线位于战前鲨鱼捕获量百分比曲线之上，即得出结论：战争中鲨鱼捕获量百分比比战前鲨鱼捕获量百分比高。

4. 模型评价

1）模型考虑的因素合理。该模型是针对战前、战争中鲨鱼（捕食者）与食用鱼（食饵）捕获量百分比的变化关系，基于自然条件和人工捕获条件两方面的因素而建立的。

2）模型约束的合理性。本书中参考了不少文献，对鲨鱼（捕食者）与食用鱼（食饵）之间的关系及鲨鱼（捕食者）自身在战前、战争中的变化关系做全面而准确的探讨，给出了一系列合理的约束条件。

3）因为所掌握的信息不全，所以模型的结果难免有误差。

4）对于所掌握的数据，在满足约束的条件下，采用 MATLAB 软件进行处理，对鲨鱼（捕食者）与食用鱼（食饵）之间的关系及鲨鱼（捕食者）自身在战前、战争中的变化关系进行预测。

5）建立模型时，并没有考虑所有影响鲨鱼（捕食者）与食用鱼（食饵）之间的关系及鲨鱼（捕食者）自身在战前、战争中的变化关系的因素，如天气因素等。

由此模型可以知道两个相互竞争种群之间的矛盾与联系，了解它们的关系有利于进行打捞计划。

模型一：

```
%matlab m-文件
function dx= shayu_1( t, x )
a=1;b=0.1;
c=0.5;d=0.02;
```

```
dx=zeros(2，1);
dx(1)=x(1)*(a-b*x(2));
    %a is rate of increase,b is hunting ability.
dx(2)=x(2)*(-c+d*x(1));
    %c is mortality, d is support.
End
%matlab 脚本文件
clc;clear all
ts=0:0.1:15;
x0=[25，2];
[t, x]=ode45('shayu_1', ts, x0);
figure(1), plot(t, x(:, 1), t, x(:, 2), '*');
xlabel('time');ylabel('amount');
hold on
grid on
figure(2), plot(x(:, 1), x(:, 2), 'r-');
xlabel('the food of amount');ylabel('the predator of amount');
grid on
```

模型二：

```
%matlab m-文件 shark1
function dx=shark1(t, x)
dx=zeros(2，1);
dx(1)=x(1)*(0.7-0.1*x(2));
dx(2)=x(2)*(-0.8+0.02*x(1));
end


%matlab m-文件 shark2
function dx=shark2(t, x)
dx=zeros(2，1);
dx(1)=x(1)*(0.9-0.1*x(2));
dx(2)=x(2)*(-0.6+0.02*x(1));
end


%matlab 脚本文件
clc;clear all
ts=0: 15;
x0=[25 2];
[t, x]=ode45('shark1', ts, x0);
plot(t, x(:, 2)./(x(:, 1)+x(:, 2)), 'r-')
```

```
title('人工捕获对鲨鱼比例的影响');
xlabel('时间(t)');ylabel('鲨鱼的比例');
grid on
hold on
[t, x]=ode45('shark2', ts, x0);
plot(t, x(:, 2)./(x(:, 1)+x(:, 2)))
legend('prewar', 'combat');
```

（四）数学模型和数学实验课程中进行项目式教学法的实践分析

项目式教学法糅合了当前三大教学法（探究式教学法、任务驱动教学法与案例教学法）的特点。具体如下：项目式教学法采取小组讨论、协作学习的方式，使学生学习的过程成为一个探究的过程；项目式教学法以工程项目作为教学对象，以实际任务来驱动学生的学习；项目式教学法采用示范项目进行解题示范，通过案例说明问题。项目式教学法注重学生能力的培养，有利于促进高等教育由传统的知识范式向能力范式转变。项目式教学法的特点具体表现在以下 4 个方面。

1）以实际的工程项目来贯穿教学的整个过程和所有内容。教师依据教学内容选取工程项目，确定项目后，也就确定了整个教学过程。学生通过完成项目来掌握本课程教学内容，即意义的构建。

2）整个教学过程一般选取 3 个项目。一个由教师选取，作为教师对知识点进行讲解的实例，所选取的项目必须简单、典型，便于学生迁移知识；一个由学生（学习小组）讨论选择，经教师指导审定后作为学生初始学习的实例，内容不能太复杂；另一个项目由教师和学生共同讨论选定，由全班学生共同完成，所选项目的完成难度较高。

3）学生学习以小组为单位，采取协作学习的方式。每个小组负责完成自己所选定的小项目或班级大项目中的一个模块，小组成员在学习过程中探索或发现的信息和材料为全体组员所共享，甚至为全班所有成员所共享。

4）以学生完成项目的情况为依据进行教学评价。具体评价分为三级：第一级由教师对小组完成项目的情况进行评价；第二级由各小组成员根据每个成员对本小组的贡献情况进行互评；第三级由学生本人进行自评。教师综合三级评价情况来确定每个学生的学习成绩。

通过多年的教学实践，我们发现在开展项目式教学法时需要注意和解决以下 5 个方面的问题。

1）重视项目的完成，不能忽略学生对基础知识的掌握。注意吸取传统教学法的长处，把总目标细分成一个个小目标，将每个小目标体现在项目的小模块中，从而让学生构建一个系统、全面的知识框架。

2）强调学生学习的主体性，并不意味着教师的任务就减轻了。其实教师的职责不但没有减轻，反而加重了。因为教师不仅要对任教科目融会贯通，随时回答学生提出的各种问题，还要为学生创设学习的情境、营造协作学习的气氛、审核项目的选取等。

3）学生分组是一个容易被忽视的环节。因为采取分组协作学习的方式，所以分组的原则、小组成员的搭配、工作的分工、小组成员的数量等直接影响小组的学习效果。实验证明，每组人数应控制在3~5人，每组人太多会"手脚乱"、意见不统一；采取互补的方式进行搭配，有利于学生之间互相学习；小组成员要分工明确，防止出现依赖思想。

4）因为采用自主学习方式，所以学生的个性化得到充分发展，但应当注意避免学生发生两极分化的情况。特别是个别后进生，他们的自学能力和自控能力都比较差，容易产生依赖思想，因此教师要推行"一帮一"的措施，安排学习先进生对后进生给予及时的帮助和纠正。

5）教材问题。现行的教材基本都是根据学科知识系统编写的，因此教师实施项目式教学法时，不能完全按照教材一章一节地讲授，应在设计教学时，重点选好示范项目，紧密结合教材内容。教师可以把教材作为学习的"字典"，有条件的可以适当编写讲义，甚至编写教材。

综上所述，项目式教学法是在建构主义学习理论的影响下，通过选取项目来创设情境，通过协作学习的方式开展学习，通过完成项目来实现意义建构，是一种比较有效的教学方法。它突破了传统的教学模式，通过解决学生身边的一些现实问题来帮助学生掌握知识，大大提高了学生学习的积极性和主动性。项目式教学法使学生的动手能力、解决实际问题的能力有很大程度的提高。

第二节　原位翻转课堂教学法

一、翻转课堂

翻转课堂（the flipped classroom）最早由美国科罗拉多州落基山林地公园高中的乔纳森·伯尔曼（Jonathan Bergmann）和亚伦·萨姆斯（Aaron Sams）两位教师提出。伯尔曼和萨姆斯经过多年的教学，积累了丰富的教学经验，在此基础上，他们成功地把这些经验转化成文字并出版专著《翻转你的课堂：时刻惠及课堂上的每位学生》。此书的出版为翻转课堂教学实践奠定了理论基础，并为"互联网+"时代下的教师进行有效的课堂教学指明了方向。

翻转课堂是指教师在网络环境下，借助先进的技术平台，在平台上建设在线课程。课程平台上的教学资源包括一系列和教学内容相关的教学视频和课件。教师提前上传学习资源并布置学习任务。学生通过学习视频和课件内容来完成教师布置的学习任务，在课前根据自己的时间对一些纯知识性的内容进行自主学习。在课堂上，教师通过自主探究、小组合作、师生互动等形式来检验学生对所学知识的掌握和理解情况。因此，翻转课堂是一种基于互联网的新型教学模式，改变了传统课堂教学模式和顺序，把知识的讲授环节放在课下，让学生在课前通过观看微课视频学习相关知识，把真正的课堂还给学生，使课堂成为教师和学生答疑、讨论、交流、展示的场所。在整个过程中，微课起着非常重要的作用，是学生进行知识输入的重要途径。

随着现代技术的飞速发展，国内外越来越多的教育学者开始关注翻转课堂。他们从不同的角度对翻转课堂进行研究。例如，对翻转课堂的教学模型及效度等方面进行研究，并在此基础上开展实践教学。

翻转课堂作为线上线下混合式教学法的有效方式，从以教师"教"为中心转为以学生"学"为中心，符合高等教育对教和学的诉求。这种课堂形式一直是作者在教学中探索与研究的重要内容。在新形势下，如何开展有效的翻转课堂学习、在全部线上教学的形式下如何保持翻转课堂的内核，成为作者思考与探索的一个重要内容。

二、原位翻转课堂

（一）原位翻转课堂的概念

在大数据时代，"互联网+教育"的混合教学模式的应用呈现日益增长的趋势，新型混合式教学模式原位翻转课堂也应运而生。原位翻转课堂是翻转课堂的升级版，是指"课下学习，课上练习+单双周学习模式"。具体来说，原位翻转课堂中的"原位"主要体现在"时间原位翻转"（学生课外预习时间是原来课内教学时间的一部分）与"内容原位翻转"（基于 PPT 的讲解视频及阅读、测试等电子资料与单双周学习模式相结合）。

随着在线课程建设步伐的加快，越来越多的精品课程在智慧树等网络平台上播放。把在线网络课程教学资源发送给学生，可以让学生重复观看大大压缩教师的重复授课时间。教师在课堂上可以做一些互动性的工作（如解答学生问题等），提高了教学效率。在线课程教学资源可以针对学生不同的背景进行分级，以满足学生的个性化需求；在线学习平台能产生大量的学习数据，可以及时、准确地向教师反馈学情，帮助教师进行针对性的教学干预，督促学生投入学习。学情数据还能为制定更科学合理的教学管理制度提供依据。

单纯采用在线课程的弊端如下：学生自己观看视频，缺少监管，课程完成率低；在线上课，缺少真实的课堂体验，学生难以感受到授课过程带来的人文氛围；网络平台有待完善及成绩认证困难等。实践证明，在教育信息化的背景下，单纯的网上授课效果不佳，因此课堂教学是不可替代的，只有将在线课程与传统的课堂教学结合起来，才能更好地将两者的优势发挥出来，以达到优化资源配置、提高教学效果的目的。

为了让学生充分利用在线课程，深度投入学习、参与教学，需要一个合理可行且容易推广的教学方法，原位翻转课堂就是这样一种新型混合式教学方法。首先，通过网络平台向学生发布课程内容，明确每个学生的具体任务，留出时间让学生灵活安排自学；

其次，在课堂上，让学生按照要求对自己的任务进行总结和讨论，即"将所学内容向他人教授"，让学生在课堂上展示的内容是其线上自学的学习心得。这种教学方法是将新知识的传授过程转移到课堂外，而将学习结果的展示过程转移到课堂内，它适用于任何讲授型的课堂教学。

（二）原位翻转课堂的特点

原位翻转课堂从能力范式的角度出发，充分利用当今先进网络技术条件，发挥在线课程的优势，有效引导学生主动深入参与教学全过程；原位翻转课堂的在线学习时间尽量采用课堂的课时，不会大量增加学生的额外学习负担，其更侧重于提高学习效率，使学生更愿意融入这种新教学。

原位翻转课堂充分利用教学平台的学习统计数据，如布置的视频是否被观看、观看了几遍、是连续观看还是断续观看、哪个片段被反复观看、学生在线练习花了多少时间、学生提交几次答案才做对、何时登录系统、停留多长时间、谁发的帖子、谁回答的帖子、谁读了谁没读等。这些数据比较客观地反馈了学生的具体学情，使教师能有针对性地干预学生的学习。

原位翻转课堂需要精心设计学习心得提交环节。教师针对每次线上学习给出任务清单，并要求每个学生务必看完任务清单上全部章节对应的视频、文档并完成对应的在线练习；在此基础上，按照分组、组内分工，让每个学生针对本组对应模块内的部分章节内容进行学习并撰写心得。撰写心得主要是对视频内容的总结，应清晰罗列出要点和讨论点。在一次翻转任务中，每个学生实际上只需撰写各自对应的一小部分章节的心得，因此任务量不大。通过反复观看和阅读，每个学生都可以写出自己的心得。在上课前两天，学生需要在线提交心得。所有学生的心得汇总在一起就构成了一次翻转任务的完整汇报。在课堂教学前，教师通过网络将完整的汇报文件分发给全体学生，以便学生在课堂上能参考、评价每个学生的具体心得。这个设计是完全围绕教学内容开展的，没有额外增加学习负担，且这种任务是学生一定可以完成的，避免了翻转课堂因教学任务设置复杂、学生完成度低而翻转不起来。

在课堂的翻转互动环节，教师依据本次任务的完整汇报清单，控制时间节奏，组织学生逐个进行各自任务的汇报、讨论。学生依据自己撰写的心得，直接利用教师原来的讲义幻灯片文件进行各自对应任务的展示和讨论，不需要额外撰写幻灯片文件。教师还可以依据心得具体增减每个学生展示的内容，大大提高了课堂时间利用率和针对性。学生口述展示能直观反映其具体的学习效果。教师和其他学生则通过听、看、问，直接针对汇报中存在的重点、疑点和难点进行有限讨论。对于人数较少的班级，每个学生每次可以有几分钟独立的讨论汇报时间，而人数较多的班级可以分小组进行汇报，每次翻转都由小组内不同的学生主讲，保证一学期内每个学生至少有一次向全班学生汇报的机会。

三、基于原位翻转课堂的教学设计与实施——以数学建模课程为例

（一）数学建模开设翻转课堂的可行性

数学建模是数学应用的一种体现，通过运用数学中的各种模型来解决生产生活中的各种问题，其应用涉及工程技术、生物医学、金融服务、经济管理、环境卫生、交通人口等领域，是高新技术发展中不可缺少的基础工具。数学建模课程除了讲授数学知识外，还涉及数据处理及计算机软件编程等内容，能够锻炼学生的抽象概括思维及团队合作精神。数学建模课程的开展可以丰富学生的知识结构，训练学生解决实际问题的能力，这与翻转课堂的宗旨是完全吻合的。

下面具体分析数学建模与翻转课堂的契合之处。首先，参与者广泛，无明确的专业限制。数学建模要求学生广泛参与，并非只有数学系的学生可以参与，所有理工科的学生都可以参与。它鼓励不同专业、不同学科的学生合作组队，共同解决实际问题。其次，注重学生综合水平的提高，教学方式更为灵活、开放，关注各领域的热点问题。数学建模教学中在讲解基础模型的同时，更注重培养学生的模型应用能力。数学的应用涵盖了社会生活的方方面面，如人口预测模型、葡萄酒的品尝、养老问题、人造卫星等，均用到了数学专业不同的知识，要求学生有全面的接受能力和灵活的应用能力。基于这些特征，可以借助网络课程资源，将数学建模教学中模型的理论讲解和具体问题的实际应用相结合，提升教学效果。再次，教学内容模块化。数学建模教学中充分发挥在线课程的优势，采用模块化教学，将数学建模课程内容分成一个个小的单元，分别录制视频，如相关分析单元、回归分析单元、主成分分析单元、线性规划单元、时序分析单元、基础图论单元等，让学生分块学习并分块练习。最后，采取开放式的问题设计。在学生练习环节中，布置开放式作业，让学生根据所学的模型在生产生活中寻找建模的实例，并建立模型解决实际问题，从而提高学生的自主意识和创新能力。

（二）数学建模与翻转课堂的融合

由以上分析可以看到，将数学建模课程教学与翻转课堂相结合是可行的，可以达到预想的效果。那么，数学建模如何与翻转课堂深度融合？我们还要进一步探讨。

数学建模的翻转课堂建设有以下两种形式：①使用已有的公共服务平台，集结本校的教师力量，结合本校学生的特点录制在线课程。构建一个数学建模的教师团队，让不同专业方向的教师分工合作，各自录制本专业方向的课程录像，负责各自专业方向的课堂授课。这需要学校和教师投入大量的资金和时间，教师第一次开设一门在线课程需要投入的工作量是正常课堂教学的3～4倍，但随着开设次数的增加，其所用的时间会大幅度递减，将大大少于开设传统课堂所用的时间。②利用已有的在线课程资源。在上课前，让学生观看在线平台上的课程录像。在课堂上，教师再对重点和难点加以讲解。2015年，教育部印发的《关于加强高等学校在线开放课程建设应用与管理的意见》中指出："鼓

励公共服务平台之间实现课程资源和应用数据共享，营造开放合作的网络教学与学习空间。"学校可以让学生在课下自学现有的数学建模课程视频，扩大优质教育资源的收益面，还可以考虑与其他高校合作开设在线课程，协同创新，以满足不同的教学需求和学习需求。

（三）数学建模的原位翻转课堂

原位翻转课堂是指"课上"与"课下"的角色"翻转"。在线课程通过网络教学平台为实施翻转课堂教学模式提供了较为完善的支撑环境和内容讲解、一定量的不同难度的在线自测题、补充的阅读资料、每个学生的学习过程统计、讨论平台、资源共享平台等。

对于数学建模课程，可以在课下让学生自己观看课程视频，在课堂上由教师进行重点讲解、问题答疑。通过课堂的"翻转"，学生有了学习主动权。教师可以从课堂内容的讲授中解放出来，专注于答疑解惑、讨论交流，并指导学生完成数学建模练习，让学生通过亲身实践，获得更真实的学习体验。对于数学建模课程来说，各种数学模型的学习只是一个方面，更重要的是在能力范式下让学生把实际应用问题转换成抽象的数学问题，并寻找合适的模型来解决问题。实际问题千变万化，学生只有具备灵活机动的数学建模本领，才能以不变应万变。

下面从教师和学生两个方面分别阐述基于翻转课堂的数学建模课程建设。

1. 教师方面

与传统的教学方式不同，在翻转课堂中首先要录制授课视频。录制视频时，应坚持"微课化"的原则。微课是指微型教学视频课件，是教师围绕一个知识点或针对某个教学任务进行录制的短视频，其特点是内容短小精悍、教学目标明确、针对性强、简单实用，便于随时播放。在微课化的过程中，需要把握以下几点：①明确教学目标，教学的行为主体不再是教师而是学生，要以学生为中心；②设置教学线索，找到一条清晰的思路来组织教学内容，突出教学重点和难点，引导学生主动学习；③注重教学内容，内容才是核心，在微课设计中切入主题要迅速、课件设计要专业、课后小结要快捷。具体到数学建模课程，就是将数学模型的知识点分成很多小单元，根据每个单元知识的特点，录制一个或几个微课。学生可以不受时间、地点的限制，随时观看课程录像，对于不明白的知识点也可以反复观看。这种"碎片化"的课程录像更有利于学生理解抽象难懂的数学模型，有利于学生对知识的消化和吸收。

在线课程的建立是一个系统庞大的工程，不是一两个教师单打独斗就能完成的，只有相关的教师组成课程团队，群策群力分工协作才能完成。首先，要"招兵买马"，招募一批精兵强将。数学建模教学涉及的学科门类广，包括基础数学和应用数学的众多方向，以及计算机的软件编程，因此要把这些专业教师召集起来组成数学建模教学团队。其次，要分工协作。每位教师负责自己专业方面的教学内容，包括录制微课和课堂互动，除此之外，还需要有教师负责网络平台的管理和维护。在传统的数学建模教学中，整门课程都由一位教师讲授，由于专业知识的限制，授课教师往往重点讲解自己所学专业知识，而对其他知识只是简单地讲述。然而，在线课程教学采用教学团队集体上课的形式，避免了出现"瘸腿"的现象，使授课内容更全面、更专业。

除了安排好教学活动外，还需要建立一套科学合理的评价体系。根据翻转课堂课程设置的特点，每个学生的数学建模成绩包括 3 个部分。第一，对观看视频（即课下自学）打分。这个环节需要依托在线平台，根据学生观看视频的时间及是否完成网上小测试来打分。由于这个环节缺少监管，难以客观地评价，其权重为 0.2。第二，对课堂表现打分。在课堂上，教师检验学生的自学成果，根据学生对知识的掌握程度、回答问题情况及做练习的情况给出成绩，其权重为 0.3。第三，期末考试打分。在学期末出一份试卷，根据学生的答卷情况给出成绩，其权重为 0.5。

2. 学生方面

对于学生而言，完成翻转课堂的学习包括两个方面：在线学习和课堂学习。首先是在线学习，学生利用课下时间自己观看在线课程视频，完成浅层学习；其次是课堂学习，教师在课堂上有针对性地讲解知识，使学生完成深层学习。将线下自学和课堂听课相结合，是翻转课堂的精髓所在，属于混合学习（blended learning），是在线学习和课堂学习的结合，是教学理念、教学模式、学习理念、学习方式等方面的混合。利用翻转课堂可以更有效地进行混合学习，教师要针对数学建模课程设计科学合理的学习模式，让学生有兴趣学、学得会；还要设置完备的课程模式，合理分配在线教学和课堂教学内容，力求赋予学生完整化、有深度、个性化的课程体验，以实现教学目标。

由于数学建模课程的特点，学生在完成知识点的学习后，还要进行数学建模能力的训练。例如，针对一个实际问题，从定量的角度分析抽象、做出简化假设、查找内在规律并提炼出适用的数学模型，都需要学生在课堂外加以训练，并投入大量的时间和精力。通过训练，提高学生解决实际问题的能力，符合高等教育培养应用型人才的要求。

（四）数学建模案例讲解

针对数学建模课程的特点，除了要有数学模型基础知识的介绍外，还要加强数学建模的案例讲解。教师可以选取全国大学生数学建模大赛的历年真题，从中挑选经典的题目制成在线课程，讲解解题思路，分析解答每道题目所用的数学模型。在数学建模的实例中没有标准答案，同一个题目可以有多种解题思路、用到不同的数学模型，教学团队通过资料整合，在翻转课堂中使用一题多解的授课模型，有利于培养学生多元化的思维模式、个性化学习。学生可以根据自己的知识结构和兴趣选择自己能接受的解题方法。课程视频可以被反复使用并不断修正、完善，因此这种方式能减少教师的重复性劳动，让他们有精力进行创造性的工作，并扩大授课内容的覆盖面和提高精细度，增加授课内容的深度和广度，使教学从"一维"变成"多维"。

例如，2015 年全国大学生数学建模竞赛 B 题的题目是"互联网+时代的出租车资源配置"，要求参赛学生结合当下众多打车软件的问题，设计出合理的补贴方案，以缓解出租车资源的供求、匹配问题。解决这个题目的解题方法不是唯一的，只要过程准确、结论合理就是正确的。学生可以根据自己的知识基础，采取发散性思维来建立数学模型。针对这个题目，在制作在线课程时可以介绍两种数学建模思路：一种是使用聚类分析、回归分析、阻滞增长模型等方法；另一种是使用主成分分析、供求匹配模型和最优化模型等方法。

（五）翻转课堂在数学建模实施中面临的挑战

结合已有的课程建设经验，在数学建模翻转课堂课程设置的过程中可能会遇到以下问题。

1）新的教学模式对教师要求更高。在传统的教学中，教师的授课只是对教材知识的简单复制，侧重于基础内容的讲解；翻转课堂教学则要求教师对课程内容有更深的理解，例如，如何对知识进行"碎片化"、如何合理分配在线学习和课堂学习内容、如何解答学生提出的各式各样的难题等。除了课程本身外，教师还有录制课程视频、在线答疑、平台维护等工作，这对教师的综合能力提出了挑战。

2）新的学习模式对学生要求高。翻转课堂的教学模式要求学生在课堂以外观看教学视频，占用的是学生的课余时间，缺少监督，对学生的自制力要求高。学生观看视频的时候容易注意力不集中或者只播不看、糊弄了事。因此，教师需要对学生多加鼓励，并通过在线测试、课堂检查等方式进行督促，以提高学生对基础知识的掌握程度。

3）缺少多元化、可操作的评价体系。教学评价是数学建模翻转课堂课程建设的重要环节，涉及学生对实际问题的分析能力、搜集资料的能力、建立模型的能力、团队合作能力等多个评价维度。传统的评价方式只涉及课堂表现及卷面分数，难以对学生的混合学习效果进行全面打分。因此，教学团队要结合在线平台设计科学合理、易于操作的评价标准，对学生的课前环节、课堂环节及课下数学建模练习环节进行全面打分，力求综合考虑教学环节中学生每项目标的完成情况。

面对以上困难，教学团队需要借鉴其他网络课程的成功经验，通过在实践中不断地摸索和调整，找到一条适合自己的课程建设路径。

四、原位翻转课堂的教学实效分析

1）原位翻转课堂有助于培养学生的自主学习能力。在原位翻转课堂模式下，学生可以在课前观看教学视频，并完成在线讨论、作业及自学检测等，在看的过程中可以根据自身对知识的掌握情况决定是否暂停思考或倒回重放，这解决了传统教学模式下知识传递不可重复的问题。在教学形式实行"翻转"之后，教师必须促使学生在课前进行有效的自主学习，使其发现知识弱点，并做好相应笔记，只有这样，才能在课堂上与同学进行有效的互动交流，进而高质量地完成知识的消化和吸收。有鉴于此，翻转课堂能切实有效地提高学生的自主学习能力，这与当今教育体制改革中的"终身学习"理念相吻合。

2）原位翻转课堂有助于促进"师生"重心的翻转。传统教学方式忽视了学生的主人翁地位及学习能力差异，不能针对每个学生的情况进行分层次教学，造成教学成效欠佳。原位翻转课堂是一种将课前自主学习与课中集体学习相融合的混合式教学模式，能最大化地促进学生知识的内化与吸收。但不能用"视频教学"代替"翻转课堂"，毕竟课堂上师生之间、学生之间的互动交流才是知识内化的核心与关键。原位翻转课堂实现了师生角色的双重翻转，使教师由传统的"教书匠"变成了知识内化过程中的"引导者"与"辅导者"；使学生从"机械式"的教学模式中解放出来，更加突出学生学习的主体性和自主探究性，使学生由原来的"知识被动的接受者"变成"知识内化的主动建构者"。

3）原位翻转课堂更能体现"学为中心"的教学理念。原位翻转课堂的教学中心在学不在教，学才是教师教学的出发点和落脚点。教师应该把学的权利和责任还给学生。传统教学之所以要改革，是因为它重知识轻能力，而原位翻转课堂变"先教后学"为"先学后教"，使学生由被动接受式学习转变为主动建构式学习，不断强化能力范式，使学生在习得能力的同时掌握了知识，有利于学生核心素养的培养。"学为中心"的教学理念在翻转课堂上得到了充分体现。在教师精心组织的讨论交流与展示汇报中，学生的表达交流能力、团队合作能力及自主学习能力都得到了充分锻炼。综上所述，原位翻转课堂确实有利于学生的终身发展，它重新定义了新时代背景下的师生关系和教学方式，不但转变了教育理念，而且促进了学科发展和教学质量的提高，是我国现今教学改革的重要突破口。时代在发展，科技在进步，教学方式也要与时俱进。为了把学习的主动权还给学生，提高学生的核心素养，实现"立德树人"的教育目标，真正让学生在课堂上"真学""深学""乐学"，应加强对原位翻转课堂的研究和推进。

第三节　能力范式下的探究式教学

能力范式下的高等教育要培养学生的创新精神、创新意识与创新能力，使学生自由成长，促进每个学生的全面发展，培养创新人才，促进社会进步。探究式教学是能较好实现此目标的教学形式之一。

20世纪初，美国著名教育学家约翰·杜威（John Dewey）提出了"教学五步"探究教学理论，从此学者们开始了对探究式教学的系统研究。1961年，美国教育学家约瑟夫·施瓦布（Joseph J. Schwab）在哈佛大学做了《作为探究的科学教学》（"The Teaching of Science as Enquiry"）的报告，首次提出了"探究式教学"的概念。今天，我们所研究的探究式教学都是以这些研究为源头的。施瓦布积极倡导科学探究的教学和学习范式，推动美国初等教育、中等教育和高等教育中以"科学探究"为核心的课程改革，最终确立了探究式教学在美国教育教学中的话语主导权，深刻影响了其他国家近年来学校科学教育的变革和发展。

一、能力范式下的探究式教学的基本内涵

探究式教学包含两种探究：一是对科学和知识本身的探究，把科学作为探究过程的指导，"科学即探究"；二是在教与学过程中的教学方法、方式上的探究，将教与学的过程本身作为一种探究，"探究式教与学"。这两层含义是科学探究思想的组成部分。能力范式下的探究式教学是在毕业要求的指导下开展探究的教学形式，是指教师和学生以课堂为主要载体，平等、自由地共同合作探究，从而使学生掌握学科的基础知识、基本理论与基本方法，了解学科的历史，具有一定的创新意识、研究意识，具有终身学习与发展意识，养成自主学习习惯，以适应时代的发展。

在能力范式下的探究式教学中，学生是主动、积极的探索者，是课堂学习的主要参与者，在整个学习过程中起主体作用；教师是具有反思能力的指导者，是课堂教学活动的主要组织者，在整个学习过程中起主导作用。能力范式下的探究式教学主要探究科学本质的多样性，结合知识产生的情境来帮助学生理解科学知识。

在能力范式下的探究式教学中，教师的讲授为探究性讲授。在授课过程中，学生是学习的主体并参与到教学过程中；教师对学生进行指导与启发，使学生形成对问题的独特见解。在授课过程中，教师从问题出发，不仅要展示问题的答案，还要循序渐进、循循善诱地展示答案形成的过程，把课堂与课本作为知识的载体。通过课堂教授，教师引导学生对问题进行更加深入的思考。

能力范式下的探究式教学要发展学生阅读和自学的能力。施瓦布指出，我们需要更进一步，当学生不再是学生，如果他与变化的科学保持一致，则他必须从学校和学校教育中得到最大的自由。这种"自由"要求发展学生阅读和自学的能力与习惯。使学生能够主动学习新知识，掌握新技能，养成自主学习的习惯是能力范式下探究式教学的目的。

二、能力范式下探究式教学的一般步骤

能力范式下的探究式教学更加注重对学生创新思维和创新意识的培养，其一般步骤如下。

1. 制定课程目标

从培养方案出发，找出课程与毕业要求指标点之间的对应关系，根据该对应关系制定课程目标。课程目标对毕业要求指标点的支撑应与课程性质相符合。

2. 确定教学方法和课堂组织形式

根据教学大纲中课程内容与课程目标之间的对应关系，确定教学目标、教学重点与难点，确定教学方法和课堂组织形式。

3. 教学过程

在能力范式下的探究式教学过程中，以下几个环节是较为重要的。

（1）确定学习对象（知识点），创设学习情境

能力范式下的探究式教学是围绕课程中的某个知识点展开的。与基于问题式学习的教学不同的是，这个知识点并非选自社会生活中的现实问题，也不是由学生自由选择的，而是由教师根据教学目标的要求和教学的进度来确定的。知识点或者学习对象一旦确定，教师就要根据学习对象的性质，通过问题、任务等多种形式，使用适合的教学手段来创设与此学习对象相关的学习情境，引导学生学习知识点。学习情境包括探究式教学中由外界事物、师生等因素构成的具体课堂环境、当时所处的社会环境，是师生从事学科探究式教学活动、产生学科探究行为的一种环境。

（2）提出问题，启发思考

合理的问题在能力范式下的探究式教学中尤为重要。确定学习对象后，为了使探究式教学切实取得成效，需要在探究之前为学生提供若干富有启发性、能引起学生深入思考并与当前学习对象密切相关的问题，以便学生带着问题去探究。所提出的问题是否具有启发性、是否能引起学生的深入思考，是探究式教学能否取得良好效果的关键。这类问题要由教师提出。在教学过程中以问题为线索，让学生根据有关资料和自己的学习经验，积极主动地寻求答案，发现新问题并解决问题，从而有效实现教学效果。能力范式下的探究式教学要关注教师与学生各自的知识和能力，允许教师根据学习对象、自己对学习对象的理解及学生的实际情况对问题做出合理的改变。

（3）运用引导性讨论，注重学生的自主学习和自主探究

能力范式下的探究式教学要合理运用引导性讨论。引导性讨论是指在学习过程中，引导学生进行能够促进学生发展、解决学生当前问题的讨论等言语活动。引导性讨论能让学生成为与教师"平等对话"的主人，发挥学生的个性，发展学生的主动性、能动性和独立性，使其形成勇于解决问题、积极进取的学习态度，发展学生的创造意识和自由个性，使学生与教师成为合作性的探究者。

能力范式下的探究式教学特别强调学习过程中学生的自主学习和自主探究，以及在此基础上实施的小组合作学习活动。能力范式下的探究式教学主要靠学生个人的自主探究和学习小组的合作学习活动来完成教学目标，在讨论和探究的过程中，将学习对象或者学科知识变成教师和学生合作探究的对象，使学生在探究中产生自己的学科思想和对学习对象的理解。

（4）总结提高，发展学生的创造性，培养学生的学科道德感和社会责任感

教师引导学生对问题进行回答与总结，对学习成果进行分析归纳并联系实际，对当前知识点进行深化、迁移与提高。教师应充分尊重每个学生的个性，在探究与总结的过程中，发展学生的探究能力，使学生形成自己对学科知识的理解和思考，发展学生职业规划所需要的学科素养，发展学生运用所学学科知识解决实际问题的意识和能力，使学生通过解决实际问题构建知识体系，培养学生的创造意识、学科创造性与好奇心、学科道德感和社会责任感。

4. 教学评价

教学评价是能力范式下探究式教学的重要组成部分。合理的教学评价能够使教师及时查找教学过程中的不足，总结经验，促进教学效果的提高。同时，教学评价也影响着课程目标、教学内容的制定及教学过程的组织与实施。

能力范式下的探究式教学评价倡导过程性和多元化的评价方式。探究式教学强调教师和学生学科思想和体验的获得过程，强调学习过程的连续性和生长性。过程性评价不是单一的考试形式，因为探究式教学尊重学生的个性发展，所以其评价方式也应当是多元化的。教师需要重建课程终结考核（期末考核）的意义。期末考核的分数对不同学生的意义是不同的，因此教师需要认真分析分数背后的意义及其产生的原因，不能只对分数进行单纯的比较；期末考核的成绩只能作为课程成绩的一部分，不能作为衡量学生学习结果的唯一依据。

三、教学案例——以"数学分析Ⅱ"课程为例

（一）课程目标

根据齐鲁师范学院数学与应用数学专业人才培养方案（2020级），"数学分析Ⅱ"课程目标支撑毕业要求的关系表和课程目标与毕业要求指标点的对应关系如表 7-3 和表 7-4 所示。

表 7-3 "数学分析Ⅱ"课程目标支撑毕业要求关系表

毕业要求	学科素养									
	3.1	3.2	3.3							
指标点支撑度	H		M							

表 7-4 "数学分析Ⅱ"课程目标与毕业要求指标点的对应关系

毕业要求	毕业要求指标点	课程目标
学科素养	3.1 掌握数学学科的基础知识、基本理论与基本方法，具有数学抽象、逻辑推理、空间想象、数学运算等重要思维品质和关键能力	课程目标1） 课程目标2） 课程目标3）
	3.3 具有一定的数学应用能力和创新意识，能利用所学知识、方法及数学软件建立数学模型，解决实际问题	课程目标2） 课程目标3） 课程目标4）

根据课程目标与毕业要求指标点的对应关系，制定以下课程目标。

1）了解数学分析的发展历史，掌握数学分析的基本概念，学会用发展的观点分析问题。

2）掌握数学分析的基本方法，具备严谨的数学语言表达能力、逻辑思维能力、数学运算能力与数学写作能力，养成认真、求实、勤奋踏实的教学科研精神。

3）掌握数学分析的基本理论，培养抽象思维能力、逻辑推理能力和空间想象能力，养成独立学习的习惯，为学习后续课程打下坚实的基础。

4）培养综合运用数学分析知识分析和解决实际问题的能力，体会数学的简洁性与深刻性，提高数学思维能力和科学素养，具备初步的科学研究意识。

（二）课程目标与教学内容之间的对应关系

本部分教学内容为反常积分，课程目标与教学内容之间的对应关系如表 7-5 所示。

表 7-5 课程目标与教学内容之间的对应关系

课程目标	教学内容
了解数学分析的发展历史，掌握数学分析的基本概念，学会用发展的观点分析问题	无穷限广义积分，无界函数的广义积分的概念
掌握数学分析的基本方法，具备严谨的数学语言表达能力、逻辑思维能力、数学运算能力与数学写作能力，养成认真、求实、勤奋踏实的教学科研精神	无穷限广义积分，无界函数的广义积分的计算
掌握数学分析的基本理论，培养抽象思维能力、逻辑推理能力和空间想象能力，养成独立学习的习惯，为学习后续课程打下坚实的基础	无穷限广义积分，无界函数的广义积分敛散性的判定

（三）反常积分教案（10 课时）

1. 教学目标

1）了解反常积分的历史背景，掌握反常积分的概念。
2）熟练应用定积分的计算方法计算反常积分。
3）会判定反常积分的敛散性。

2. 教学重点、难点及解决措施

1）教学重点：反常积分的计算与敛散性的判定。
2）教学难点：反常积分敛散性的判定。
3）解决措施：问题驱动，类比联想。

3. 教学方法

任务驱动教学法、问题探究法、案例教学法。

4. 教学思政

1）马克思主义的实践观。
2）本质与现象。

3）共性与个性。

5. 教学过程

（1）问题探究，引入概念（30分钟）

给出实例，引导学生分析定积分定义中的两个重要条件：被积函数在积分区间上的有界性及积分区间是闭区间。

问题1：（第二宇宙速度问题）：在地球表面垂直发射火箭，使火箭克服地球引力无限远离地球，试问初速度 v_0 至少是多少？（积分区间是无穷区间）

问题2：圆柱形桶的内壁高为 h，内半径为 R，桶底有一半径为 r 的小孔，试问从盛满水桶开始打开小孔直至流完桶中的水，共需多少时间？（被积函数在给定区间是无界的）

相对于定积分（正常积分）而言，问题1和问题2分别提出了两类反常积分，引出反常积分的概念。

（2）反常积分的概念（60分钟）

定义1　设函数 f 定义在无穷区间 $[a, +\infty)$ 上，且在任何有限区间 $[a, u]$ 上可积。如果存在极限

$$\lim_{u \to +\infty} \int_a^u f(x)\mathrm{d}x = J \tag{7-1a}$$

则称此极限 J 为函数 f 在 $[a, +\infty)$ 上的无穷限反常积分（简称无穷积分），记作

$$J = \int_a^{+\infty} f(x)\mathrm{d}x \tag{7-1b}$$

并称 $\int_a^{+\infty} f(x)\mathrm{d}x$ 收敛。如果极限（7-1a）不存在，则为方便起见，亦称 $\int_a^{+\infty} f(x)\mathrm{d}x$ 发散。

类似地，可定义 f 在 $(-\infty, b]$ 上的无穷积分

$$\int_{-\infty}^b f(x)\mathrm{d}x = \lim_{u \to -\infty} \int_u^b f(x)\mathrm{d}x \tag{7-2}$$

对于 f 在 $(-\infty, +\infty)$ 上的无穷积分，可用前面两种无穷积分来定义

$$\int_{-\infty}^{+\infty} f(x)\mathrm{d}x = \int_{-\infty}^a f(x)\mathrm{d}x + \int_a^{+\infty} f(x)\mathrm{d}x \tag{7-3}$$

式（7-3）中，a 为任一实数，当且仅当右边两个无穷积分都收敛时，它才是收敛的。

注1：无穷积分（7-3）的收敛性与收敛时的值和实数 a 的选取无关。

注2：无穷积分（7-3）是由（7-1b）、（7-2）两类无穷积分来定义的，因此，f 在任何有限区间 $[v, u] \subset (-\infty, +\infty)$ 上，首先必须是可积的。

【课程思政】体会数学语言的严谨性和简洁之美。明白数学是解决现实问题的工具。

定义2　瑕积分的概念

理解类比无穷积分的概念，引导学生给出瑕积分的概念。

注意瑕点是什么。

（3）反常积分的计算（45 分钟）

给出例题：

$$\int_1^{+\infty} \frac{dx}{x^p} \qquad \int_{-\infty}^{+\infty} \frac{dx}{1+x^2} \qquad \int_0^1 \frac{dx}{\sqrt{1-x^2}} \qquad \int_0^1 \frac{dx}{x^q}\,(q>0)$$

学生自主解答，并分组总结在计算过程中应注意的问题。

引导学生思考是否所有的反常积分都可以利用定义计算，引出反常积分敛散性的判定。

（4）反常积分敛散性的判定（270 分钟）

1）反常积分的简单性质。复习定积分的性质，归纳出反常积分的性质。

2）无穷积分敛散性的判定（表 7-6）。

表 7-6　无穷积分敛散性的判定

分类	判定标准
非负函数无穷积分敛散性的判定	1）单调有界定理 2）比较原则 3）比较原则的极限形式 4）柯西判别法 5）柯西判别法的极限形式
一般函数无穷积分敛散性的判定	1）柯西收敛准则 2）狄利克雷判别法 3）阿贝尔判别法

【课程思政】本质与现象。本质与现象是一对揭示事物内部联系和外部表现相互关系的属于辩证法基本范畴的概念。本质是事物的内部联系，决定了事物的性质和发展趋向。现象是事物的外部联系，是本质在事物各方面的外部表现。本质和现象是对立统一的关系。

3）瑕积分敛散性的判定。学习无穷积分敛散性的判定后，让学生自己总结分析，给出瑕积分敛散性的判定（表 7-7）。须注意瑕积分和无穷积分的不同之处。

表 7-7　瑕积分敛散性的判定

分类	判定标准
非负函数无穷积分敛散性的判定	1）单调有界定理 2）比较原则 3）比较原则的极限形式 4）柯西判别法 5）柯西判别法的极限形式
一般函数无穷积分敛散性的判定	1）柯西收敛准则 2）狄利克雷判别法 3）阿贝尔判别法

【课程思政】特殊与一般；共性与个性。

（5）总结（20 分钟）

分析总结反常积分的来龙去脉，完善学生的知识结构。

（6）习题解答（25 分钟）

根据作业批改情况，讲解习题。

6. 教学反思

1）以能力范式为引导，从毕业要求出发，制定课程目标，分解教学目标和教学重点和难点，强调工作导向、项目贯穿式的理论教学与实践教学相互交融的一体化教学。

2）改革教学方法，把能力培养作为组织实施教学的目标和主线，而不是单纯地把教师对知识的传授、学生对知识的理解和掌握当成教学目的。

3）重视建立与重构知识框架，从不定积分到定积分，再到反常积分，逐步深入。

4）重视课程思政，努力实现以能力培养为主线的学生培养，在实践层面为培养师范生的教师教育能力提供路径。

评析：

该课程教案首先明确课程目标，然后给出实例，引导学生分析定积分定义中的两个重要条件，引入反常积分的概念和反常积分敛散性的判定，最后分析、总结反常积分的知识，并完善知识结构。

该课程教案具有以下 4 个特点。一是根据数学与应用数学专业人才培养方案和课程目标与毕业要求指标点的对应关系，制定课程目标，强调理论教学与实践教学相互交融的一体化教学。二是把握教学重点、难点并提出相应的解决措施，运用多种教学方法（任务驱动教学法、问题探究法、案例教学法），提高学生学习的积极性，深化学生对知识的理解。三是重视知识框架的建立与重构，从不定积分到定积分，再到反常积分，逐步深入。四是重视课程思政，渗透课程思政内容，采用理实一体化教学，讲、学、练结合，理论联系实际，并对学生的知识掌握情况及时做出评价。

该课程教案秉持能力范式的教育理念，强调能力本位和学生主体性，坚持由浅入深的原则，重点突出，能够帮助学生充分了解数学分析的发展历史，掌握数学分析的基本概念和基本方法。它有利于学生用发展的观点分析问题，理论联系实际，自觉将学习的知识应用于实践。它有利于学生形成严谨的数学语言表达能力、逻辑思维能力、数学运算能力与数学写作能力、抽象思维能力、逻辑推理能力和空间想象能力，并养成认真、求实、勤奋踏实的教学科研精神。它有利于培养学生综合运用数学分析知识分析和解决实际问题的能力，体会数学的简洁性与深刻性，提高数学思维能力和科学素养，具备初步的科学研究意识。

四、能力范式下探究式教学的课程评价

（一）课程考核方式

单一地通过试卷考核学生学习成果的方式，已不能满足课程目标的需求。探究式教学注重发展学生的个性，因此能力范式下的课程考核呈现多样化的形式（表7-8），并逐渐将考查重点转为考查学生运用所学知识解决实际问题的实践与创新能力。

表 7-8 "数学分析Ⅱ"课程过程性考核形式变化一览表

年级	考核方式及占课程成绩的比例		与上一年级相比的变化之处
2018 级	作业成绩（10%）		增加了期中考试
	课堂表现（10%）		
	期中考试（20%）		
	期末考试（60%）		
2019 级	作业成绩（10%）		1）课堂表现成绩由考勤成绩和随机的课堂抽测成绩组成。考勤成绩有相应的评分细则；课堂抽测的随机性较大，没有细化的评分细则。 2）给出了作业成绩相应的评分细则
	课堂表现（10%）		
	期中考试（20%）		
	期末考试（60%）		
2020 级	作业成绩（10%）		1）课堂表现成绩由考勤成绩和综合测试成绩构成，每次测试都有标准答案。 2）增加了项目作业。项目作业的选择形式相对多样化，包括知识框架、结课论文、综合知识运用等。项目作业有具体的评分标准
	课堂表现（10%）		
	期中考试（20%）		
	项目作业（10%）		
	期末考试（50%）		

根据课程过程性考核评价方法，采用班级抽样、计平均分的统计方法，选择数学与应用数学专业 2018 级、2019 级、2020 级（授课教师保持一致）各一个班级，统计其近 3 年过程性考核评价成绩（表7-9）。

表 7-9 "数学分析Ⅱ"课程近 3 年过程性考核评价成绩

年级	作业成绩/分	课堂表现成绩/分	期中考试成绩/分	项目作业成绩/分	过程性考核成绩/分
2018 级	98.60	97.65	47.30	—	72.70
2019 级	94.90	86.14	80.56	—	85.50
2020 级	92.01	84	76.45	87	84

2018 级"数学分析Ⅱ"课程过程性考核评价各分数段人数分布，如图 7-4 所示。

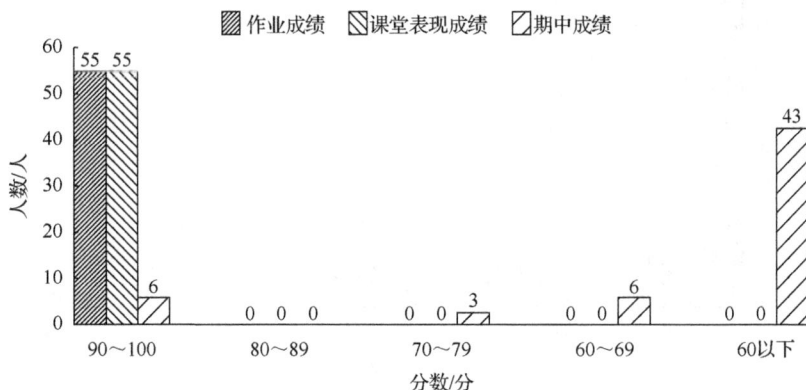

图 7-4　2018 级"数学分析Ⅱ"课程过程性考核评价各分数段人数分布

2019 级"数学分析Ⅱ"课程过程性考核评价各分数段人数分布，如图 7-5 所示。

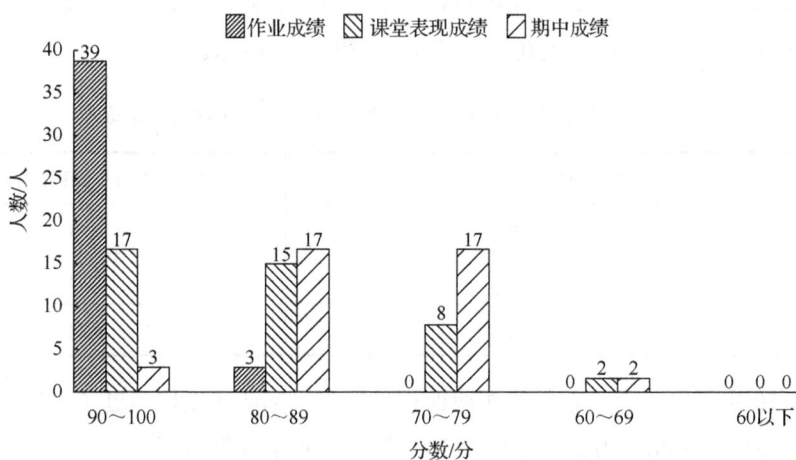

图 7-5　2019 级"数学分析Ⅱ"课程过程性考核评价各分数段人数分布

2020 级"数学分析Ⅱ"课程过程性考核评价各分数段人数分布，如图 7-6 所示。

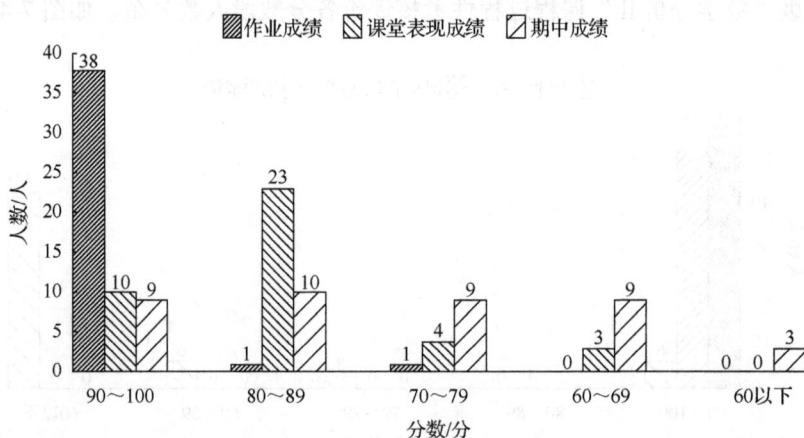

图 7-6 2020 级"数学分析Ⅱ"课程过程性考核评价各分数段人数分布

（二）课程目标达成度

根据课程教学大纲，计算出课程目标达成度（"数学分析Ⅰ"和"数学分析Ⅱ"两门课程的学分一致，且有较好的可对比性），如表 7-10 所示。

表 7-10 各年级"数学分析Ⅰ""数学分析Ⅱ"课程目标达成度

年级	"数学分析Ⅰ"课程目标达成度	"数学分析Ⅱ"课程目标达成度
2018 级	0.87	0.73
2019 级	0.85	0.82
2020 级	0.77	0.78

从表 7-10 中可以看出，各年级相应课程的课程目标达成度均超过了 0.70，符合人才培养方案的要求，因此能力范式下的探究式教学达到了预期目标。

五、总结

本节中主要给出了能力范式下探究式教学的定义、内涵及一般教学步骤，并以"数学分析Ⅱ"课程为例，给出了在实际教学过程中应用探究式教学的方法，同时分析了以探究式教学为主要教学方式的数学分析课程目标达成度情况，培养了学生分析问题和解决问题的能力。总之，能力范式下的探究式教学值得推广。

第四节　能力范式下的案例教学法

一、能力范式下的案例教学法概述

案例教学法最早用于法律、医学及工商管理的教学领域，主要用于教授学生相关领域业务实践中的重要思想、技能及内在原理，其用于师范教育相对较晚。在适应国家新课程改革对教师素质的新要求的背景下，探索能提高师范院校本科毕业生质量的案例教学法具有重要的实践意义。

符合能力范式要求的培养模式和主要教学方法要具备理实一体、自主学习、探究式教学等特点，坚持问题导向，实行项目贯穿，突出实践创新，重在提高应用能力。案例教学法是符合能力范式要求的一种主要的教学方法。

能力范式下的案例教学法是将教学目标融入到不同的案例中，引导学生对案例进行充分的分析、讨论与交流，结合教师对知识的归纳、总结与点评，帮助学生掌握教育教学理论知识，提高个人的教学技能水平。

二、"中学数学教学设计"课程的特点

应对新时代新的教育理念和新课程改革的挑战，促进教师的专业发展是根本策略，而数学教师专业素质的培养和提升是核心问题之一。"中学数学教学设计"是面向高等师范院校数学与应用数学专业、数学教育专业本科生开设的一门重要专业必修课。本课程的特点如下。

（一）理论性较强

本课程紧扣数学新课标，将现代数学教学理论作为数学教学设计的教学理论依据。内容包括：数学教学设计导论，数学基本课型教学设计，常见的数学教学模式，数学问题解决的教学设计，数学活动课的教学设计，数学微型教学，说课、听课、评课，数学教学设计原理与策略。本课程教学不仅需要教师具有丰富的知识，还要求学生梳理并掌握复杂的理论知识。

（二）突出应用性

基础教育数学新课程改革及数学教师专业化发展的趋势，对数学教师提出了新的要求。本课程教学致力于促成数学学科知识与思想方法、数学教育教学理论和数学教学技能3个方面的融合，使学生能够根据所学数学教学设计的理论知识，独立设计出较为规范的中学数学课堂教学设计，并能对其进行分析和解释。在理论性知识学习的基础上，本课程教学突出应用性，为师范生后续的实习及真正走上教师岗位打下良好的基础。

（三）具备拓展性

本课程教学致力于让师范生学习必备的教学设计理论知识，提高师范生的教学设计能力，强化师范生的基本教学技能，并使师范生能够在实践中不断反思，修正、完善教学设计方案，提升其教育教学水平和数学教育研究能力。

三、案例教学法在"中学数学教学设计"课程中的作用

"中学数学教学设计"是《教师教育课程标准（试行）》规定的师范生必修课程，对于数学相关专业师范生和中学数学教师专业成长具有举足轻重的作用。

教学团队践行齐鲁师范学院能力范式培养模式理念，采用案例教学法进行教学，帮助数学相关专业师范生系统地掌握数学教学设计的相关理论知识和技能方法，达到有效进行中学数学教学设计和实践的目的。具体地，案例教学法在本课程的教学中起到以下作用。

（一）引入大量教学案例，促进学生理论与实践的结合

"中学数学教学设计"课程是为师范院校数学与应用数学专业学生开设的专业课程。学生在大三上学期学习这门课程，此时学生还没有参加实习，没有教学经验。学生对如何进行教学设计，如何将教学设计应用于真实的课堂没有深入的认识和体会，对于教学设计还处于直感阶段。

为了弥补学生这些方面的欠缺，本课程教学继续以中学数学教材为素材，在授课过程中增加教学案例的引入，选择部分案例进行视频展示，以便对教学设计进行更好的解读和设计训练。学生通过观摩和分析大量的案例，能更好地感受真实课堂，对如何在课堂中更好地运用理论知识与教学技能有更直接的认识，将理论与实践相结合。

（二）丰富的师生互动，使学生将被动学习变成主动获取

"中学数学教学设计"课程的课容量较大，其中存在大量的教学设计理论知识。以往的教学以教师的讲授为主，使学生对知识的学习较为被动、参与课堂活动较少，影响了学生对理论知识及教学技能的深入理解。教师在教学中采取案例教学法，提前给出案例及思考的问题，引导学生在上课前自主预习、自主搜集资料、完成自我学习；课堂上，让学生分小组合作交流、各抒己见，分析、判断别人的发言内容，通过"学习、讨论、再学习"，从发现问题、探索问题、分析问题到解决问题，有效地完成教学目标。这种教学方法能够帮助学生掌握和应用教学理论知识，充分调动学生学习的积极性、主动性和创造性，体现学生在课堂教学活动中的主体地位，以学生发展为中心，提高学生的实践能力。

（三）提高学生的综合素质

在教学中，以案例为主线，培养学生的思维能力，通过学生小组讨论、小组发言、学生汇报等环节，锻炼学生的表达能力、协作意识。在本课程的学习过程中，使用案例教学法能帮助学生提升教育教学理念，提高教学设计能力，从而提升其专业素养水平。

四、案例教学法在"中学数学教学设计"课程中的应用策略

（一）充分了解学生已有的知识经验、学习能力、学习需求和发展的可能性

本课程教学强调学生是学习的主体，强调学生的真实状态是决定教学活动的根本出发点。在增加知识的系统性、研读课程标准，理解和应用课程标准的基础上，教师还应充分地了解学生，寻找教学的最佳切入点。只有充分地了解学生，才能选择和设计适合学生需求、促进学生发展的教学案例；只有充分地了解学生，才能把握学生的认知起点，使教学案例更具有针对性，引导学生进行思考、分析和讨论；只有充分地了解学生，才能让新旧知识联系得更自然、更紧密；只有充分地了解学生，才能避免将案例分析、探讨的要求设置得过高或过低，才能准确地找到学生的最近发展区。

（二）精心选择和设计教学案例

1. 以山东省"一师一优课"网站资源库教学案例为素材

按照《教育部关于全面深化课程改革 落实立德树人根本任务的意见》精神，山东省开展了"一师一优课、一课一名师"活动。此活动以比赛的形式汇集了大量教学案例资源，旨在提高教师的教学水平。在本课程的教学中，教师在山东省"一师一优课"资源库中精选教学案例，将与教学内容相关的、优秀的教学案例融入课堂教学中，在课堂中播放教学视频，使学生在学校就可以接触到这些优秀的资源，了解真正的课堂教学，为学生后续的实习及工作打下良好基础。除了在课上融入教学案例外，教师在课下应为学生推荐山东省"一师一优课"中的相关优秀教学案例，便于学生在课下学习和分析。

2. 以数学学院往届毕业生毕业教学设计为素材

齐鲁师范学院数学学院以《齐鲁师范学院普通本科毕业论文(设计)管理规定》《齐鲁师范学院人才培养方案管理办法(试行)》为指导，结合学校"师范性、地方性、应用型"的办学定位，实现专业理论知识掌握和职业技能训练的有机结合。从 2020 届毕业生开始，学生除完成毕业论文设计外，还需要完成毕业教学设计，需要提交所选课题的课件、讲课视频、教学设计等资料。这些资料组成了毕业教学设计资源库。在"中学数学教学设计"课程的教学过程中，教师从往届毕业生的毕业教学设计中选择典型的教学案例与学生一起分析，找出其中设计的亮点及不足，从中发现往届毕业生教学设计中真实出现的问题，引起学生的共鸣。

（三）采用小组合作、交流讨论的方式，保证教学案例分析、探讨的有效进行

在学习过程中，学生的学习水平有差异，采用小组合作、交流讨论的学习形式，可以改善传统的师生单项交流方式，让每个学生积极参与教学并合作学习。通过小组合作、交流讨论的方式，有助于降低教学案例分析、探讨的难度，有助于培养学生的合作精神和竞争意识，有助于因材施教，弥补教师难以兼顾有差异的众多学生的不足，从而真正实现使每个学生都得到发展的目标。

（四）借助线上线下混合式教学法，使学生有充足的时间思考与讨论

新时代，教师应推进信息技术与教育教学及其管理的深度融合。线上线下混合式教学是当今和未来教学的新常态。教学团队利用智慧树中的翻转课堂将线上教学与线下教学相融合。具体实施方案如下。

1）课前。充分激发学生线上自主学习的能力，利用在线学习平台智慧树提前发布学习任务、文字资料、视频资料等，并为学生提供学习任务清单。将优秀教学案例及对应的中学数学教材上传到在线学习平台智慧树上，让学生利用在线学习平台进行预习、扩展知识。利用在线学习平台智慧树进行线上小测、问卷测试、班级群内讨论、抽查学生学习效果等方式，了解学生的自学情况，完善教学设计。针对学生在自主学习过程中产生的问题，重新组织学习及教学材料。利用在线学习平台对学生课前预习中的各项数据进行统计，将其作为课程过程性评价的资料。

2）课中。通过开设翻转课堂，辅助课堂教学，实现线上线下教学相融合。本课程教学中融入了大量教学案例。有些教学案例需要学生进行更细致地分析，需要学生快速地查阅相关教材并进行深入研究，此时教师可以在翻转课堂中让学生自己调取需要的资料，这极大地增加了课程的容量，强化了课程的即时性。上课时，教师可以通过线上签到、随机点名、快速投票、答疑、快速投屏、头脑风暴等方式，辅助课堂教学，提高学生的学习积极性，并及时收集学生的反馈信息，将其作为过程性评价资料。

3）课后。利用数据分析及时发现问题，改善教学。例如，通过观察留言板和线上讨论情况，进一步聚焦学生的兴趣点，帮助学生寻找深入探究的课题。当课上展示时间有限时，可以将课堂讨论转为线上讨论。帮助学生在在线学习平台上组成某一主题的讨论小组，探究感兴趣的内容。记录学生各项活动的参与情况，将其作为过程性评价资料。

五、案例教学法的实践

课程："中学数学教学设计"。

课题：导入技能的教学设计。

（一）教学知识点分析

教学重点：①课堂导入技能；②课堂导入技能的重要性；③课堂导入的原则；④课堂导入的主要类型。

教学难点：如何合理地选择与运用不同类型的课堂导入。

（二）教学目标

1）知识与技能：了解课堂导入技能及其重要性，理解课堂导入的原则，掌握课堂导入的主要类型，能够进行课堂导入设计。

2）过程与方法：以中学数学教材为素材，通过对大量案例的分析与评价，提高数学设计能力，掌握教学实践技能。

3）情感态度与价值观：在对教学案例的分析和评价过程中，培养勇于探索和勤于思考的能力，在合作与交流中发展合作意识和团队精神，在活动中获得成功的体验，增强自信心。

（三）教学策略与设计

1）在教学过程中以中学数学教材为素材，采用案例教学法，深入解读课堂导入技能，加深学生对课堂导入技能的认识。

2）在教授知识的同时，强化学生的基本教学技能，使学生具备一定的数学设计能力和教学实践技能。

3）学生通过交流讨论、小组合作的方式，不断完善自己的课堂导入设计，增强实践训练的信心。

（四）教学环境、设备与资源准备

1）在课堂教学中采用多媒体课件，利用课件进行图片和视频的多媒体展示，并介绍大量的教学案例。学生可以观摩和学习山东省"一师一优课"网络资源库中的优秀案例，更好地进行课堂导入技能的训练。

2）利用在线学习平台智慧树中的翻转课堂，进行线上线下混合式教学。课前，利用在线学习平台提前发布学习任务、教学案例等资料（包括文字资料、视频资料等），并为学生提供学习任务清单。课中，使用翻转课堂中的签到、随机抽取、快速投票、快速投屏等功能，及时掌握学生的学习情况。课后，利用数据分析及时发现问题，以改善教学。

（五）教学过程

1）借助白居易《琵琶行》中的诗句，引出本节课的课题，让学生初步感受课堂导入技能的重要性。

设计意图：通过赏析诗句，引出本节课的课题——课堂导入技能，使学生明确学习方向，增强学习兴趣，提高学习的积极性。

2）带领学生从 3 个方面来理解课堂导入技能：①运用；②教学手段；③功能。将这 3 个方面的内容串联起来，归纳课堂导入技能的定义。

设计意图：课堂导入技能是本节课的重要内容。教师在帮助学生理解课堂导入技能的概念时，先从 3 个角度进行分析，再归纳汇总，以降低学生理解的难度。学生通过交流讨论的方式，对课堂导入技能的功能进行探究，为后续进行课堂导入设计打下基础。

3）课堂导入技能的重要性。

教师："请同学们通过两个教学案例来体会课堂导入的重要性。"

教师（介绍案例）："高中数学必修Ⅰ"中的数学归纳法。数学归纳法是一种重要的数学方法，也是高中代数中的一个难点内容。教师展示山东省"一师一优课"资源库中省级获奖教学案例《数学归纳法》的课堂导入设计。

活动一：播放多米诺骨牌游戏视频。

活动二：请学生回答问题——让多米诺骨牌全部倒下的条件是什么？学生通过观看视频、借助生活经验，思考后回答这个问题。

活动三：学生探索后发现，只要满足以下两个条件，后面所有的多米诺骨牌就会依次倒下。①第一块骨牌一定要倒下；②任意相邻的两块骨牌，前一块在倒下的时候一定要造成后一块也倒下。

教师（提出问题）："这个游戏中体现的思想与数学归纳法中的递推思想实际上是不谋而合的。你能尝试分析这个课堂导入设计的教学案例吗？"

学生：通过先独立思考、再小组讨论的方式，分析这个教学案例；然后选出小组代表展示讨论的结果；最后对这个教学案例进行评价。

设计意图：选择的教学案例具有代表性，利用了游戏情境导入法，生动、活泼、贴近生活。教学案例的引入让学生体会到真实的课堂教学，让学生体会到课堂导入的重要性，使学生重视后续的课堂导入设计训练并打下良好的基础。

4）课堂导入的原则。

教师："请你结合刚才分析的教学案例，思考在设计课堂导入时，应该遵循哪些原则？"

学生：通过小组讨论、合作交流，回答这个问题。

教师：归纳总结并细致分析课堂导入的原则。

设计意图：课堂导入是一个重要的教学环节，它直接影响学生学习的情绪和效果。学生通过对教学案例进行分析和讨论，可以更好地理解课堂导入的原则。

5）课堂导入的主要类型。

教师：以数学教材为素材，依托教学案例，对每个课堂导入设计的类型进行详细分析。把此部分涉及的教学案例通过在线学习平台提前发送给学生，方便学生学习，提高学生的学习效率。具体如下。

① 以旧引新导入法。案例：矩形。

② 直接导入法。案例：二面角、圆。

③ 生活实例导入法。案例：合并同类项。

④ 游戏情境导入法。案例：数学归纳法、二分法。

⑤ 故事情境导入法。案例：等差数列的求和公式。

⑥ 实验情境导入法。案例：截一个几何体、三角形内角和定理。

⑦ 问题情境导入法。案例：等比数列的通项公式。

设计意图：在实际教学中，课堂导入的方法有很多。教师应根据教学的目的、内容及学生的实际情况，设计最恰当、最生动的导入环节。教师应将典型的教学案例融入各种类型的课堂导入设计讲解中。精心选择教学案例，有助于学生对不同课题的课堂导入进行合理、有效的设计。

6）课堂导入设计训练。

教师（介绍案例）：北师大版七年级上册"第三章 字母表示数"中的"第四节 合并同类项"。先分析本节课的教学重点、难点。教学重点是同类项的概念，以及合并同类项的法则。教学难点是准确判断同理性，正确合并同类项。

教师（提出问题并组织学生活动）："通过分析我们发现同类项的概念是本节课的一个重要概念。学习这个概念，可以帮助学生理解数学中的分类思想，同时为学习合并同类项打下基础。对于这个概念，我们如何合理、有效、形象、生动地来进行引入呢？请同学们按照分组，充分地讨论交流，尝试解决这个问题。"

学生：查阅资料，小组合作交流，写出课堂导入设计，并尝试解释为什么这样设计。

师生：共同评价。

设计意图：从课程初始，学生对课堂导入设计教学案例进行评价，到通过小组合作进行课堂导入的教学设计，随着难度的增加，学生在实践训练中进一步体会如何进行课堂导入设计。通过案例教学法，充分调动了学生的学习积极性，使学生变被动学习为主动学习，促进学生将理论与实践相结合。

7）课堂小结，布置作业。

（六）案例教学法的使用效果分析

教学团队使用案例教学法进行教学，使师范生积极投入课堂教学中，提高了师范生培养质量。近年来，在各项教学比赛中，齐鲁师范学院数学学院有多名学生获奖，取得了优异的成绩，并且获奖人数和奖项质量有很大提升。

以齐鲁师范学院学生每年参加的山东省师范类从业技能大赛为例。2018 年，齐鲁师范学院数学学院共有两名学生获奖：一名学生获得省二等奖，一名学生获得省三等奖；2019 年，共有两名学生获奖：一名学生获得省二等奖，一名学生获得省三等奖；2020 年，共有 6 名学生获奖：推荐组的两名学生均获得省一等奖（其中一人获得省一等奖全省第二名的优异成绩），抽取组有两名学生获得省一等奖，有两名学生获得省三等奖。齐鲁师范学院数学学院 2020 年的获奖人数分别为 2018 年、2019 年获奖人数的 3 倍，其中获得一等奖的学生占获奖人数的 2/3，远远高于前两年。

2019 年 9 月，在第四届全国数学微课大赛中，齐鲁师范学院数学学院有 3 人获得一等奖，有 18 人获得二等奖。2020 年 5 月，在第十届全国师范院校初等教育学生录像课比赛中，齐鲁师范学院数学学院取得了优异成绩，参赛学生全部获奖，其中 14 人获得一等奖、5 人获得二等奖。

通过参加各类教学比赛，学生的教学设计水平和教学技能得到了检验。同时，通过比赛对案例教学法在"中学数学教学设计"课程中的实施情况进行了检验。

第五节 能力范式下的目标导向教学法

近年来，齐鲁师范学院坚持能力范式教育理念，不断改革教学方式，提升了学生的职业竞争力，并取得了显著成效。为了进一步完善能力范式的师范生教学技能提升体系，齐鲁师范学院数学学院积极探索在第二课堂教学中采用目标导向教学法，开展师范生教师技能提升活动，并取得良好效果。

一、活动背景

数学与应用数学专业的培养目标是：面向山东省基础教育，培养德智体美劳全面发展，具有良好师德修养、一定人文底蕴和科学素养，具备扎实数学学科专业基础、较强中学数学教育教学能力、较强综合育人和终身发展能力，能够胜任中学和其他教育机构数学教育教学和管理工作的骨干教师。

山东省公费师范生政策是山东省政府根据省内农村教育实际情况，参照《教育部直属师范大学师范生公费教育实施办法》制定的一项特殊政策，主要目的是加强农村教师队伍建设，吸引优秀人才从教，培养下得去、留得住、教得好的优秀教师；其培养原则是德育为先、一专多能、面向农村、强化实践；其培养目标是培养一专多能的中学短缺学科教师、学有专长并胜任多学科教学的小学全科教师、擅长保教的幼儿教师。

通过相关文献资料可以看出，在师范生培养过程中集中出现问题的方面主要有：职业认同、教师职业技能、培养方式等。目前来看，高校在培养师范生时，存在重理论轻实践的问题，对教师技能的锻炼普遍较少。这与师范生的培养要求出现较大偏差，难以有效满足中小学对优秀学科教师的需求。

综上所述，这需要高校积极转变教育理念，从知识范式转向能力范式，突破传统的教师与学生"主客二分"的思维定式，以学生为主体，加强师范生的教师技能训练，以便其在毕业时更好地衔接工作岗位。

齐鲁师范学院的办学定位是：师范性、地方性、应用型。培养应用型人才是当前大部分高校转型的必然要求。要实现转型，最根本的是实现与应用型办学定位相一致的高等教育范式的转换。

基于能力范式的教育理念、专业人才培养目标及山东省公费师范生职业要求，齐鲁师范学院数学学院积极探索基于第二课堂平台，在能力范式理念下提升师范生教师技能。第二课堂的特点是机动灵活、丰富多彩，既源于教材又不限于教材；它无须考试，是素质教育不可缺少的部分。在齐鲁师范学院的大力支持下，数学学院每年进行教师技能比赛，效果良好。

二、目标导向教学法介绍

（一）目标导向教学法的概念

目标导向教学法是在借鉴目标管理的基础上结合教学实践形成的一种教学方法。从根本上分析，目标导向教学法是融合教学理念、目标、互动和评价为一体，更新传统的教学理念，融合现代化的教育理念，以三维目标为中心，以反馈和调节为手段，以学生智力与非智力能力的双重提升为目标，融合多种教学手段和方法，为学生创设丰富多彩的教学氛围，激发学生参与学习的积极性和主动性的一种现代化教学方式，其过程可简单归结为：目标制定→目标展现→目标实施→目标检测→目标实现。

（二）目标导向教学法的特点

目标导向教学法是一种以教师为主导、以学生为主体、以教学目标为主线的教学方法，即依据专业特点，结合职业岗位及学生发展需求，制定内容具体、覆盖全面的教学目标，并围绕该目标，在教师的正确引导下，将教学目标划分为多个子目标，运用多种教学手段为学生创设良好的学习氛围，激发学生参与专业知识学习和实践的积极性、主动性，使学生牢固掌握有关的理论、技能，培养学生相应的能力，使学生形成良好的学习态度，建立自信心、自尊心和自强心，最终实现教学目标。

（三）目标导向教学法的实施原则

1）目标中心原则。教学目标是教学的出发点和归宿，教学活动应紧紧围绕教学目标进行。实施目标导向教学法要注意目标的合理性，要循序渐进。

2）以学生为主体原则。教学活动是师生共同参与的过程，因此应时时把学生放在教学主体地位。

3）理论联系实际原则。通过讨论、讲课、评价等环节，使学生将所学知识与客观实际相结合，最终实现教学目标。

4）反馈矫正原则。及时对学生的表现进行信息反馈，对学生的知识缺陷进行有效的矫正和补救，防止知识缺陷积少成多，实现当堂达成的重要目标。

三、活动思路

以齐鲁师范学院数学学院为例，师范生培养过程中每个学期的课程概况如下：第一、

二、三学期学习数学基础理论知识，第四学期开始学习"数学课程与教学论""中小学远程研修"等课程，第五学期开始学习"中学数学教学设计"等课程，第六学期外出支教实习，第七、八学期为毕业做准备。依据数学学院课程设置、学生实际情况，从第二学期开始开展教师技能比赛，重点在于使学生敢于上台，熟悉讲课流程；在第三学期从细节上提升学生教学技能，如时间把控、教学设计、板书、划分重难点等，逐渐贴近实战，方便学生衔接第四、五学期的教学相关课程、第六学期的支教实习，为学生以后的职业成长打下坚实的基础。

四、目标导向教学法的实施

（一）调研学生学情

数学与应用数学专业的学生来自全国各地，大部分学生选择报考师范专业是受到父母的影响，对教师职业的认识停留在主观印象中，因此亟须提升教师职业的认同感。学生还没有与教学相关的经历，教学技能较匮乏，因此亟须提升教学技能。

（二）目标导向教学法的实践策略

1. 以目标导向为基础，推进活动合理化设置

活动设置是开展和实施教学技能比赛的基础和条件。我们应以培养目标与职业要求为核心和出发点，力求精简，对活动设置进行优化。将一些与人才培养目标、职业要求关联度较低的内容剔除，增加一些能够体现教师技能特色的内容。只有这样，才能在人才培养目标与职业要求的引导下，有针对性地引导学生开展活动。

2. 以人才培养模式为指引，深化活动内容改革

师范教育的目的在于培养中小学优秀学科教师，许多师范院校采用较为传统的人才培养模式。因此，应根据岗位设置及能力需求的变化，有的放矢地培养学生的专业技能，处理好理论学习和技能提升的关系，进行有针对性的教学，提升师范生培养的实效性。

3. 以第二课堂为依托，提升教学活动的针对性

当前，师范教育所使用的教材、课程设置并未凸显师范生培养的特性，缺乏针对性和实用性。基于此，师范院校应根据职业目标导向，选用具有职业性、知识性和应用性的教材及更贴合职业要求的课程设施，保证知识点衔接连贯，体系结构循序渐进，只有这样才能满足教学实践的需要。

（三）做好活动后的总结与反馈

对学生普遍认为的重点和难点，教师可以采用两种方式进行处理：一是点拨，让意见不同的几个学生小组进行讨论，教师深入其间获取反馈信息，适时进行个别点拨，也

可以采用"学生教学生"的方法，让已经解决问题的学生面向全班进行讲解，教师适时点拨；二是精讲，教师抓住要点伺机引导，使讨论围绕目标步步深入、层层展开，实现教与学的高效率。

（四）完善评价方式

在教学过程中，教师要通过合理的评价方式，正确对学生的学习效果进行评价，以保持学生的学习兴趣和动力。在传统教学中，教师评价学生的标准是考试分数，因过于注重考试成绩而忽视了学生的综合水平和学习过程。因此，教师要将学生的学习过程和学习结果进行综合，做出最恰当的评价。美国发展心理学家加德纳（Gardner）的多元智能理论告诉我们，每个学生都有可资发展的潜力，只是表现的领域不同。由于受遗传及生存环境等多种因素的影响，学生个体之间存在多元的不均衡性，在认知方式、个性特征、学习习惯、生活特点、兴趣爱好等方面千差万别，而且存在发展方向的问题。这使得每个学生发展的进程和轨迹各不相同，发展的目标也具有个性化特征。如果教师以一刀切的标准衡量所有的学生，就会使后进生难以接受，逐渐丧失学习兴趣及自尊心、自信心。因此，教师应在承认个体差异的基础上依据学生的不同个性因材施教、因性施教，充分尊重学生的个体发展要求，正确判断每个学生的不同特点及其发展潜力，实施分层评价，在每个学生的已有基础上确定不同的最近发展区目标，让每个学生"跳一跳"都能摘到果子。例如，针对学习存在一定困难的学生，教师在教学过程中应侧重于对他们的学习习惯等方面进行评价，不求其全，但求走实每一步，让教师的群体合力良好地作用于学生的最近发展区内。

五、活动细节

（一）前期筹备

为更好地在新学期开展教师技能比赛，在假期期间，齐鲁师范学院数学学院教师利用腾讯会议平台多次召开学生干部会议，制定比赛框架和实施细则，以确保比赛能顺利开展。班委提前两周利用 QQ 班级群向学生发布策划案并进行宣传，使学生了解活动。班委在班级内进行积极宣传，调动学生参加活动的积极性。学习小组成员提前到图书馆查阅资料，选出讲课大纲，在 QQ 班级群进行公示。

（二）比赛实施

1）课前准备。在比赛开展过程中，每周一晚自习期间，学生自行在二号教学楼 A413室抽取本周日晚教师技能比赛参赛选手；每名参赛选手与小组成员协商准备，到图书馆或网上查阅资料，做好讲课稿及教案。参赛选手准备两份教案（打印、手写皆可），一份留作备课用，一份上交评委审阅。

2）比赛当天。学生按小组区域依次就座，班级负责人提前 5 分钟进行点名，确保全班学生到场。根据主持人安排，参赛选手依次上台讲课，将讲课时间控制在 15～18 分钟，台下工作人员在 15 分钟、17 分钟时给予提示；参赛选手选好课题后须自行准备好教具，将台下学生当作授课对象（初中生）；同时，工作人员拍照、记录参赛选手讲课的精彩瞬间，进行现场直播，确保不在现场的师生也能看到参赛选手的风采。参赛选手结束讲课后整理好黑板、讲桌。参赛选手模拟讲课结束后，评委进行现场打分，并对参赛选手表现进行现场总结。评委小组去掉一个最高分和一个最低分，用其余 6 位评委的平均分作为参赛选手的最终得分，计算完毕后，主持人现场公布得分。当天比赛结束后，学生打扫教室卫生，保持教室卫生整洁。

（三）具体分工安排

1）班长、团支书负责协调通知、安排工作。

2）各位评委记录每位参赛选手成绩及人员名单。

3）考勤学生进行点名，记录考勤情况并维持现场秩序。

4）摄影学生负责拍照记录参赛选手讲课的精彩瞬间。

5）各位工作人员负责安排座位，整理会场。

6）学习委员负责制作打分表、奖状并计算分数。

7）主持人负责主持，维持现场氛围。

8）互动计分学生负责记录每小组回答问题的分数。

9）直播学生负责控制好直播镜头。

10）礼仪人员负责分发、收取教案，为评委服务。

（四）奖项设置

教师技能比赛共设置一等奖 2 名、二等奖 3 名、三等奖 5 名及优秀团队 1 个。为激励参赛选手认真准备、发挥出更好水平，学校对综合测评加分政策做出调整：获得一等奖的参赛选手综合测评加 5 分，获得二等奖的参赛选手综合测评加 4 分，获得三等奖的参赛选手综合测评加 3 分，获得优秀团队的学生每人综合测评加 2 分。此外，每位获奖参赛选手都有获奖证书及奖品。

（五）活动结果

每学期比赛结束后，齐鲁师范学院数学学院都会举办教师技能比赛总结表彰大会。教师技能比赛提升了学生应用教师技能和专业实践的能力，推动了教学实践与专业学习的深度融合，促进了学生的专业成长，为学生的职业成长打下了良好基础。

六、效果分析

齐鲁师范学院数学学院依托第二课堂平台，积极开展教师技能比赛，并取得了良好效果，学生普通话考试、教师资格证考试的通过率较之前都有较大提升，2019届、2020届数学与应用数学专业毕业生教师资格证考试通过率均在90%以上，就业率超过97%。

七、活动总结

齐鲁师范学院数学学院教师技能比赛依托第二课堂平台，以能力范式为出发点，为学生的职业成长搭建了坚实、广阔的平台，并且极大地促进了学生教师素质的发展。该活动使学生充分感受到教师职业的特殊性和专业性。该活动也暴露出了一些问题，如部分学生对时间的掌握、对教案的熟练度及与台下学生的互动有所欠缺。

学生通过此次活动，不断学习、提升个人教师技能，积累经验，逐渐摸索出一套属于自己的教学方法和教学风格，不断提高教师的专业素养。

总之，教师技能比赛对于学生来说是一个良好的开始，可以通过比赛不断向他人学习并进行自我尝试，更好地将自身能力融会贯通地运用到教学中，更好地为教育教学服务。新的课程改革对教师提出了更高、更新的要求，使教师职业内涵不断扩展。新时代的教师不仅要掌握传统的教学方法，还要有现代化的教育观，拥有团结合作及创新的精神。

八、结语

教师技能训练是一项综合性较强的活动，促进了第二课堂课程体系化建设。学校应延伸和创新大课堂，打造第二课堂兴趣班，以培养学生专业知识、教学技能为根本目标，丰富学习内容，满足职业岗位需求，助力学生成长成才。在传统教学模式下，教学实践内容不够深入，制约了教学效率和实效性。然而，以课堂目标为导向的教学模式，利用多种教学方法为学生创设良好的学习氛围，激发了学生学习的积极性，提升了学生的专业知识和实践技能，满足了师范生的内在要求，确保了教学目标的实现。

【案例】

齐鲁师范学院数学学院数学与应用数学专业教师技能比赛
评分细则

一、时间（10分）

每人讲课时间控制在15~18分钟，评委酌情打分。

二、讲课思路（20分）

1）思路清晰，讲课语言流畅。（15~20分）
2）思路模糊，但可以讲出大体内容。（10~15分）
3）准备不足，讲课思路混乱。（5~10分)

三、普通话（15分）

1）语言表达流畅、准确生动，声音适当，普通话标准。（12~15分）
2）语言表达磕磕绊绊，说话声音太小。（7~12分）
3）全程使用家乡方言，说话声音小，语言磕绊，表达不清。（7分以下）

四、仪表形态（20分）

1）仪态自然大方，精神饱满，课堂掌控应变能力强，与学生互动较好。（15~20分）
2）仪态大方，举止自然得体，但与台下学生互动较少。（10~15分)
3）扭扭捏捏，与台下学生完全没有互动。（5~10分）

五、板书（20分）

1）板书字体整洁、工整，有条理。（15~20分）
2）板书字体较乱，条理较清晰。（10~15分）
3）板书难以识别，无条理。（5~10分）

六、着装（5分）

（略）

七、课题（10分）

认真研究所讲课题，评委根据课题偏离程度酌情打分。

八、计分规则

个人得分：评委根据每部分评分结果，明确给出总分，按总分高低评选优秀个人。
团体得分：去掉每组最高分、最低分，取剩余分数平均分为该小组得分，按小组得分高低评选优秀团体。

第八章

能力范式下的教学评价实践

2020 年 10 月，中共中央、国务院印发《深化新时代教育评价改革总体方案》（以下简称《方案》）中明确提出，教育评价要坚持科学有效，改进结果评价，强化过程评价，探索增值评价，健全综合评价，充分利用信息技术，提高教育评价的科学性、专业性、客观性。《方案》是深化新时代教育评价改革的纲领性文件，为当前高等教育评价的系统性改革提供重要理论指导和路径指引，明确了教师评价、学生评价和高校评价的具体改革路径，对大学组织、教师、学生等利益相关者具有全面指引作用，是对高校内部谁来评价、评价什么、怎么评价的重新定位。《方案》中还明确提出，要坚持把师德师风作为第一标准，突出教育教学实绩。把认真履行教育教学职责作为评价教师的基本要求，引导教师上好每一节课、关爱每一个学生。《方案》的颁布，对于引导师范院校树立科学的教育学科发展观、综合评价观、人才成长观，加快推进师范院校提质培优、增值赋能，培养新时代的"四有"好老师具有重大指导意义。由此可见，改革教师评价制度、践行教书育人使命是教育评价改革的重要任务。

2017 年，齐鲁师范学院明确提出，要建立一种与传统知识范式不同的新的教育范式，即能力范式。与能力范式培养内容、教学方法相适应的考核评价，是简单地以考核学生对知识的记忆、对问题的解答的静态评价方式无法实现的，因此必须采用以学生综合所学知识解决现实问题的能力为对象的考核评价。

第一节　过程性评价

2018 年 8 月，教育部印发了《关于狠抓新时代全国高等学校本科教育工作会议精神落实的通知》。该通知中明确提出："要切实加强学习过程考核，加大过程考核成绩在课程总成绩中的比重，严格考试纪律、严把毕业出口关，坚决取消'清考'制度。"同年10 月，教育部印发的《关于加快建设高水平本科教育　全面提高人才培养能力的意见》中指出："……以'回归常识、回归本分、回归初心、回归梦想'为基本遵循，激励学生刻苦读书学习，引导教师潜心教书育人……"，并进一步强调"加强考试管理，严格过程考核，加大过程考核成绩在课程总成绩中的比重。健全能力与知识考核并重的多元化学业考核评价体系，完善学生学习过程监测、评估与反馈机制。"2020 年 10 月，中共中央、国务院印发的《深化新时代教育评价改革总体方案》中提出："完善过程性考核与结果性考核有机结合的学业考评制度，加强课堂参与和课堂纪律考查，引导学生树立良好学风。"由此可见，国家对于高校学生学习过程性评价的重视。

2017年，齐鲁师范学院提出，应用型人才培养的基本要求不再是单纯追求知识的全面性与系统性，而是更加强调人才培养的实践性、创新性、综合性和社会性，更加突出实践与创新能力的培养。因此，要建立一种与传统知识范式不同的新的教育范式，即能力范式。能力范式考核评价既关注学生对知识的理解与积累，也关注学生能力的培养与形成。实行过程性的多元评价，重点是考查学生运用所学知识解决实际问题的实践与创新能力。过程性评价顺应了高校教学评价向更加科学化的范式发展的趋势，从这点来看，齐鲁师范学院提出的基于能力范式的考核评价与国家高等教育指导方针不谋而合。

一、过程性评价的含义

过程性评价的概念最早由评价学专家斯克里芬（Scriven）提出，他强调对教育过程的评价，是为提高教学质量而制定的一种评价方式。教育评价专家斯塔弗尔比姆认为，评价最重要的目的不是为了证明，而是为了改进。

过程性评价是指在课程实施的过程中对学生的学习态度、学习行为和阶段性学习成果及与学习紧密相关的非智力因素进行多方面、多形式、分阶段的考核，它侧重于对学生认识过程和实际能力的监督和评价。它是在教学活动中对学生学习的各类信息进行即时、动态地解释，以揭示、判断和生成教学价值的活动。过程性评价是一种发展性、动态性及多元化的评价，它注重学生学习过程中的变化，促进学生成长，从而达到培养创新人才的目标。

二、过程性评价的意义

过程性评价的意义与师范类专业认证"学生中心、产出导向、持续改进"的基本理念有异曲同工之妙，在高校本科教育中有重要的意义。

（一）促进高等教育范式的转变

过程性评价重视在学习过程中提升学生的知识、能力、素质，注重学生思维方式的培养、学习态度的养成、价值观的树立等，促进本科教学人才培养方式从传统的以学术型、研究型为主转变为以应用型、创新型人才培养为主，即教育范式由原来的知识范式向能力范式转变。

（二）调动学生积极的学习状态

布卢姆（Bloom）认为，考核的目的不是对学生进行分等级甄选，而是以改进教和学为中心，促进学生的学习。过程性评价是根据课程目标来制定评价指标，通过不同的主体选用相应的评价方式，对学生是否达成课程目标做出相应的判断。这种评价方式比较灵活，可以应用于整个课程的学习过程。过程性评价通过随机课堂提问、课堂笔记、单元测试、分组学习和讨论、专项汇报、案例分析、情景模拟、阶段性测试等手段对学生进行多种形式、分阶段的考核，提高过程性考核成绩在总成绩中的比重，使学生自始至终处于积极的学习状态。过程性评价强调学习过程的价值，采取目标与过程管理并重的基本原则，其宗旨是通过改革学生学习评价方式，引导学生由传统的被动学习转为自主学习，关注学生学习的过程性体验，更好地促进学生的全面发展。

（三）推动师生进行教学反思

过程性评价是一种具有双向反馈功能的评价模式。通过过程性评价，学生可以及时反思自己在学习中存在的问题，不断改进和优化学习方式。同时，过程性评价是教师获得教学反馈信息、提高教学质量的渠道。有研究发现，过程性评价不仅有利于教师的教学，还有利于提高教师的课程素养。通过过程性评价，教师可以通过各阶段性考核的反馈信息，对自己的教学行为进行反思，及时发现教学过程中出现的问题，从而调整自己的教学方法，更好地改进教学，促进师范生教学能力的提高。

三、过程性评价相关研究

近年来，随着过程性评价越来越受到关注，学者们对过程性评价的内容与构建的原则、指标体系等方面进行了理论研究和实践探索。我们在中国知网以"过程性评价"为关键词进行检索，共检索到相关文献 3000 余篇，且相关文献数量呈逐年递增趋势，如图 8-1 所示。

1）关于过程性评价内容的研究。奥杰林德·迪布（Ojerinde Dibu）认为，过程性评价不仅包括评价学生的思维过程，还包括评价学生的行为、个性特征和敏捷性。波维尔·金伯利（Bolyard Kimberly）认为，过程性评价是从知识、思维和推理方面给出学生学习的重要监测结果。克里斯蒂娜·凯斯（Christina Keyes）、左峰辉、吴维宁、刘丽颖、桑娅（Sonya）、李艺等都对过程性评价的内容进行了研究。随着现代信息技术的发展，过程性评价也开始走向信息化、智能化。熊明福、杨伟杰分别设计了电子档案袋评价系统和教师教学质量过程性评价模式，提升了评价效率和评价过程的信息化。

2）关于过程性评价体系构建的理论研究。张永春、尹明明、马廷魁、吴丽翠分析了传统考核方式的弊端，并提出过程性评价的意义。张晓峰、巨灿提出了过程性考核评价的原则。巨灿、尹明明、马廷魁、熊晓轶分析了过程性考核评价指标体系的设计和构建。

3）关于单门课程进行过程性评价的实践探索。张秋实、张彭生以"审计学"课程为例，马廷魁、向纪源以"传播学"课程为例，张永春以"大学物理"课程为例，尹明明以"人力资源管理"课程为例，巨灿以"思想政治"课程为例，范志祥以"大学物理"课程为例，进行了过程性评价的实践探索，充分肯定了过程性评价在推动教学改革和促进学生发展方面的作用。

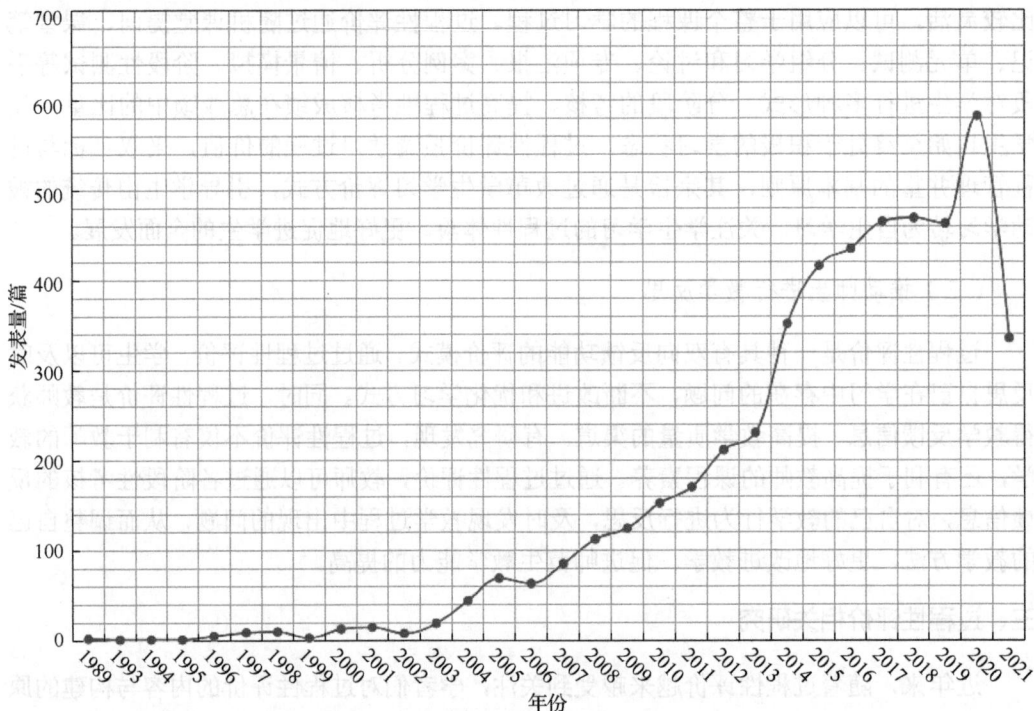

图 8-1　过程性评价相关文献发表量年度趋势

4）关于教学平台和专业等进行的实践探索。吴丽翠以 Moodle 学习管理系统为例，安永泉、禹健、程耀瑜以动态学情分析平台为例，程晨以蓝墨云平台为例进行了实践探索，提出基于教学平台的过程性评价策略；熊晓轶、姚洋以金融学专业为例，张晓峰、靖雪妍以预防医学专业为例，探讨了各自专业实行过程性评价的必要性。

5）关于过程性评价的效果研究。克鲁克斯（Crookes）、王均霞、李晓东、刘彩霞、于海潮等认为，通过过程性评价，可以使学生的合作学习和自主学习能力得到很大提升，可以使学生的课堂参与度、作业完成度及期末考试成绩有较大改善。

四、过程性评价的主要特点和分类

（一）过程性评价的主要特点

过程性评价不是对微观意义上的学习过程的评价，也不是只注重过程而不注重结果的评价，而是对课程实施的学习动机、过程和效果的三位一体的评价。过程性评价关注课程教学的方方面面，其特点主要有关注课程学习过程、注重非预期性结果、注重反馈的及时性、重视过程的持续性。

（二）过程性评价的分类

按照评价主体的不同可以将过程性评价分为教师评价、学生互评和学生自评 3 类。按照评价的层次，可以将过程性评价分为教师对学习小组的评价和学习小组对学生个人的评价。按照评价规范程度，可以将过程性评价分为程序性评价和随机评价。过程性评价的具体评价方式有个人作业、小组作业、课前演讲、课堂表现、课程论文、实践活动、师生交流、成长记录册、课堂观察、成长记录、个别交流、态度调查、辩论演讲等。随着信息技术的发展和理论的进步，涌现出很多新的有助于学生学习的过程性评价方式。例如，在学生学习过程中记录感受、疑问及收获的学习日志评价法，关注学生变化、详细记录学生学习细节的电子档案袋评价法，还有慕课、翻转课堂、智慧树、学习通等评价方式。

五、基于能力范式的过程性评价教学实践案例

齐鲁师范学院自 2017 年提出转换高等教育范式、将人才培养模式由知识范式向能力范式转换以来，在教学过程中积极探索基于能力范式的过程性评价方式，加强学生学习过程管理，严格过程考核，出现了以"文学理论""数学分析 Ⅱ""学前儿童社会教育与活动指导""英语课程与教学论""基础英语""发酵工程""微生物学""学前儿童科学教育""心理学专业英语""思想政治课程与教学论"等课程为代表的教学过程性评价案例。

（一）"文学理论"课程

课程教学团队基于 OBE 理念，反向思考整个课程体系，从毕业要求指标点入手，反向思考课程目标，从课程目标和教学内容入手，反向思考教学方法和考核评价方式，保障课程目标的成功达成。表 8-1 为"文学理论"课程目标与教学内容、教学方法、评价方式的对应关系。

表 8-1 "文学理论"课程目标与教学内容、教学方法、评价方式的对应关系

课程目标	教学内容	教学方法	评价方式
1）理解文学的本质属性和中国特色社会主义文艺思想的基本内涵，掌握文学作品构成、文学创作、文学接受等中学语文教学需要的理论基础知识，了解中外文学理论在语文学科中的地位，具备一定的文本分析评价能力	1）课程导论的内容 2）文学的定义 3）文学作品的基本问题 4）文学创作的过程 5）文学接受的构成 6）文学批评的方法与步骤	探究式教学法 项目驱动教学法	期末考试 50% 期中作业 50%
2）培养学科育人意识，了解文学的认识价值、道德价值、审美价值和教育价值，能够运用中西方相关理论对文学作品进行审美评价，在语文教学实践中进行育人活动	1）文学的价值与功能 2）文学经典的价值意义 3）文学作品的审美评价实践指导	探究式教学法 项目驱动教学法 实践教学法	期末考试 50% 课堂表现 50%

续表

课程目标	教学内容	教学方法	评价方式
3）逐步培养对文学活动的反思能力，初步树立正确的文学研究论和文学发展观。能够在多种文学批评方法的指导下，古为今用、洋为中用，在具体的中学语文实践教学中，理性对待文学的传统与创新，具备一定的语文教育反思能力	1）文学的历史演变与当代发展 2）文学的思维方式 3）个案选析：文学的传统与创新	探究式教学法 项目驱动教学法 开放式教学法	期末考试40% 期中作业30% 课堂表现30%

1）本课程的考核评价变静态为动态。首先，以达成课程目标为导向，实现动态考核。"文学理论"课程的目标是多维导向的，应考核学生多个维度的学习情况，建立与人才培养目标和教学内容相适应的动态考核评价机制，具体考查学生是否具备了基础知识、学科育人及反思能力。其次，精心设计过程性评价。目前教学团队尝试按以下方法进行过程性评价：学生最后的综合成绩由课堂表现、期中考核、期末考核3部分构成，3部分的成绩占比分别为10%、20%和70%。其中，课堂表现包括学生参与课堂提问、质疑、答辩和课堂讨论的积极性，同时考核学生的实践教学能力；期中考核主要考核学生对文学作品的阅读情况、运用理论知识解读中学语文教学内容的能力，其形式包括读书笔记、小论文和文学批评实践练习；期末考核采取闭卷考试的方式，内容全部为主观性试题，考核学生对文学理论基础知识的把握及其对文学作品的赏析能力，同时考核学生在文学批评过程中体现的学科育人和反思能力。

2）本课程的考核评价侧重于考核学生的实践运用能力。在考核内容方面，侧重于考核学生的实践运用能力。具体包括：对文学文本的理性解读能力、参与文学创作活动的能力、理性面对当下文学热点和文学发展问题的能力、成为中学语文教师的实践能力、提升自觉性和理论进阶能力。

（二）"数学分析Ⅱ"课程

"数学分析Ⅱ"课程是数学与应用数学专业的专业核心课程，是学生学习其他后续课程的基础。本课程课时长（共256课时），学分多（16学分），学习强度大，学习难度高。教学团队对本课程的过程性评价做了很多探索与改革，取得较为明显的成效。

基于师范类专业认证标准的人才培养方案对课程要求的变化，导致课程目标的变化。从人才培养方案的课程目标对毕业要求指标点支撑情况的变化中发现，"数学分析Ⅱ"课程教学应更注重学生对基础知识、基本理论和基本方法的掌握，在此基础上培养学生应用所学知识解决实际问题的能力和创新意识。因此，单一地通过试卷进行考核的方式，已不能满足课程目标的需求；课程目标的变化促使课程过程性评价形式呈现多样化（图8-2），逐渐将考核重点转为考核学生运用所学知识解决实际问题的实践与创新能力。

2018级学生过程性评价形式增加了期中考试。2019级学生过程性评价改革主要表现在：课堂表现成绩由考勤成绩和随机课堂抽测成绩组成，且有相应的考勤成绩评分细则；课堂抽测随机性较大，没有细化的评分细则。2020级学生过程性评价改革主要表现在：

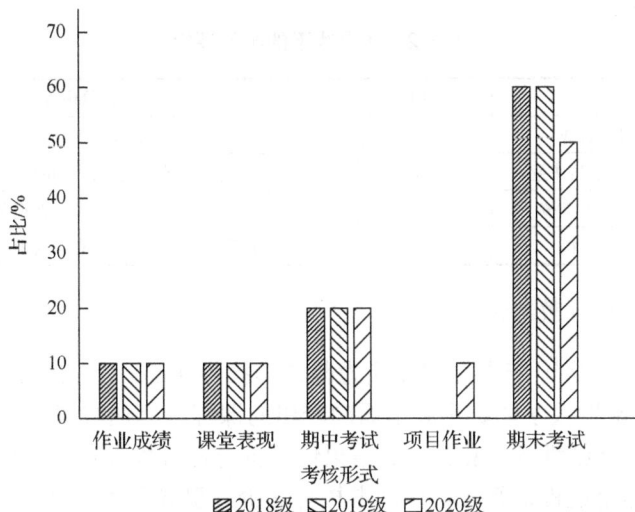

图 8-2 课程过程性评价形式变化

课堂表现成绩由考勤成绩和综合测试成绩构成，每次测试都有标准答案；增加了项目作业；项目作业的选择形式相对多样化，包括构建知识框架、撰写结课论文、综合知识运用等；项目作业有具体的评分标准，有相应的作业成绩评分细则。

基于知识范式的评价，即单纯地通过试卷（包括期中考试试卷和期末考试试卷）考核学生对知识的理解和掌握，不能较好地考核学生运用所学知识解决实际问题的能力和创新能力。教学团队结合授课过程中发现的问题及学生的实际学习能力，修改了 2020级学生的过程性评价方法，增加了项目作业部分，旨在考核学生运用所学知识解决实际问题的能力和创新能力。

（三）"学前儿童社会教育与活动指导"课程

"学前儿童社会教育与活动指导"课程教学立足于学前教育专业学前儿童社会教育的教学实际，落实《幼儿园教育指导纲要》和《3~6 岁儿童学习与发展指南》的基本精神，注重学前儿童社会教育的理论与实践，通过学习使学生能指导学前儿童更好地适应社会和自身发展的需要。

"学前儿童社会教育与活动指导"课程教学基于 OBE 理念，逐渐实现由知识范式向能力范式的转换。这种转换体现在课程目标的制定、课程体系的整合重构、教学模式的探索与改革、教学方法的探索与创新和评价机制的改革等方面。本课程采用过程性评价与结果性评价相结合的机制，采用多元和多梯次的评价标准，强调学生达成学习成果的内涵和个人的学习进步。具体包括：①多维化的评价内容（视频学习、线下课堂互动、课堂展示等）；②多样化的评价方式（线上理论考试、线下实践展示）；③评价主体多元化（学生自评、学生互评、教师评价）。线上线下的学习评价如表 8-2 所示。

表 8-2　线上线下的学习评价

评价方式		评价比例/%	评价内容
线上评价	线上听课	15	完成线上视频的学习
	线上互动与作业	15	完成讨论区的讨论题和章节课后作业
	线上期末考核	30	完成线上考试（客观题）
线下评价	线下考核	40	完成活动设计（20%）和小组模拟讲课（20%）

（四）"英语课程与教学论"课程

基于师范类专业认证产出导向和能力范式的指导思想，齐鲁师范学院英语专业的"英语课程与教学论"教学团队实施了面向产出的课程目标达成情况评价机制。教学团队将形成性评价与终结性评价相结合、结果性评价与过程性评价相结合、定性与定量相结合，对人才培养全过程进行多样化的考核与评价，引导课程教学由"以教师为中心"向"以学生为中心"转变，引导教学方式由"传统教学"向"能力导向"教学转变，引导考核方式由"知识型"向"能力型"转变，最终促进毕业要求和人才培养目标的达成。本课程的课程目标达成情况评价机制的构成要素包括：课程目标的制定，教学实施过程、考核及达成度评价，评价结果分析与持续改进措施等。

"英语课程与教学论"课程目标达成度评价方式（权重）如表 8-3 所示。课程目标中的"学科育人"的达成度评价由期末考核的终结性评价和教学设计的过程性评价构成，其中期末考核权重为 70%，教学设计权重为 30%。

表 8-3　"英语课程与教学论"课程目标达成度评价方式（权重）

课程目标	期末考核权重/%	教学设计权重/%	模拟教学权重/%		
			说课	上课	评课
学科育人	70	30	—	—	—
学科素养	60	—	40	—	—
教学设计	40	40	—	20	—
教学反思	40	—	—	—	60

（五）"基础英语"课程

师范类专业认证对师范类英语专业人才培养提出了更加明确的要求，"基础英语"是师范高校英语专业的一门核心课程，然而传统的教学模式已无法满足英语专业人才培养目标和师范生个性化成长的需求，因此课程教学创新迫在眉睫。教学团队引领课程教学由知识范式向能力范式转换，基于 OBE 理念，提出师生共建适合师范生自我成长的可持续发展课程。教学团队积极开展"教学内容、教学模式、教学方法、教学手段、教学评价"五要素课堂教学创新，更新教学方法，重塑教学目标，重构教学内容，优化学习评价（表 8-4）。

表8-4 "基础英语"课程评价

学习评价内容		权重	评价细则
过程性评价	自主探究	0.2	要求学生课前自主完成本课程线上学习，完成相关任务及测试。 1）在线学习平台智慧树共享课程"基础英语"：要求学生课后完成拓展阅读相关任务。 2）在线学习平台智慧树翻转课程"基础英语"。通过线上讨论、问卷调查等方式解决自学过程中遇到的问题，并反馈给教师
	合作学习	0.3	学生以小组为单位进行合作学习成果展示。学生根据选题要求，查阅资料，撰写方案，进行教学设计、课件制作、分工合作并进行小组展示。教师根据小组整体表现进行打分。学生开展组内自评和组间互评
期末考核		0.5	期末考核采取闭卷考试的方式
综合成绩		1	过程性评价×0.5+期末评价×0.5

（六）"发酵工程"和"微生物学"课程

"发酵工程"和"微生物学"是生命科学专业重要的专业基础课，具有涉及范围广、实践性强的特点。在教学中，教学团队基于能力范式，以学生为中心，通过丰富教学内容和教学手段，完善实验教学内容和模式，改革教学评价方式，激发学生对知识、学科的兴趣，培养学生的自主学习能力、实践能力、创新意识和创新能力，从而实现由"以教为主"向"以学为主"的转变和以"知识传授为主"向"能力培养为主"的转变。

为全面检查学生的学习效果，教学团队对"微生物学"和"发酵工程"课程的考核内容和方式进行了改革，建立了多元考核评价方式，探索非标准答案考试，加大对学生运用所学知识分析、解决问题的能力和创新思维的考核。

结合新的教学模式，对考核评价方式进行改革，采用期末考试和平时考核相结合的方式，变注重知识记忆的应试考核为注重知识应用的能力考核。在平时考核（占总成绩的50%）中强化过程性评价，从开课到期末考试，将每次课前预习、课堂讨论、课后作业、随堂测验的成绩都按一定比例计入总成绩，促使每个学生主动参与学习的全过程；增加学生自评和学生互评环节，使其参与到对自己和其他学生的评价中，充分发挥学生的主导作用，体现对学生的尊重，使学生更乐意接受教学考核，充分发挥教学评价的激励作用。这种考核评价方式减轻了学生期末考核的压力，引导学生在课程学习中主动从"要我学"转变到"我要学"，使学生的个性得到充分的彰显，有利于考核学生应用能力和创新能力，更符合应用型创新人才培养的要求。

（七）"学前儿童科学教育"课程

"学前儿童科学教育"是一门应用性、实践性较强的课程，以培养学生从事学前儿童科学领域的教育与研究的专业素养和教学能力为核心，注重引导学生观察学前儿童的科学探究行为、研究学前儿童进行科学探究活动的心理特点，将对学前儿童的研究转化为保育和教育能力的培养目标。

课程考核评价不是单一的终结性评价，而是过程性评价与终结性评价相结合。评价主体由原来的教师评价转变为师生共同评价，即在学习过程中，学生要根据所学情况，运用问卷星、腾讯文档等应用程序对同学进行评价，并说明打分理由。除了采用观察、问答、谈话、实物分析、整理资料、活动反思等方法考核学生实践能力外，还收集了学生的手工制作，小实验，讲课练习和模拟授课视频，课堂笔记，实习、见习综合活动记录等实践成果，通过对过程性材料的收集和分析，达到考核评价的目的。

（八）"心理学专业英语"课程

"心理学专业英语"是一门为高校心理学专业本科生开设的专业双语课程。教学团队基于 OBE 理念，以成果为导向，将学习过程划分为不同阶段，因此其课程考核评价改变了传统的"一次性评价"，其课程考核成绩不再直接取决于课程最终的试卷考试，而是由多元化的考核评价体系决定，教学团队将线上学习过程（包括考勤、学习进度、互动表现、作业）（20%）、学习成果展示（包括学习笔记、文献阅读的 PPT）（40%）及期末考试（40%）三者相结合，对学生进行多元化考核。

（九）"思想政治课程与教学论"课程

"思想政治课程与教学论"是研究思想政治教学过程及其规律的一门课程，是思想政治教师教育的基础课程。教学团队注重过程性评价，重视评价的发展性功能，力求建立能够激励学生不断进步的评价机制，重视学生在不同阶段、不同时期的进步状况和努力程度，建立多元评价指标体系，既重视对知识目标的评价，又重视对学生能力目标与情感态度、价值观目标的评价，注重对学生核心素养的培育和考核。教学团队立足于新课程改革的基本理念，关注学生能力培育的持续改进，把"建立发展性评价体系，促进每个学生的发展"作为教学评价的基本追求，在过程评价中建立了学生的成长记录袋，将本课程的学习评价进行拓展和延伸，并与学生的实习、见习、师范生技能大赛结合起来。

第二节　增值性评价

一、增值性评价的内涵

增值性评价是指通过追踪研究设计，收集学生在多个时间点的多次学业水平表现，以学生进步和变化作为评价的核心，考查教育对学生学业水平的"净效应"，从而对学生学业进步情况和教育教学质量进行评价。所谓"增值"，就是学生在核心价值塑造、综合能力养成和多维知识探究等方面产生的增量，而不是单纯的学生分数的提高。它能让学生产生正向改变。

与传统的评价方式不同，增值性评价的核心思想在于监测和评价教育对学生进步幅度的影响程度。增值性评价力图更全面地测量学校教育的影响因素，持续地调查分析影响学生发展的条件，其目的是更有效地提高学校教育效能和提高教育质量。增值性评价并不以某个特定时间点、某次特定测试的结果作为判断标准，而是对学生从起点到终点的过程性变化进行综合考量，测量学生能够长久维持的提升状态。基于能力范式的增值性评价在评价指标中更加侧重于考核学生在能力测度方面的表现。

二、增值性评价的目的和原则

（一）增值性评价目的

1）通过评价结果和获得的信息，调动学校和师生的积极性，使学校、教师对教学情况进行有效调节和控制，总结经验，发现问题，改进教育教学管理策略，不断提高教学质量，在过去、现在和未来的时间轴上展示学生的成长历程。学生能够从增值性评价中获得即时反馈，并作为自我改进的依据。增值性评价促使教师从过分关注结果转向更关注过程，从过分关注条件转向更关注培养，树立内生的教育发展观和科学的教育质量观。

2）完善评价内容和机制，制定科学严格的学业考核标准，全面深化课程改革，面向未来，打造高质量学生评价改革体系，加强教学的管理与研究，落实"能力为重、全面发展"的考核评价改革，促进学生知识与技能、过程与方法、情感态度与价值观目标的全面发展。

3）通过评价教学质量的动态增值程度，了解学校教育、教学与管理现状，为学校做出教育、教学、管理方面的决策提供依据，也为评价学校的办学水平提供依据。

（二）评价原则

1. 以学生为中心原则

增值性评价是以学校教育活动使学生增加的价值作为教育评价标准，判定学校、教师对学生学业成长的影响，并以学生为中心，围绕影响学生综合发展的各要素来构建评价指标体系。

2. 增值性原则

增值性评价根据不同学生的基础水平，遵循"从起点看发展"的宗旨，以教学质量的纵向增值程度，评价学校教学质量和学生学习成效，促进学生发展，提高学校办学质量。

3. 评价主体和手段多元化原则

增值既包括学生学业上的进步，也包括学生非学业方面的成长与发展，且增值的形成是一个动态的过程。应将与教学相关的所有信息源作为评价主体，并根据评价内容的不同，运用定量与定性多种手段和方法，实现增值评价的需求和目的。

三、增值性评价的内容与过程

（一）评价内容

增值性评价的主要内容由教学管理的科学性、教师教学的有效性、学生发展的增值性 3 个方面构成。教学管理的科学性主要表现在学校层面，包括学校的教学管理理念、教学管理制度和教学管理策略；教师教学的有效性主要表现在教师层面，包括教师的专业情意、课堂教学能力、教学研究水平和优质教师增量；学生发展的增值性主要表现在学生层面，包括学生的道德品质发展、学业成绩发展和个性特长发展。应通过建立初值指标体系、终值指标体系、期望值指标体系，并收集相关数据建立模型进行增值性评价。

以齐鲁师范学院小学教育专业为例，为设计基于能力范式的评价体系，将小学教育专业培养目标的能力要求进行具体描述，并制作相应核查量表。具体如下：首先，明确小学教育专业人才培养目标定位是面向山东省基础教育，培养德智体美劳全面发展，具有良好教师职业道德与教育情怀、较扎实的人文社会科学和自然科学基础，掌握小学生身心发展规律，具备良好的学科素养、熟练的教育教学技能、一定的教育教学研究能力及较强的综合育人和终身发展能力，能够胜任小学教育教学工作的高级专门人才；其次，根据人才培养目标将小学教育专业学生必须具备的能力细分为具体的评价指标，如表 8-5 所示。

表 8-5 小学教育专业学生能力评价指标

能力构成	指标点
师德规范	具有依法执教意识，恪守教师职业道德，以立德树人为己任，在政治上、思想上、理论上和情感上认同习近平新时代中国特色社会主义思想，坚决贯彻党和国家的教育方针、政策，自觉践行社会主义核心价值观。 具有健康的心理、扎实的学识和良好的精神修养，立志成为"四有"好老师
教育情怀	理解小学教育工作的性质和意义，热爱小学教育事业，认同教师工作的专业性和重要性。 富有乐学、乐教、爱生的教育情怀，具有教育理想信念及服务基础教育的责任感和使命感，具有科学精神和创新思维。 秉持正确的学生观、教师观和教育观，做学生健康成长的引路人
学科素养	具有较为扎实的人文社会科学与自然科学知识基础及综合性的知识结构和良好的审美素养。 掌握主教学科的基本知识、基本原理、基本技能和方法，理解学科知识体系基本思想和方法，了解主教学科与其他学科、社会实践的联系。 了解兼教学科基本原理、基本知识和技能，了解小学其他学科和学习科学相关知识，了解学科整合在小学教育中的价值，理解社会生活实践活动在小学生成长中的意义
教学能力	具有良好的教学基本技能、一定的教学实践能力。 掌握主教学科的课程标准，熟悉兼教学科的课程标准，能够依据所教学科的课程标准，针对小学生的身心发展和认知特点，合理运用现代信息技术创设以学生为中心的教学情境，开展教学活动设计、实施和进行多元化的学习评价，获得较丰富的教学体验。 能够整合学科知识与教育教学知识，组织跨学科主题学习活动。具有较强的教学研究意识和一定的教学研究能力

续表

能力构成	指标点
班级指导	掌握小学德育原理及方法，坚持德育为先，掌握班级组织与建设的工作规律和基本方法，具有初步的班级组织与建设能力，能够在班主任工作实践中积极参与班级文化建设，充分利用各种资源，组织和指导班会、德育和心理健康教育等活动，并获得积极的体验
综合育人	理解小学生身心发展规律和养成教育规律，能够实施学科教学。了解学校文化和教育活动育人的内涵和方法，在参与、组织校园文化和各类型教育活动中实施综合育人，促进学生全面健康发展
学会反思	具有终身学习和专业发展意识，能够根据国内外基础教育改革动态及时代和教育发展需求，进行学习并制订合理的职业生涯规划。具有较强的反思意识，初步掌握反思方法和技能，能够运用批判性思维方法分析和解决教育教学中的实际问题，形成良好的教育反思能力
沟通合作	具有团队协作精神，理解学习共同体的价值，掌握沟通合作技能，能与学生与教师建立学习共同体。在教育教学实践中具有建立良好师生关系、与相关人员形成学习伙伴关系的意识和能力，具有与家长和社区沟通合作的初步能力和体验

（二）评价过程

1. 输入评价

输入评价包括标准化测验和教师评价，根据评价指标，综合两方面的评价结果来确定学生在参与教学活动前的专业理论和技能的起始水平，并将其作为增值的参照坐标。标准化测验主要采用笔试的方式对学生的专业知识掌握与理解程度进行摸底考核。教师评价主要是教师对学生的知识运用及专业能力进行摸底，了解学生在专业能力方面的基础和水平。在输入评价阶段，教师为每个学生建立学习成长记录袋，记录学生的测验成绩和技能摸底结果。学生成长记录袋是指由学生本人、教师或其他学生选择并做出评论的相关材料的记录，可作为评价学生在能力发展过程中的进步情况的依据。它能为教师评价提供所需材料和数据，也能帮助学生认识到自身的不足。输入评价要在不同的阶段建立明确的评价指标，内容如下。

1）初值指标体系。它是指学生入校前文化素养、专业知识、专业技能、责任担当、实践创新等方面真实水平的要素，包括标准化考试成绩、高考成绩、证书类别与等级等。

2）终值指标体系。它是指学生入校后文化素养、专业知识、专业技能、责任担当、实践创新等方面真实水平的要素，包括标准化考试成绩、相关科目总评成绩、证书类别与等级、毕业实习成绩、毕业设计（论文）成绩、活动参与情况等。

3）期望值指标体系。它是指影响学生在文化素养、专业知识、专业技能、责任担当、实践创新等方面增值的自身条件、教学条件等要素，包括学生因素（初值、学习经历、家庭背景、心理、兴趣、爱好、性格等）、教师因素（教研室、专业教学条件、院系教学条件等）、学校教学条件（地区教学环境、经验数据等）。

2. 过程性评价

过程性评价采用表现性评价法、观察法和学生互评法,通过观察记录、问卷调查等方式对学生在教学过程中表现出来的所知所能和行为态度进行综合性评价。表现性评价法是指在真实的工作场景或者接近真实的模拟工作环境下,通过模拟授课、实习等方式让学生完成一项具体任务,对学生完成任务的过程表现或者结果进行价值评判。学生互评法是指学生之间的相互评价,即学生对本组成员在教学过程中表现出的分析、执行、合作、协调、沟通及问题处理等方面的技能和能力进行评价。在过程性评价阶段,须运用学生成长记录袋对学生在学习过程中的表现、行为与结果等进行反复记载,以形成增值的过程性材料。

3. 输出评价

输出评价主要包括自我评价和总结性评价。自我评价是指个体就自身的状态进行纵向比较所做的价值判断,即学生对自身在参与教学前后的知识、技能和能力方面所发生的变化进行自我总结和评价。教师根据教学任务的最终完成情况、实践报告及形成的最终成果等对学生的知识、技能和能力进行总结性评价,将两方面的评价结果记入学生成长记录袋,作为评价学生增值价值的对照材料。

4. 形成学生个体增值曲线

以输入评价的结果为起始点,以学生在学习过程中所取得的成长和在实践成果中所体现的进步为评价标准,通过学生成长记录袋,对学生每个阶段的表现和成绩进行打分,形成记分点,连接这些记分点,从而得出学生个体的增值曲线。学生个体增值曲线形成过程如图8-3所示。

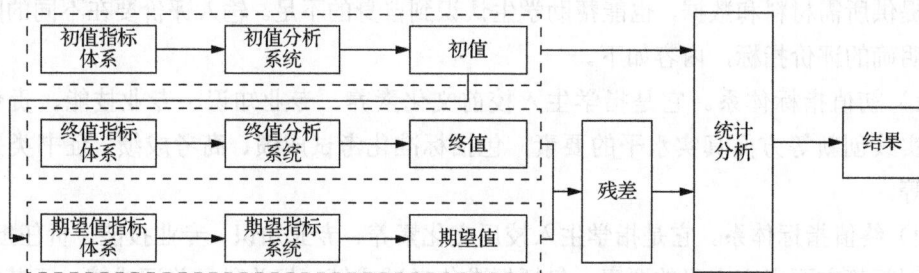

图8-3 学生个体增值曲线形成过程

四、增值性评价的教学模式

增值性评价在高校中是一种全新的评价方式。将其具体运用于教学质量的评价,对于高校的教师和学生来说是一种新的尝试。要有效开展增值性评价,须对教学模式进行如下调整。

（一）教学内容设计体现完整的工作或岗位流程

目前在制定教学内容时，教师更关注学生技能方面的实践操作与提高，较少关注学生对知识的运用、创新和综合能力等，很难全面获得或掌握学生的增值信息，无法真正实现增值性评价的效应。因此，应将教学内容与实际工作或岗位职责对接，根据工作流程或岗位流程，按"计划、组织、实施、检查与评价"5个环节进行教学内容设计，以体现完整的工作或岗位流程，构建与真实工作相似的教学情境，在真实的工作情境中理解和观察学生的行为与表现，全面、客观、准确地观测和描述学生的状态与进步，从而提高增值性评价的有效性。

（二）教学组织形式由班级形式改为项目组或团队形式

增值性评价关注的是每个学生的学习与成长情况。因此，要观测学生个体在教学各阶段、各方面的表现与成绩，应将教学的组织形式从原来的大班或班级形式改为项目组或团队的形式，且项目组或团队成员不宜太多，5~6人即可。这样既可以保证每个学生都能在小组执行项目过程中扮演相关角色、承担相关任务，为每个学生展现自我、发现自我、提升自我提供机会，也便于收集学生个体价值增值的数据，为增值性评价的有效运行提供必要条件。

（三）评价标准因学生个体差异而呈现多层次性

增值性评价尊重学生个体差异。学生个体差异是客观存在的，每个学生都有自己的强项和弱项，在相同的评价中表现不同。因此，在实际评价过程中，不能采用统一的、既定的标准来衡量具有不同初始水平的学生，对于不同层次、不同水平的学生，要求应不一样，要以学生个体的实际水平为参照，确定与其相对应的、多层次的评价标准。只有这样，才能真正观测到每个学生的增值情况。增值性评价不以最终的实践成果作为评价标准，而以最终实践成果与起始点的距离作为评价标准。那么，学生在教学过程中投入和参与得越多，所取得的进步和增值就越多。起始水平较低的学生更容易获得增值；而起始水平较高的学生，只要克服自己的短板，充分发挥自己所长，就能提高增值的额度。这样能激励不同起点、不同层次的学生自我进步和成长，进而提升教学的整体质量。

五、增值性评价的保障措施

从学校层面来看，需要提供相应的措施保障增值性评价的实施。

（一）建立增值性评价系统，完善教育评价体系

1）建立基线测评。从文化素养、专业知识、专业技能、责任担当、实践创新等方面对进入新学习阶段学生的综合素质进行测评，旨在全面深入地了解学生的学习起点。基线测评应根据不同维度的特征，利用适切的方法对学生的学习起点进行整体把握。学校应组织专家团队建立学校基线测评维度和各学科的基线测评维度。

2）实施过程监控。运用人工智能、大数据等技术收集和分析学生在学习过程中的文化素养、专业知识、专业技能、责任担当、实践创新等方面的变化情况，并运用伴随性数据的分析结果来调适学生的学习行为。

3）进行终结测评。在一个学习阶段结束时，从文化素养、专业知识、专业技能、责任担当、实践创新等方面对学生的学习获得情况进行测评，旨在全面深入地了解学生的学习进步程度。

4）进行增值分析。借助人工智能、大数据等技术，组织或委托专门机构、专业人员进行增值性评价的计算和量化工作。对教育教学效果进行客观、公平、科学、准确的评价，主要分析学生的学习起点与学习结果的对比情况。增值性评价是学校教育评价体系的有机组成部分，强调并建立增值性评价指标，其并非全面否定现有的评价体系，而是对现有评价体系的修正、补充和完善。

（二）依据增值性评价指标，考核学校教育增量

按照学生发展的核心素养，将学校教育促进学生发展的增值性评价指标分为文化素养、专业知识、专业技能、责任担当、实践创新等方面。学校管理部门及各二级学院组织专家团队依据每个方面的特征，采取适当的评价方式，获取每个学生的基线测评数据。学校管理部门及各二级学院组织专家团队，采用科学的手段对学生的学习过程进行跟踪监控，及时解决学校教育教学中存在的问题。学校管理部门及各二级学院组织专家团队，按照学生发展的评价指标，获取每个学生本阶段学习结束后的终结测评数据，依据基线测评数据、过程监控数据和终结测评数据，由学校教育研究专家、数据分析专家、校长、教育管理部门领导、教师等组成评估团队，结合其他相关因素对学校教育增值价值进行客观、公平、科学、准确的评价。

（三）按照增值性评价原则，评判教学成效

按照学科特点和增值性评价原则评价教师的教育教学成效。因为每个学科都有自身特点和专属的考量维度，所以评价教师教育教学成效要尊重学科规律。对于新生，应运用较为成熟的测评手段和方式，从学生学习的态度、基础知识、迁移运用、思维发展等方面对学生进行基线测评，并将基线测评的结果告诉教师，组织相关专业人员帮助教师分析学生学习面临的问题及解决思路。

通过一定的措施监控学生学习过程，发现问题并及时告知教师，以适当的方式让学生知晓自己的问题，引导学生及时矫正问题并向好的方面发展。由学校组织专家团队对学生学习进行终结测评，将终结测评数据与基线测评数据进行对比分析，形成增值性评价报告，综合其他评价要素对教师教育成效及学生学习成效进行综合评价。

（四）遵循增值性评价要求，评价学生发展状况

1）按照尊重差异、重视起点、关注过程、强调发展的要求，从学生发展增值性评价的相关维度对新生进行基线测评，将基线测评数据的分析报告以适当的方式告知家长和学生，并选派教师和家长、学生一起协商制订新的学习计划。

2）运用科学的监控手段从学生发展增值性评价的相关维度，对学生的学习过程进行动态监控，发现问题及时通知相关教师、家长和学生，以便及时纠正存在的问题。

3）在学生完成本阶段学习时，运用科学的评价手段从文化素养、专业知识，专业技能、责任担当、实践创新等方面对学生本阶段学习进行终结测评，将终结测评数据与基线测评数据进行对比分析，再综合其他评价要素对学生发展状况进行综合评价，形成增值性评价报告，分析学生的发展过程。

4）建设供学校、二级学院及评价专家使用的监测数据体系。开展增值性评价至少需要学生学习起点和结束点两个时点的数据资料，因此学校需要建设常态化监测数据系统，确保所有参评二级学院和评价专家都能在需要的时候申请使用该系统。

（五）提供组织保障

增值性评价组织工作应由学校教学评价领导小组统一领导，由二级学院教学评价小组、班级评学小组、各级评价机构构成，实行以学校为指导、以学院为基础、以班级为依托的三级评价机制。

1）学校教学评价领导小组负责全校增值性评价工作的部署、指导、协调与质量监控。

2）二级学院教学评价小组由教学院长、学工办主任、辅导员、任课教师组成，负责本院评价工作的检查和落实。

3）班级评价小组由班长和团支部书记任组长和副组长，由班委会和团支部成员及学生代表组成，负责组织本班学生自评并核实和统计自评结果。

第三节 表现性评价

一、表现性评价的概念

表现性评价是 20 世纪 90 年代早期在美国兴起的一种新的教育评价方法。它是在对传统的学业成就测评进行批判的基础上形成的，体现了重视过程评价、重视质性评价、重视非学业成就评价等评价理念。

表现性评价有时也被称为"真实性评价"或"替代性评价"，是指通过观察学生在完成实际任务中的表现，对学生的知识、技能及发展水平做出价值判断的活动。表现性评价

包含 3 层含义：第一，学生必须自己创造答案或用其行为表现来证明学习过程和结果，而不是从规定好的选项中选择答案；第二，评价者必须观察学生的实际操作过程或记录学生的学业成果；第三，这种评价能使学生在实际操作中学习知识和发展能力。

传统事实性知识的测评要求学生回答出唯一正确的或最佳的答案，而表现性评价则与之相反，它强调教学评价重新回归学生在学习中的完整而真实的生活，强调在完成实际任务过程中评价学生的发展能力，致力于更真实地反映教育现象。表现性评价不仅能反映学生掌握知识技能的情况，还能通过对学生表现的观察分析，判断学生在创新能力、实践能力、与人合作能力及健康的情感、积极的态度、正确的价值观等方面的发展情况。

从某种意义上来说，表现性评价是一种综合性比较强的评价方法。

二、表现性评价的特点

与传统的纸笔测评相比，表现性评价有以下几个特点。

（一）评价内容全面

表现性评价对学生学习信息的反馈是多方面的，它不仅能测评学生掌握知识的情况，还能测评学生运用知识解决实际问题的情况；不仅能测评学生智力因素的发展情况，还能测评学生非智力因素的发展情况；不仅能测评学生的学习结果，还能测评学生的学习过程。例如，纸笔测验能有效地测评学生了解的有关演讲知识，但不能了解学生的实际演讲能力；表现性评价却可以通过设计演讲任务、观察学生的演讲过程而突破这一局限。

（二）评价方式多样

表现性评价方式多样，无论是判定学生学习结果，还是反馈学生学习过程信息，都与众不同，可以用多种方式收集信息和呈现结果。例如，在让学生完成某个社会调查任务后，教师既可以通过让学生撰写调查报告的形式来评价学生的学习成果，也可以通过举办演讲比赛的形式来评价学生的学习成果，还可以通过让学生展示社会调查的图片来评价学生的学习成果。表现性评价与纸笔测评评价方法比较如表 8-6 所示。

表 8-6 表现性评价与纸笔测评评价方法比较

评价内容	评价方法	
	表现性评价	纸笔测评
目标	测评学生将知识和理解转换成行动的能力	测评学生掌握知识的程度
学生的学习行为	计划、实践	阅读、选择和记忆
对学习的影响	强调在相关问题背景下学生对现成知识和技能的运用	过分强调记忆

（三）评价过程开放

表现性评价因以任务为评价导向而在评价过程中具有一定的开放性。从时间上看，表现性评价不限定在一个固定的时间段，而是贯穿于学生整个学习过程；其评价时间经常表现为持续性，而非纸笔测评所表现的非常短的"考试时间"；从空间上看，表现性评价可以超越课堂，甚至超越学校。

【案例】

关于电视节目的调查评价标准

问题：电视台决定制作一档让大学生感兴趣的电视节目（包括广告），要求你推荐一些新的电视节目。

任务：设计一个电视节目策划案。

任务形式：策划报告。

任务说明：请你给电视台的工作人员写一封信，告诉他们你的朋友喜欢看什么样的电视节目。

任务指导语：策划报告应该包括以下4部分内容。①设计一份调查问卷，用图表总结出问卷调查的结果。②分析你从调查中获得的信息。③你的调查结果能代表大学生的意见吗？为什么？④从你的调查结果中得出结论，并设计节目策划案。学生表现性评价标准如表8-7所示。

表8-7 学生表现性评价标准

评价项目	水平一	水平二	水平三	水平四
任务分析	能够理解任务的要求和含义	基本理解任务的要求和含义	只能部分理解任务的要求和含义	不能理解任务的要求和含义
教学方法	能够找到合适的方法来解决问题	能够运用一定的方法开展教学，但存在少量错误	能够运用一定的方法开展教学，但存在较多错误	无法运用方法开展教学
语言组织和表达	信息文字组织有条理，表达清楚	信息文字基本清楚，没有错误	只有部分信息和文字清楚	信息和文字不具有条理性
数据分析准确性	没有错误	分析中有少量错误，但结果正确	分析中有一些错误，结论有一些小错误	分析中有明显的错误，结论不正确
作品的质量	作品具有实用价值，符合实际情况，内容清晰明了	作品基本符合实际，但内容不清晰明了	作品基本符合要求，但不具备实用价值	作品不符合要求，内容混乱、不清晰

通过对表现性评价特点的分析，可以看出：表现性评价更侧重于评价学生的实际操作能力，尤其是评价的情境越真实，越能显示出学生在教学技能等方面的真实发展状况。

表现性评价因其关注学习过程、学生发展而获得教师和评价者的青睐，但它也有一定的适用范围。例如，在评价学生对知识的记忆水平时，表现性评价不如纸笔测评有效。因此，在具体运用时，要根据教学目标和教学条件来分析和判断其是否适合。

三、表现性任务的设计

表现性任务是表现性评价的评价基点。设定表现性任务，是进行表现性评价的前提。表现性任务具体表现为学生为达到一定的教学目标，在教学活动中需要完成的具体作业或一系列操作。它一般有对学生完成任务的具体指向和具体要求。

（一）表现性任务设计

表现性任务设计是表现性评价的核心。表现性评价是否具有可操作性，是否能真正测评学生能力、技能掌握的真实水平，关键在于表现性任务的设计是否合理。一般而言，表现性任务的设计应遵循以下步骤。

1. 分析与确定任务中的知识

表现性任务一般是综合性任务，既包含知识成分，也包含技能成分。因此，在设计具体任务之前，应先分析表现性任务中所要测评的知识与技能。表现性任务中的知识分为陈述性知识和程序性知识。陈述性知识需要学生有意识地记忆，包括概念、命题等；程序性知识是指运用概念和命题的方法。任何一个表现性任务都是建立在一定的陈述性知识和程序性知识之上的。

表现性评价主要针对学生的操作能力和解决问题的能力，即重点分析与确定表现性任务中的程序性知识。

2. 分析与确定任务中的能力

表现性任务中的学生能力主要包括以下几个方面。

1）综合的思维方法，即学生能够综合运用各种适当的技能来解决问题，能够将遇到的各种问题转化为清晰的、可解决的任务。

2）有效占有信息的能力，即学生能有效地运用各种信息收集技术和各种信息资源。

3）有效地解释所获得的信息及准确评估信息价值的能力。

4）有效进行交流的能力，即学生能与各种人进行沟通，能使用各种交流方法，能有目的地与人交流。

5）良好的合作能力，即学生能够服务于团队任务，能够维护团队利益，能够在团队中充当各种角色。

设计表现性任务时，要充分考虑上述这些能力。一个表现性任务通常不需要包含所有的能力，但总会包含其中的部分能力。例如，上述案例介绍的"关于电视节目的调查评价标准"的表现性任务中，就包括综合的思维方法，要求学生能分析自己在任务中做了什么；有效地解释所获得的信息及准确评价信息价值的能力，完成电视节目的调查与策划案的书写；有效进行交流的能力，与不同的被调查者进行沟通；良好的合作能力，小组成员的分工与合作等。

3. 清楚、明确地陈述任务

在分析与确定表现性任务中的知识与能力后，教师要根据教学目的进一步确定具体教学过程中的知识与能力要求，明确表现性评价要测评的知识和能力，清晰地表述任务要求。例如，电视节目调查中的任务说明"请你给电视台的工作人员写一封信，告诉他们你的朋友喜欢看什么样的电视节目"，对表现性任务的说明非常清晰，就是让"你"写信呈现一种结论：你的朋友喜欢看什么电视节目。

4. 做好表现性任务的指导语

好的表现性任务要有具体而清楚的指导语，以便学生明确评价的要求和目的。如果表现性任务的指导语不够明确，则会使学生产生不一致的行为，最终无法用公平或可靠的方式对其进行评价。在"关于电视节目的调查评价标准"中，其任务指导语可以让学生知道自己在任务中需要具体思考哪些问题，或者做哪些事情。

（二）表现性任务的形式

教师可以将表现性任务设计成不同的形式。它既可以是与教学内容相关的研究性作业，又可以是一项综合实践活动；它既可以是文本的，又可以是实物的、表演的或者口头的。具体而言，采用哪一种表现性任务，要根据教学目的、学生发展的需要和学校的实际情况来决定。

一般来说，教学评价中常用的表现性任务有以下几种形式。

1. 口头表述

口头表述的表现性任务能够反映和培养学生的口头表达能力、逻辑思维能力、沟通能力、随机应变能力、情绪掌控能力等，如演讲、辩论等说服性任务。

2. 模拟表现

模拟表现是根据教学的需要，在模拟的真实情境中，让学生通过角色扮演等方式表现出的一系列行为，如模拟法庭、表演等。在设计该类任务时，要重视情境的创设，以及在特定情境中的评价行为。

❀【案例】--

Shopping 表演

英语教学向来重视听、说、读、写。为了培养学生熟练运用英语与人沟通的基本技能，锻炼学生的听力、口头表达能力、应变能力和合作精神等，某教师在教学 Shopping

一课时采用了有别于纸笔测评方式的表现性任务。

（一）任务设计

1）任务形式。以小组合作为基础，要求一方学生在规定的金额内，根据预先制定的所需商品的标准去选购，另一方学生则介绍自己的商品，尽量说服客人购买。

2）情境创设。模拟商品展销会，将教室布置成商品展示场所，为增强仿真性，可邀请外教扮作客人和商家。

3）具体要求。

① 课前准备：学生以小组为单位，协商、选择有竞争力的商品，准备商品的图片、画册或实物，了解介绍、选购或推销商品的程序，熟记购物涉及的英语常用句型和词汇。

② 现场操作：双方根据各自的目标商议商品的价格，推销和购买商品。

（二）评价标准

要求学生掌握 customer、reduce、style、dollar、sign、shopping、center 等词汇，be on special、take one's time 等词组，以及 Is this the only kind you have? How much is this? We have some that are different in style but not in color.等句型。

从上面的案例可以看出，模拟表现性任务调动了学生的学习热情和积极性，测评了学生对词汇、词组、句型的掌握和运用情况，同时测评了学生的合作能力、应变能力、沟通能力等非智力因素。

----

3. 实验或调查

实验或调查是通过实验室的实际操作或实地调查让学生亲自感知事物发生、发展的过程及探寻现象背后规律的活动。这种表现性任务可以测评学生的操作能力、分析能力及创新能力的发展。它可以应用于自然科学领域和社会科学领域，如物理、化学、生物中的实验，社会学科中的"调查"。

4. 创作任务

创作任务是一种综合性比较强的表现形式，它可以以两种不同的方式呈现：一种是纸笔测评；另一种是作品呈现。在纸笔测评中，创作任务通常以"设计""构建"等作为题目要求，需要学生综合运用所学知识，构建新的"思路"或"主题"；在非纸笔测评中，创作任务通常表现为作品，如创作诗歌、谱写曲子、制作雕塑等。

创作任务能测评学生在该任务完成中需要的相应知识和技能的获得情况，同时还能获得学生在表现力、想象力及创新精神和冒险精神方面的相关信息。

5. 项目研究

项目研究可以理解为教学中的探究式活动，就是让学生围绕一定的主题，运用多种科学研究方法开展研究，相当于模拟科学家的科学研究。在任务设计时，项目研究可以根据任务的复杂程度和难度，分为个人项目、小组项目等不同类型。不同类型的项目研究所评价的内容会有所不同。例如，小组项目可以评价学生的合作精神和合作能力；历史调查类的项目研究可以充分而全面地反映学生运用知识的能力、科学探究的能力及学生的科学精神、科学态度、科学方法等方面的发展状况。

（三）表现性任务的类型

根据表现性任务的难度大小和时间长短不同，可以将其分为简短评价任务、事件性任务和持续性任务。

1. 简短评价任务

简短评价任务的难度要小一些，其任务完成时间需求较短。它通常是用来判断学生对某一领域的基本概念、程序、关系及思维技能的掌握情况。因为其完成时间较短，所以很适合在教学过程中使用。例如，在教学活动中给学生呈现一个问题、一幅图画、一些图表或照片，然后要求学生对呈现的材料进行解释、描述、计算、预测或表达自己的看法等。

它经常渗透在教学活动过程中，既可作为教学活动的一种方式，促进学生知识或技能的发展，也可作为评价方法来了解学生相关领域的知识或技能的获得情况。因此，教师可以在教学中经常使用简短评价任务。

2. 事件性任务

事件性任务，一般是通过学生完整地完成一个事件来了解学生知识应用情况或能力水平。它通常用于评价一些学科领域中较复杂的能力，如写作能力、分析能力等。与简短评价任务相比，它的完成时间更长一点。

简短评价任务可以针对单个学生进行设计，但事件性任务经常是由学生以团队或小组的方式来合作完成。事件性任务通常表现为阅读或写作任务、问题分析任务及过程性评价任务。

3. 持续性任务

持续性任务是一种长期的、由多种任务综合起来的表现性任务。它经常超出教师的课时设计，与单元教学设计或主题设计连在一起。因此，教师一般在一个学期或一个学习单元开始时将持续性任务分配下来，在教学进程的不同阶段逐步开展，如一些长期的研究项目或大型的调查都属于持续性任务。

四、表现性评价的实施

表现性评价是一个完整的教学评价过程，具体包括确立评价目标、设计合适的表现性任务、确定表现性评价的指标、在评价活动中收集表现信息、对学生的表现进行评价及对评价结果进行反思等环节。

（一）确立评价目标

评价目标是实施教学评价的前提，它指明了教学评价要解决的问题。评价方案的设计及评价信息的收集都服从于评价目标。在教学评价中，教师应该以课程标准、教学内容和学生的实际情况为基础设计评价目标，并涵盖学生的知识与能力、过程与方法、情感态度与价值观3个方面。不同学科的课程目标是不同的。例如，物理、化学、生物等课程更多地要求学生具有动手操作能力，而语文与英语课程则要求学生具备运用语言的能力。因此，确立表现性评价目标时必须根据具体学科的课程目标。

确立评价目标，是表现性评价实施的基础。其实，设计任何一个表现性任务都要回应评价目标。例如，"显微镜实验操作"表现性任务的目的是了解学生操作显微镜的技能水平。只有目标明确，表现性任务的设计才能更加具体、有效。

（二）设计合适的表现性任务

在表现性评价中，教师主要通过观察学生在任务完成过程中的行为和结果对学生的学习质量进行评价。因此，表现性任务是表现性评价的基础和核心。设计的表现性任务必须能让学生运用知识、解决问题、拓展能力。如果设计的表现性任务不能为学生运用知识、解决问题等提供合适的机会和空间，那么表现性评价的效度就值得怀疑，其评价就失去了意义。

（三）确定表现性评价的指标

表现性评价的指标通常与表现性任务的内容、要求有关。例如，在"生态学连续记录"的表现性任务中，该任务要求录像中必须反映出"居住地情况和人口数量改变"的内容、"因环境变化而预期发生的生态学变化"的现象及其带来的影响等。那么，在评价其任务完成情况时，就以内容数据的收集和展示、结论的精确程度、图画展示方式等作为评价指标。

当然，在确定表现性评价指标时，除了要与其任务内容一致外，还应该注意以下几个问题。

1）评价指标要能反映学生表现的过程。表现性评价不仅关注活动结果，还关注学生表现的过程。学生在执行表现性任务的过程中，学生表现什么，怎么表现，都是我们在表现性评价中要观察的内容。同时，当它们成为评价指标并有具体的标准时，表现性评价的过程性才能真正实现。例如，在小组合作的表现性任务中，"是否与组内所有同学一起工作，成功完成项目""是否为向班级呈现研究结果而出主意、提供资源""是否做了多种工作帮助小组出色完成项目"等过程性内容也应成为评价指标。

2）评价指标要具有适当的激励作用。评价指标的多元性和适当性，是现代教学评价促进学生发展的保障。因此，确定评价指标时，要考虑学生的实际水平。如果指标定得太高，学生会失去信心；如果指标定得太低，对学生又没有挑战性。

3）评价指标要根据具体的表现性任务而定。制定评价指标时要仔细分析构成表现成果的每个细节，将关键的表现行为列出来，作为观察与判断的基本点。同时，根据具体表现性任务的特点确定评价指标的等级量表，明确评价内容、行为表现和表现水平等，使评价有据可循。

（四）在评价活动中收集表现信息

在这一阶段，学生开始执行表现性任务。教师应根据制定的评分规则，采用各种方法仔细观察和记录学生在完成任务过程中的行为表现。教师对学生行为信息的收集应贯穿于学生任务实现的全过程。

（五）对学生的表现进行评价

学生完成表现性任务的过程，也是其展现发展水平的过程。教师需要根据制定的评价指标，对学生的具体表现进行评价，或者用分数表示其结果，或者用等级、评语表示其结果。用分数表示学生课堂讨论评价结果如表 8-8 所示。

表 8-8　课堂讨论评价结果

加分		减分	
分值	行为	分值	行为
2	对一个问题有一个坚定的立场	-2	不注意或分散注意
1	作出相关的评论	-2	打断他人的注意
2	使用证据支持立场或提出事实信息	-1	作出无关的评论
1	吸引另一个人参加讨论	-3	垄断讨论
1	询问一个清晰的问题或者让讨论继续	-3	进行个人攻击
2	做类比		
2	识别矛盾		
2	识别不相关的评论		

（六）对评价结果进行反思

评价最重要的一个环节，就是对评价结果的反思。反思的存在，使得评价促进学生发展或教师教学进步成为可能。因此，教师要在评价结束后，引导学生反思自己完成表现性任务的全过程，反思自己行为表现的得与失，及时调整行为；教师也要反思自己在教学中的不足，反思表现性任务设计得是否合适及信息收集是否全面等。只有这样，才能真正实现促进教学发展的目的。

第四节　综　合　评　价

一、教学质量综合评价概述

教学质量是学校发展的生命线，是学校综合实力的集中反映。对教师教学进行全面、客观、公正的评价，是确立教学中心地位的重要举措，是落实立德树人根本任务的重要保障，也是强化全面质量管理的重要环节。教学评价是判断教育行为满足社会与个体需要的程度的活动，通过对教育活动现实的价值或潜在的价值做出判断，以期达到教育价值增值的过程。一般来说，一所学校的教学质量评价标准，主导着学校师资队伍建设的类型与方向，决定着学校教育教学的整体质量与水准。因此，教学质量直接影响学生培养质量，教学质量综合评价是提升人才培养质量的重要保证。

（一）综合评价的概念

综合评价（comprehensive evaluation，CE）是指对被评价对象所进行的客观、公正、合理的全面评价。综合评价是针对研究的对象，建立一个测评指标体系，利用一定的方法或模型，对搜集的资料进行分析，对被评价对象做出定量化的总体判断。教学质量综合评价是指利用综合评价的理论和技术对教学过程及其结果是否达到一定质量要求做出的价值判断。综合评价的关键在于各大评价指标的设计是否符合评价目的和任务，其评价结果的表达是否科学合理。

在高等师范院校教学质量评价实践中，教学质量综合评价往往是通过学生评教，即学生所认知的教师授课效果评价方式来体现的，以学生对教师的期末终结性评价为主，教师质量评价具有一定滞后性，其过程性、增值性和多元性要素体现得不充分。评价过程在本质上是确定课程和教学大纲实现教育目标的程度的过程。教学质量综合评价应在充分考虑学生评价、学习成效的基础上，加强教师的过程性、全面性和增值性评价。只有全面、客观地对教师教学质量予以评价，才能及时、有效地促进课程教学质量的提升。

（二）综合评价的基本要素

一般来说，构成综合评价的基本要素有评价对象、评价指标体系、评价专家（群体）及其偏好结构、评价原则（评价的侧重点和出发点）、评价模型、评价环境（实现综合评价过程的设施），各基本要素围绕评价活动的目标有机组合并构建综合评价系统。具体内容包括以下几个方面。

1）评价过程不是一个评价指标接一个评价指标顺次完成的，而是通过一些特殊的方法将多个评价指标的评价同时完成。

2）在综合评价过程中，要根据评价指标的重要性进行加权处理，使评价结果更具有科学性。

3）根据综合分值大小排序评价结果，并得出结论。

综合评价可以避免一般评价方法的局限性，使运用多个指标对多个单位进行的评价成为可能。这种方法从计算及其需要考虑的问题看比较复杂，但由于其显著的特点——综合性和系统性，使综合评价得到人们的认可，并在实践中被广泛应用。随着计算机的普及，综合评价计算方法的复杂性已经不是问题，其综合性和系统性表现得更加突出，其作用也更加突出。

（三）综合评价的体系构建

1. 学校组织机构的绩效评价

对学校的内部组织机构（主要是院系）进行绩效评价与考核是高校治理体系的重要组成部分，也是高校应对外部评价的积极举措。它包括学科评价制度、高校分类评价制度、本科教学评价制度、学位授权点评价制度及包括各种排行榜等在内的具有影响力的外部评价体系，这些组成部分在不同程度上影响着高校的战略规划。兼顾内外的内部绩效评价体系不仅是外部压力的"缓冲器"，还是高校坚守定位目标的"定海神针"。当前，国外高校的院系绩效评价具有以下 3 个突出特征。一是评价手段的科学性。坚持学科导向和绩效导向，坚持根据参评单位特点进行分类评价，综合运用价值管理方法、平衡计分卡等先进工具和量化评价、质性评价、过程评价、结果评价等不同类型的评价手段，确保评价结果的信效度。二是评价程序的周密性。从参评单位自评、多维度数据统计与处理，到专家组评议及与参评单位的交流互动，再到评价结果的反馈、发展建议的沟通，相关政策及资源配置机制的调整和办学提升的追踪，各环节有机衔接，构成完整的评价流程，从而发挥评价的多元功能。三是评价主体的多元性和评价结果的多维度呈现。从学科专家、管理专家、财务专家的共同参与，评价主体与客体的深度互动，到全方位、多维度、可视化呈现评价结果，绩效评价充分体现了参与、互动、共享，在评价过程中立体化描绘参评单位的发展面貌和发展水平。

2. 教师评价

教师是学校教学活动开展的主导者，是立教之本、兴教之源。教师参与评价并在评价中表现其价值诉求直接与教师群体的价值取向相关联。当前，我国高校对教师进行综合评价，努力构建符合学术发展规律和人才成长规律的教师评价体系。一是完善人事管理、教学管理等各类工作的评审机制，从制度上打造综合评价的根基。二是坚持"以德为先"的人才标准，将师德、师风考核贯穿于教师生涯的全过程，建立日常师德、师风考核的正向指标和负面清单，实行师德、师风"一票否决"制，推动师德、师风建设常态化、长效化。三是把教书育人的投入与成效纳入教师学术评价体系，并优化不同类型教师的聘任标准，围绕品德、知识、能力、业绩和贡献等要素，实行定性评价与定量评价相结合的分类综合评价，营造客观全面的人才评价环境。四是推进"代表性成果"评审，更多发挥共同体作用，通过建设校外专家库、健全回避制度、建立外审反馈机制和完善评价指标体系等，有效克服以往学术评价中"唯数量化""形式化""行政化"的现象。

3. 课堂教学的过程性评价

课堂教学的过程性评价是由任课教师组织学生于每次课后对教师开展的课堂教学评价。课堂教学的过程性评价内容包括任课教师的课前准备、教学内容、教学方法、教学组织，以及教师是否注重激发学生的学习热情、启发学生的创新思维，是否注重学生知识技能的培养和训练等。学校将评价结果纳入学校教学质量综合评价系统的教师自我测评模块。课堂教学的过程性评价将认真履行教育教学职责作为评价教师的基本要求，旨在引导教师上好每一节课、关爱每个学生，同时帮助教师及时了解教学效果，发现教学中存在的问题，促进教师及时修正教学进度、优化教学方法及调整教学内容。值得关注的是，在评价过程中充分强化了学生大胆质疑、主动探疑、自我反思的精神。这实现了师生双向成长，形成了即时预警、及时纠偏、教学相长的良好局面。

4. 学生评价

学生是教学活动的主体，也是体现学校办学质量和水平的主要载体。当前，对于学生的评价贯穿于学生大学学习生活的每个环节，不仅体现出学生的学习主体地位，还展现出教学评价中以学生为中心的教育理念。高校在招生阶段普遍采取"整体评价"（holistic review）模式，全面、整体地考查与学生有关的学术和非学术方面的所有信息，并将学生取得的成就置于学生的成长经历和教育背景中进行解读，而不是只关注某一维度、以分数来片面地定义学生，也不是割裂地、碎片化地看待不同维度的信息，以公式化、一刀切的方式评价所有学生。高校在人才培养和出口阶段，运用增值性评价的理念来测评学生接受高等教育后的进步程度。高校对课程学习效果的评价，已经从关注学生学科知识的增长，转向了关注学生语言表达、批判性思维、分析推理、问题解决与创新创造等高阶思维能力的培养。国外高校除了采用课程学习的增值性评价外，还通过比较学生毕业后的薪资水平、从事有意义工作的意识、学科技能与通用技能的掌握程度，来评价学生接受高等教育后的增值成效。

二、能力范式下的综合评价实践案例

齐鲁师范学院以提升学生实践能力、促进学生全面发展为目标，在学校教学质量综合评价中贯彻以人为本、以发展为指针的工作原则，通过设置教学评价机构、开展课堂教学过程性评价、推进教师评价和学生评价变革，不断完善综合评价的实践方式，提高综合评价水平，为更新学校的课程理念、修订人才培养方案提供参考，有效推动学校教学质量和人才培养质量的提高。

（一）以教改立项为基础，推进教学学术评价

为根本破解应用型人才培养在育人各环节的实施难题，推动知识范式向能力范式的深入转换，在齐鲁师范学院校长办公会上研究决定，开展"重视教学学术，立项推进能力范式人才培养模式改革"工作。

学校成立"能力范式人才培养模式改革"教学学术重点研究项目组，各二级学院分别成立"能力范式人才培养模式改革"项目组，由学院院长任组长，由副院长任副组长，由教学秘书、专业负责人、教研室主任、相关课程负责人担任组员。每个二级学院通过一定的学术评价程序，遴选一个专业、一门课程，纳入"能力范式人才培养模式改革"研究项目，将其作为研究立项并予以经费资助，将研究成型的模式和体系等成果在全校试点推广，全面提升应用型人才培养质量。

所选专业与课程名单经过学校审定后，将相关专业人才培养方案修订项目确定为校级重大教研课题，由学院院长任项目负责人；将相关课程改革项目确定为校级重点教研课题，由课程负责人任项目负责人；将相关研究项目列入学校教学质量工程及教改立项常规管理，由学校重点研究项目组对项目推进过程进行调度与监督。

2017 年 11 月中旬，齐鲁师范学院正式确定课题立项；12 月底前完成人才培养需求再度调研；2018 年 1 月中旬前召开调研总结及研究任务部署会；3～4 月召开全校应用型人才培养及课程体系构建大讨论；5 月召开第九次教学工作会议总结大讨论成果，听取项目研究成果汇报；6 月审核各专业应用型课程体系及人才培养方案，并召开项目结题暨成果推广大会。

以项目推进能力范式人才培养模式改革是以教学学术带动教学评价整改工作的一项重要举措，通过人才培养方案的再修订、应用型课程体系构建等方式，研究适应学校办学实际、办学特色的应用型人才培养模式，在专业建设和课程体系等人才培养的各方面切实落实应用型人才培养。齐鲁师范学院以能力范式人才培养模式改革为契机，重构课程体系、教学方法、改革考核评价体系，落实应用型人才培养理念，着力构建具有鲜明能力范式特色的应用型人才培养体系，实现学校事业高质量发展。

（二）完善课程成绩评定方式

以"马克思主义基本原理概论"课程教学改革为例，其目的在于打破原有教学模式弊端，更好地立德树人，探索多元评价、内化教育。"专题+线上+实践"混合式教学模式要求课程成绩评定多元化。在课程教学改革中，齐鲁师范学院将课程考核分为过程性评价、实践成绩评定、期末考试成绩评定 3 部分。

1) 过程性评价。注重学生对客观知识的掌握程度、学生在学习过程中的参与程度、课堂活跃程度及完成习题的情况，以上几项占课程成绩的 30%。平时成绩的评定，注重学生对基础知识的掌握、对学生学习的过程性评价。学校的具体做法如下：发布每个章节的题库后，学生有 10 次机会进行章节学习与测验，每次测验的题目都不相同。学生在测验后如果对测试结果不满意，则会更加投入地学习基础知识，因为每套题库的题目是随机的，只有更细致、更牢固地掌握知识点，才能达到自己预期的目标。这使学生有更大的学习动力，也促使学生在不断复习中掌握基础知识。

2) 实践成绩评定。实践成绩评定是全程性的，不是单纯考核学习结果，而是对学生实践过程中体现出来的理想、信念、智慧、能力等做出全面的考核和评价，占总成绩的 20%。对于实践成绩的评定，学校在教学改革中摸索出一套比较科学的、可操作性强的评价模式。在实践成绩评定中，每个班级的学生分为不同小组，每个小组由组长负责组内实践教学与实施相关事宜，组长在成绩评定中有团体组织成绩，其他小组成员则共同参与、展示、汇报等。在成绩评定过程中，每个小组派一名代表作为实践教学成绩评定小组成员与教师共同组成评委，其中教师评委评定的成绩与学生评委评定的成绩各占 50%。根据评委打分，取平均成绩，最后形成每个小组的成绩。

3) 期末考试成绩评定。期末考试成绩评定主要考核学生分析问题和解决问题的能力，考核题型为案例或材料分析题，开卷考试，占总评成绩的 50%。期末考试题目的设计要求有开放性，既来源于课本又高于课本。学生根据平时对理论的掌握结合自己的理解对题目中的材料和现象进行分析。期末考试成绩评定以基础知识为依托，突出对学生立足中国特色社会主义理论体系分析问题的能力的考核，其重点不是考核学生死记硬背的能力，而是重点考核学生是否对马克思主义理论的立场、观点、方法进行了内化，是否有坚定的马克思主义信仰，是否认同中国共产党的领导，是否认同中国特色社会主义制度。

（三）运用多种方式评价学生学业

1. 实施多角度的教学评价方式

大学生正处于形成自我认知、自我评价的重要时期，同时已具备较成熟的认识和分析事物的能力。将部分评价任务赋予学生，对班级学生进行分组，实行小组内和小组之间的评价方式，以教师评价作为价值导向，以学习小组成员或者实训指导教师等外部评价作为辅助。

2. 以质性评价为主，以量化评价为辅

价值观知识的累积不一定出现外显行为，外显行为产生的原因不一定是价值观的形成。教师可以以外显行为中的上课发言次数、小组讨论的活跃程度作为量化指标，评价学生学习态度，也可以在课程教学和实习实训中以观察记录的形式或者创设典型事件进行检验的方式作为评价手段。改革后的课程评价方式如表 8-9 所示。

表 8-9 改革后的课程评价方式

评价方式	评价内容	权重	考核/评价细则
过程性评价	学习档案	0.3	每位学生建立"学习档案袋",内容可包括教育文献选读、课程论文、幼儿园活动反思与评价报告等
	研讨交流	0.2	学生分小组进行自学、交流和研讨,每组选出学生代表进行成果展示,与其他同学进行交流与分享,教师根据小组整体表现进行打分
结果性评价	期末考核	0.5	期末考核采取闭卷考试的方式进行,具体评价细则参考试卷评分标准
综合成绩			过程性评价×0.50+结果性评价×0.50

(四)综合分析师范生实践能力发展状况

师范生需要参加国家统一组织的教师资格证考试,只有成绩合格者才能获得从教资格。以《教师资格证考试标准》为依据,从小教师范生从教能力的构成要素出发,综合考查当前小教师范生在教育教学能力比赛和教学见习、实习中的具体表现,小教师范生从教能力发展主要面临以下几个问题。

1. 教学基本功不扎实

教学基本功是小教师范生从教基本能力的主要表现方式,也是小教师范生教学基本素养的重要组成部分,其中教学语言的组织和表达是师范生教学基本功最直接的呈现方式。教学语言有其特定的职业内涵和规范要求,这要求教师应根据教学对象、学科性质、教学目的等要素的主要特征,在教学活动中简练、生动、严谨地进行语言表述。然而,在各类教育教学能力比赛和教学实习中,有些小教师范生不能清楚把握教学口头语言的层次性,其语言陈述的科学性、逻辑性尚需强化;部分师范生存在发音不准,语言表达啰唆、口头语较多、提问语单一、演示语欠缺等问题。在教学板书方面,有些师范生书写不流畅、字体不规范、版面设计不合理,不能充分展现教学的重点和难点。在课堂教学仪态方面,少数师范生不能自如地运用手势表达教学设计,不能充分运用眼神与学生进行交流和沟通,从而使教学互动环节不完整,影响教学成效。

2. 课堂组织管理能力欠缺

教师的课堂组织管理能力主要包括课堂的组织管理能力、行政事务处理能力及处理突发事件的能力。在学校日常教学工作中,具备丰富教学经验的教师能够根据课堂教学的进度和学生知识水平的掌握情况,有效地组织课堂教学行为,建立良性互动的师生交流方式,并快速、妥善地解决课堂教学中出现的突发事件。教师对课堂时间进行合理规划是体现其课堂组织管理能力的主要方式,然而对于部分的小教师范生来说,他们对课堂教学时间的把握存在两个极端:一是高估学生已有的知识水平,在讲解重点和难点知识时所用的时间不充足;二是低估学生的发展状况,烦冗地讲解重点和难点之外的知识,因此没有充裕的时间讲解重点和难点。在面对课堂教学中学生突如其来的提问时，部分师范生不能脱离原有的教学设计、提出有创造性的问题的解决方式，缺乏根据学生特点及时调整教学方案的能力，不能有效地处理课堂教学中出现的突发性教学问题。

3. 从教的专业发展规划缺失

明确的专业发展规划能够避免专业人员受到短期利益的影响，使其坚定地向专业发展目标前进。教师作为一名从事教学工作的专业人员，如果在从教之初能够主动地做好专业发展规划，在工作中面对教学问题时就能客观地审视问题来源、专业地分析问题成因，从而妥善地解决教学问题。然而，有些小教师范生在从事教师职业积极性、适应性方面表现得并不好，从教意愿较低，甚至有个别师范生有"顺其自然""到时再说""压根不想当教师""一定不干这行"等消极想法。这些小教师范生对从事教师职业的规划不坚定、不明确，从教意识不强、动力不足。在这种心理的影响下，这些小教师范生参与教学技能比赛或教育教学实习时很难多角度地深入思考教学实践中所遇到的问题，很难对教学设计、教学语言、教学组织等做出理性的判断和选择，更难以依据自身的专业基础制订切实可行的专业发展计划。长此以往，不利于师范生从教基本能力的发展。

4. 教学反思和评价能力薄弱

教学反思的目的在于推动教师专业发展。教学反思最关键的是对教学设计、组织和行为的分析和改进。大多数的小教师范生常用自我总结、同伴交流、小组讨论等方法对教学实践进行反思，其教学反思的深度有限，仅停留在通过反思认识自身不足，并未进一步将反思认知转化为反思行为。部分师范生的反思途径比较单一，反思深度不够，反思效果有待进一步验证，从而导致其教学反思能力的水平总体不高。在课堂教学中，教师及时的、有针对性的教学评价对学生具有激励作用，能调动学生的学习积极性。然而，小教师范生在不能熟练运用教学反思的条件下，也很难充分发挥教育评价对学生的积极作用。一方面，大部分小教师范生主要用口头语言对学生进行评价，所用的评价语言比较生硬、单调，不能充分引发学生对教学问题的深入思考。另一方面，在组织学生讨论时，小教师范生较少为学生提供讨论提示、帮助或参与学生的讨论；有些小教师范生虽然参与学生的讨论，但对学生讨论结果的评价不具有针对性，语言苍白乏力，不能积极引导学生发展。

三、能力范式下教学质量综合评价的方案设计

为贯彻落实《国家中长期教育改革和发展规划纲要（2010—2020年）》《深化新时代教育评价改革总体方案》《山东省中长期教育改革和发展规划纲要（2010—2020年）》的精神，进一步完善教学质量综合评价体系，深入推进新时代大学生的全面发展，齐鲁师范学院设计了能力范式下教学质量综合评价方案。

（一）实施教学质量综合评价的意义

实施教学质量综合评价，有利于进一步落实高等教育"立德树人"的根本任务，促进教育质量管理的提升，推动育人模式的转变，实现学生的全面发展；有利于建立科学的教学质量评价机制，准确反映教学质量状况，科学诊断存在的问题，提高教育决策的科学性；有利于发挥教学评价的积极导向作用，引导社会树立正确的教学质量观，促进教育教学改革，激励学校内涵发展。

（二）实施教学质量综合评价的总体要求

1. 主要目标

构建体现高等教育人才培养要求、以学生发展为核心、科学多元的高校教学质量综合评价体系，基本形成促进发展、职责明确、规范长效的教育质量管理机制；提高教育质量综合评价的科学化水平，关注学生的全面发展、质量形成的过程和影响学生成长的环境因素，科学运用评价结果，诊断与改进教学；尊重教学规律，规范教育教学行为，形成有利于学生健康成长的社会环境。

2. 基本原则

1）育人为本。遵循学生身心发展规律和教育教学规律，综合考查学生全面发展情况，既要关注学业水平，又要关注品德发展和身心健康；既要关注共同基础，又要关注个性特长；既要关注学习结果，又要关注学习过程和效率。

2）科学规范。评价内容和方法科学合理，评价过程严谨有序，综合评价结果真实有效，反馈改进落到实处。教学质量综合评价的整个过程都要保持高度的规范性和科学性。

3）全面可行。注重发展性、增值性评价，满足学生、学校多方面的发展需要。结合教育教学实际，针对存在的突出问题和薄弱环节，完善质量综合评价指标，积极探索适宜的质量评价方式，逐步形成各具特色的质量评价模式。

（三）建立教学质量综合评价体系

1. 建立教学质量综合评价指标体系

依据党的教育方针、相关教育法律法规、国家课程标准等，突出重点，注重导向，将学生学习状况、综合素质和成长环境等作为教学质量综合评价的主要内容，构建教学质量综合评价指标体系（表8-10）。

表 8-10　教学质量综合评价指标体系

维度	监测指标	分项指标
学生学习 状况	学业水平	包括学业成绩达成度、高层次思维能力、学业成绩均衡度等方面
	应用与解决问题能力	考核学生综合应用知识解决问题的实践与创新能力
	学生学习兴趣与动机	学生的学习兴趣、学习信心、学习动机与学习压力等，以及学生对学校的认同度
学生综合 素质	品德行为	学生热爱祖国，自尊自爱，尊重关心他人，有诚信和责任心，遵守公德，有公正之心等
	体质健康	学生身体素质达到学生体质健康标准的状况
	心理健康	学生对自己情绪的觉察与排解情况，对行为的自我约束情况，应对困难时的态度与表现情况等
	艺术素养	艺术欣赏和表现能力
学生成长 环境	师生关系	教师是否尊重、信任学生，是否公正、平等地对待学生，以及师生关系对学生成长的影响
	教师专业能力与教学方式	教师专业能力与教师教学方式对学生学习成长的影响
	学校课程建设力	学校在课程决策与计划、课程组织与实施、课程管理与评价等方面的能力及其对学生学习成长的影响
	社会环境	社会环境对学生学习成长的影响

1）学生学习状况，包括学生学业水平、应用与解决问题能力、学生学习兴趣与动机等。

2）学生综合素质，包括学生品德行为、体质健康、心理健康、艺术素养等。

3）学生成长环境，包括师生关系、教师专业能力与教学方式、学校课程建设能力、社会环境等。

齐鲁师范学院按照各专业不同特点，分别研究、制定具体的评价指标和考核重点，细化相关内容，完善教学质量综合评价指标体系与标准，以发展指数来反映有关指标的纵向比较情况。

2. 提高教学质量综合评价的科学化水平

完善教学质量综合评价方式。将定量评价与定性评价结合起来，注重全面客观地收集信息，根据数据和事实进行分析判断；将过程性评价与终结性评价结合起来，注重考核学生进步程度和学校的努力情况；将内部评价与外部评价结合起来，注重自我分析、自我诊断，完善质量内控机制。推动单一的学业成绩评价向教育质量的综合性评价发展，以基于标准的评价体系替代以往相对评价为主的教育评价体系。

教学质量综合评价以测评和问卷调查等方法为主，以现场观察、资料查阅等为辅。在进行测评和问卷调查时，要采取科学抽样的方法，避免面向全体学生的统考统测。

3. 促进教学质量综合评价结果的科学运用

对评价内容和关键性指标进行分析、诊断，形成以专业学院为单位的教学质量综合评价报告，并分别反馈给教师和学生。对于提高教学质量的成功经验和做法，给予肯定；对于教学存在的不足和问题，提出改进建议和措施；对于违反规定的行为，提出整改意见。

对教学质量综合评价结果的反馈应兼顾改进教育教学、完善督导评估、引导社会舆论 3 个应用方向。引导学院、教学职能部门和教师提高教学评价能力，加强基于实证的教育教学改进的研究，不断提高教学质量。促进教育督导科学化，提高教育督导的针对性和有效性，科学运用评价结果，完善教育政策措施。

（四）完善教学质量综合评价的保障机制

1. 加强教学质量综合评价的领导

齐鲁师范学院成立由教务处、教学质量监控与评估处、科研处等部门和学校督导、各二级学院负责人参与的教学质量综合评价工作领导小组。教学质量综合评价工作领导小组的主要职责是统筹、协调、指导学校教育质量综合评价工作；制定学校教育质量综合评价工作的方针、政策、规划，并组织实施；检查、督导、评估教育质量综合评价工作；研究、解决教学质量综合评价工作中的重大问题。

2. 建立组织与实施机构

齐鲁师范学院组建教学质量综合评价专家委员会，负责对教学质量综合评价工作进行专业指导。

齐鲁师范学院成立教学质量监控与评估处，负责教学质量评价、分析、反馈与指导等。各二级学院成立相应的组织机构，配备专业技术人员从事综合评价工作。

建立教学质量监控与评估处，统筹教育督导部门组织质量监测中心具体实施，相关部门共同参与、分工合作的工作机制。

3. 加强专业队伍建设

适当充实力量，加强质量监测中心建设，逐步培养和建设一支具有先进理念、掌握教学质量综合评价专业技术、专兼职相结合的专业化队伍。充分利用现代信息技术，建立和完善教学质量综合评价的数字化管理平台，为开展评价、改进实践提供技术支持。

4. 建立经费保障机制

教学质量综合评价是一项常态化的工作，需要一定的经费支持。学校要为教学质量综合评价工作设立专项经费，确保教学质量综合评价工作的正常运行。

参 考 文 献

保罗·D.埃金, 唐纳德·P.考切克, 罗伯特·J.哈德, 1990. 课堂教学策略[M]. 王维城, 刘廷宇, 徐仲林, 等译. 北京: 教育科学出版社.

鲍洁, 2013. 专业认证: 促进高校人才培养质量提升的重要途径[J]. 北京联合大学学报（自然科学版), 27（2): 19-23.

陈航宇, 2005. 人才培养模式改革过程中教学质量管理体系的构建[J]. 福建高教研究（2): 14-15.

陈乐, 2018. 构建"中国模式": 我国研究型大学通识教育理念与实践——以六所"双一流"高校为例[J]. 现代教育管理（8): 112-118.

陈玉琨, 1999. 教育评价学[M]. 北京: 人民教育出版社.

辞海编辑委员会, 1999. 辞海[M]. 上海: 上海辞书出版社.

董云川, 徐娟, 2013. 真正的"本科教学质量报告"在哪里: 对七所"985 工程"高校教学质量报告的文本分析[J]. 上海教育评估研究（1): 28-34.

段华治, 王朔柏, 2009. 深化教学改革, 创新教学模式: 高校本科课堂教学模式创新研究[J]. 中国大学教学（4): 35-37.

高芳, 2010. 高师院校教师教育存在的问题与对策[J]. 教育探索（12): 101-102.

郭建, 王湘云, 2003. 论基础教育新课程改革对大学教学的影响[J]. 广州大学学报（社会科学版), 2（9): 87-89.

韩二东, 2019. 应用型本科院校产教融合协同育人探讨[J]. 合作经济与科技（3): 100-102.

胡万山, 2018. 师范类专业认证背景下教师教育改革的意义与路径[J]. 黑龙江高教研究, 36（7): 25-28.

胡小萍, 2020. 专业认证背景下的教师教育课程改革实践[J]. 南昌师范学院学报, 41（3): 110-114.

霍东娇, 2018. 中国百年师范教育制度变迁研究[D]. 长春: 东北师范大学.

焦培福, 2018. 问题导向式学习在能力范式人才培养中的实践与反思[J]. 齐鲁师范学院学报（4): 38-43.

教育部高等教育司, 2012. 教育部等部门关于进一步加强高校实践育人工作的若干意见[EB/OL]. （2012-01-10) [2021-11-11]. http://www.moe.gov.cn/srcsite/A12/moe_1407/s6870/201201/t20120110_142870.html.

巨灿, 2014. 思想政治课程过程性考核评价指标体系研究[J]. 科技创新导报（18): 229-230.

寇冬泉, 2004. 论地方师范院校办学特色的形成[J]. 当代教育论坛（6): 78-79.

拉尔夫·泰勒, 1994. 课程与教学的基本原理[M]. 施良方, 译. 北京: 人民教育出版社.

李·S·舒尔曼, 王幼真, 刘捷 1999. 理论、实践与教育的专业化[J]. 比较教育研究(3): 37-41.

李国庆, 2006. 从评价到评定: 美国基础教育课程评估的转向[J]. 辽宁教育研究（3): 82-85.

李娜, 贺晋秀, 2022. 师范专业认证下的教师教育课程体系重构[J]. 产业与科技论坛, 21（1): 236-237.

李然, 王宸, 王红霞, 2021. 专业认证背景下地方高校应用型人才培养模式改革研究[J]. 轻工科技（3): 189-190.

李森, 刘梅珍, 崔友文, 2019. 专业认证背景下高校师范类专业建设理路[J]. 重庆高教研究, 7（6): 12-24.

李师鹏, 孙洪兆, 刘静, 等, 2018. 高教基教深度融合: 生物科学专业创新型师范生培养模式的探索与实践[J]. 齐鲁师范学院学报（1): 1-7.

李万梅, 霍杰, 王民, 等, 2021. 师范专业认证背景下化学类专业特色建设与实践: 以杭州师范大学为例[J]. 大学化学, 36（11): 82-90.

李兴昌, 2004. 基础教育课程改革对师范院校人才培养的挑战[J]. 榆林学院学报, 14（1): 114-115.

李亚东, 朱伟文, 2019. 从"跟随"到"领跑": 高等教育专业认证发展道路探析——基于德国认证体系及 ASIIN 专业认证的因素分析与启示[J]. 比较教育研究（5): 50-57.

林建华, 2019. 面向未来的中国高等教育[J]. 教育研究（12): 4-8.

林敏, 2013. 评价优先的逆向教学设计初探[J]. 江苏教育研究（34): 40-43.

林松柏, 2017. 转换高等教育范式 构建应用型人才培养体系[J]. 齐鲁师范学院学报（3): 1-5.

林松柏, 2020. 以能力范式为引领, 推进师范院校教师教育能力建设[J]. 中国教师（11): 38-41.

林松柏, 2021. 师范院校如何聚焦教师教育主业[N]. 中国教师报, 2021-05-26: (003).

刘彩霞, 2019. 大学生课程学习过程性评价实施状况研究[D]. 开封: 河南大学.

刘万民, 2002. 高师院校要走在基础教育课程改革的前面[J]. 现代教育科学（1): 59-61.

刘彦军, 2015. 地方本科高校转型发展模式研究[J]. 中国高教研究（10): 82-86.

陆为群, 2006. 新建本科师范院校教学改革与建设浅探[J]. 教育与职业（32): 18-20.

马凤岐，王伟廉，2009．教学方法改革在人才培养模式改革中的地位[J]．中国大学教学（3）：11-13.

马箭飞，2004．汉语教学的模式化研究初论[J]．语言教学与研究（1）：17-22.

梅雪，曹如军，2019．高校师范专业认证省思[J]．高教探索，（12）：36-41.

孟祥英，2021．能力范式下现代汉语教学改革策略探析[J]．齐鲁师范学院学报（3）：50-55.

潘懋元，吴玫，2003．高等学校分类与定位问题[J]．复旦教育论坛，1（3）：5-9.

齐曙光，2020．师范专业认证背景下高校师范生教育实践的困境和思考[J]．邢台学院学报，35（1）：80-83.

钱国英，王刚，徐立清，2005．本科应用型人才的特点及其培养体系的构建[J]．中国大学教学（9）：54-56.

瞿葆奎，1989．教育学文集：教育评价[M]．北京：人民教育出版社.

单佳平，2007．高校服务区域经济推进校地合作的探索[J]．中国高等教育（12）：54-56.

邵波，2014．论应用型本科教育的本质属性[J]．职教论坛（13）：9-13.

邵波，2014．论应用型本科人才[J]．中国大学教学（5）：30-33.

孙洪兆，2019．基于能力范式的PBL教学法在动物生理学教学中的探索与实践[J]．齐鲁师范学院学报（2）：26-31.

田晓苗，石连海，2019．教师培养：从去师范化到新师范教育[J]．国家教育行政学院学报（3）：53-59。

万明钢，2018．进入新时代的新师范教育[J]．西北师大学报（社会科学版），55（5）：69-69.

王波，2021．专业认证背景下师范生教学研究能力培养的价值意蕴、问题与路径选择[J]．教育探究（6）：63.

王传，2018．华南学派史学理论溯源[J]．文史哲（5）：23-37.

王勇，2019．专业认证背景下师范院校内部质量保障体系构建研究[J]．中国高等教育（7）：39-40.

魏红，姜文清，2020．基于能力范式的混合式教学方法在分析化学教学中的探讨[J]．山东化工（24）：195-197.

吴维宁，2006．过程性评价的理念与方法[J]．课程·教材·教法（6）：18-22.

肖蓓，2019．教师教育振兴背景下地方师范院校人才培养的挑战和对策[J]．成都师范学院学报，35（12）：28-33.

辛涛，王烨辉，李凌艳，2010．新课程背景下的课程测量：框架与途径[J]．北京师范大学学报（社会科学版）（2）：5-10.

熊明福，2012．基于课程学习过程性评价的电子档案袋系统设计与实现[D]．武汉：华中师范大学.

荀振芳，2006．大学教学评价的价值反思[M]．青岛：中国海洋大学出版社.

杨文丽，高凛，2015．逆向教学：目标、逻辑及实现可能——基于大学有效教学视角的审视[J]．黑龙江高教研究（2）：21-24.

姚琳，2020．应用型本科院校人才培养模式改革现状与展望：以许昌学院为例[J]．大学教育（11）：169-171.

张春珍，2009．地方高师办学特色研究综述[J]．吉林省教育学院学报：下旬（学科版）（1）：48-49.

张海龙，2018．基于创新创业能力培养的生物专业人才培养模式研究与实践[J]．山东农业工程学院学报（11）：70-74.

张华，2000．课程与教学论[M]．上海：上海教育出版社.

张曙光，2012．过程性评价的哲学诠释[J]．齐鲁学刊（4）：69-73.

赵国栋，2000．关于高师院校教学改革的若干思考[J]．商丘师范学院学报，16（5）：100-101

赵炬明，高筱卉，2019．关注学习效果：建设全校统一的教学质量保障体系——美国"以学生为中心"的本科教学改革研究之五[J]．高等工程教育研究（3）：5-20.

赵祥辉，2020．高校"以学生为中心"教学改革理念：意义、困境与出路[J]．中国高等教育评论（2）：54-65.

中华人民共和国教育部，2012．教育部国家发展改革委财政部关于深化教师教育改革的意见[EB/OL]．（2012-12-13）[2021-07-10]．http://www.moe.gov.cn/srcsite/A10/s7011/201211/t20121108_145544.html.

中华人民共和国教育部，2017．教育部关于印发《普通高等学校师范类专业认证实施办法（暂行）》的通知[EB/OL]．（2017-10-26）[2021-07-06]．http://www.moe.gov.cn/srcsite/A10/s7011/201711/t20171106_318535.html.

中华人民共和国教育部，2017．中共中央办公厅 国务院办公厅印发《关于深化教育制机制改革的意见》[EB/OL]．（2017-09-25）[2021-07-10]．http://www.moe.gov.cn/jyb_xwfb/s6052/moe_838/201709/t20170925_315201.html.

中华人民共和国教育部，2018．培养好老师 从师范类专业认证开始[EB/OL]．（2018-01-06）[2021-07-10]．http://www.moe.gov.cn/jyb_xwfb/s5148/201801/t20180108_323952.html.

中华人民共和国中央人民政府，2018．中共中央 国务院关于全面深化新时代教师队伍建设改革的意见[EB/OL]．（2018-01-31）[2021-07-10]．http://www.gov.cn/zhengce/2018-01/31/content_5262659.htm.

中华人民共和国中央人民政府，2021．国务院关于基础教育改革与发展的决定[EB/OL]．（2001-05-29）[2021-07-10]．http://www.gov.cn/gongbao/content/2001/content_60920.htm.

中华人民共和国教育部, 1999. 关于印发《关于师范院校布局结构调整的几点意见》的通知[EB/OL]. (1999-03-16)
　　[2021-07-10]. http://www.moe.gov.cn/srcsite/A10/s7058/199903/t19990316_162694.html.
周志艳, 陈新文, 2021. 专业认证视域下高职院校师范类专业发展思考[J]. 黑龙江高教研究, 39 (1): 115-119.
朱振华, 2020. 应用型人才培养与历史学本科教育范式的转换: 以齐鲁师范学院"田野调查"实践教学探索为例[J]. 齐鲁
　　师范学院学报 (5): 31-39.
STUFFLEBEAM D L, 1971. Educational evaluation and decision making[J]. Journal of mathematical psychology, 24(2): 163-175.